SEM AMOR, EU NADA SERIA

Américo Simões
Ditado por Clara

SEM AMOR, EU NADA SERIA

Barbara

Revisão
Sumico Yamada Okada

Capa e diagramação
Meco Simões

Foto capa e contra capa: Rolfo Rolf Brenner/Getty Images

Primeira Edição/Inverno de 2011 - 8000 Exemplares

Dados Internacionais de Catalogação na Publicação (CIP)
(Câmara Brasileira do Livro, SP, Brasil)
Garrido Filho, Américo Simões
Sem amor, eu nada seria / Américo Simões. - São Paulo:
Barbara Editora, 2011.
1. Espiritismo 2. Romance espírita I.Título.

08-0616   CDD-133.93

Índices para catálogo sistemático:
1. Romances espíritas: Espiritismo   133.93

BARBARA EDITORA
Av. Dr. Altino Arantes, 742 – 93 B
Vila Clementino – São Paulo – SP – CEP 04042-003
Tel.: (11) 5594 5385
E-mail: barbara_ed@estadao.com.br
www.barbaraeditora.com.br

Esclarecimentos
A língua portuguesa é extremamente difícil. Nós, médiuns, fazemos o possível para redigir as histórias que nos são enviadas pelo mundo espiritual da melhor forma possível. Se nos escapam alguns erros gramaticais, de digitação, é porque é humana a imperfeição. Aqueles que só sabem observar os erros, que são poucos e raros, é porque amam criticar. Com a história, que é o que realmente importa, eles pouco se importam.

Todos os direitos reservados.
Nenhuma parte desta obra pode ser reproduzida ou transmitida por qualquer forma e/ou quaisquer meios (eletrônico ou mecânico, incluindo fotocópia e gravação) ou arquivada em qualquer sistema de banco de dados sem permissão expressa da Editora (lei n° 5.988, de 14/12/73).

Introdução

Em 1930, o comandante Adolf Hitler, assumiu o poder da Alemanha graças à crise econômica mundial de 1929.

Hitler era um homem apaixonado pela arte, pelo que era bonito e bem feito, de extremo bom gosto, segundo seus critérios, obviamente.

Alguém que queria um mundo onde só existissem pessoas que ele considerava o supra sumo da existência humana, o que era chamado por muitos de raça ariana.

O conceito de raça ariana, é de que a raça branca, formada principalmente por europeus, seria superior a todas as outras.

Para que o mundo fosse perfeito, segundo Hitler, não poderia continuar existindo sobre a Terra a raça judia, nem os homossexuais, ciganos, doentes mentais, paraplégicos e testemunhas de Jeová. Para ele, todos esses eram aberrações nocivas ao bem-estar humano e, por isso, tinham de ser exterminadas da face da Terra para que ela se tornasse um lugar melhor e mais bonito de se viver.

Não era Hitler o único a ter essas ideias e ideais, muita gente pensava o mesmo que ele, só não falava abertamente a respeito. E eram pessoas de todas as raças, crença e condição social.

Adolf Hitler foi o fundador e líder do partido Nazista. O nazismo em si expressava as ideias e ideais de Hitler, cujo ideal maior era fazer da Alemanha a grande nação da Terra.

Para conquistar seus objetivos, Hitler e seus assessores traçaram um plano: invadir e conquistar países e quando sob o domínio do exército nazista, aprisionar todos os judeus, homossexuais, ciganos, doentes mentais, paraplégicos e testemunhas de Jeová, entre outros, para exterminá-los, mais tarde, em câmaras de gás nos campos de concentração e extermínio que viriam a ser construídos pelos próprios prisioneiros em áreas afastadas dos grandes centros.

Ao pôr em prática seus planos, teve início a Segunda Guerra Mundial que deixou o mundo à mercê de uma guerra sanguinária que durou de 1939 à 1945.

A história que você vai ler agora foi vivida durante a segunda guerra mundial que matou milhares e milhares de pessoas. Só não matou o amor, o verdadeiro amor, porque ele é imortal, capaz de sobreviver até mesmo ao Holocausto.

É dedicada a todos que foram brutalmente assassinados durante esse triste e sanguinário período de nossa História.

Nossa missão com um livro espiritual não é contar detalhadamente fatos que fizeram parte da história do mundo, isso fica para os autores que se dispõem a fazer pesquisas minuciosas e primorosas sobre a história da humanidade. Os interessados em conhecer fatos que marcaram a história do mundo com o máximo de detalhes e precisão devem recorrer aos livros desses autores. Os nossos, passados em épocas passadas, vêm para ajudar todos a melhorarem a qualidade de vida durante esse processo chamado vida.

Lembramos também que todas as palavras e expressões usadas pelos personagens vividos em épocas passadas são contemporizadas em nossos livros para que o leitor compreenda tudo de imediato. Seria maçante para o leitor ter de consultar, o tempo todo, explicações no rodapé de cada página.

Vale a ressalva, amigo leitor, que as opiniões e valores dos personagens não expressam os valores e opiniões dos médiuns e dos espíritos. E que retratamos a vida como ela é. Podemos, no máximo, amenizar algumas situações e termos usados pelos integrantes da história, longe, porém, de transformar a história em questão num romance "água com açúcar" para se tornar vendável. Nós queremos é um romance rentável para os equilíbrios fisico e espiritual, que nos ajude no nosso avanço espiritual. Caso contrário não haveria por que existir todo esse processo.

No mais, caro leitor, tenha uma boa leitura.

América Simões

Primeira Parte

Se Deus não tivesse abençoado a humanidade com as reencarnações, que justiça haveria para os filhos que perdeu injustamente na guerra?

Parte 1

 Viveck Shmelzer foi um dos muitos jovens alemães que se alistou ao partido nazista por acreditar que o nazismo poderia transformar a Alemanha num país mais próspero, imune à crise econômica que enfrentava devido a grande depressão que assolava o mundo nos anos trinta.
 Ele, como muitos outros jovens alemães que se filiaram ao partido nazista, não fazia ideia do que era realmente o nazismo e onde ele os levaria. Eles só queriam um futuro melhor para si e para o país, onde pudessem prosperar e constituir família. Pouco incomodava a existência de judeus, homossexuais, ciganos, testemunhas de Jeová, doentes mentais e crianças especiais sobre a Terra, mas foram obrigados a se voltar contra todos eles porque assim ordenava o nazismo.
 Viveck Shmelzer era um rapaz no esplendor dos seus vinte e dois anos. Um metro e oitenta e oito de altura, porte atlético, tórax largo, cabelos de um loiro profundo, voz aveludada, um par de olhos azuis, como o azul das profundezas do mar.
 O jovem soldado encontrava-se, no momento, na Cracóvia, cidade construída ao sul da Polônia, onde, em 1939, residiam 60.000 judeus. Um quarto da população total do país (250.000 habitantes nesta época) era composta de judeus.
 Viveck havia sido enviado para lá para colher informações, sondar o terreno, como se diz, para que o exército nazista tivesse êxito no ataque ao país, algo que estava programado para acontecer em breve. Seria o primeiro passo de Hitler e suas tropas no propósito ambicioso de conquistar o mundo, o que daria início a Segunda Guerra Mundial.
 Com ele fora também, Herbert Müller, um rapaz de pele e cabelos tão claros que mais parecia um albino, um jovem de QI apurado tanto quanto seu gosto refinado por mulheres.

Os dois caminhavam por uma das avenidas principais da cidade, jogando conversa fora, admirando com atenção os rostos das moças que transitavam pela rua. Moças cuja tez era tão clara e macia como uma seda, e os cabelos no tom do sol, ao cair da tarde. Rostos delicados, olhares tímidos, cheios de vida e juventude.

Viveck ria dos comentários pertinentes do amigo, Herbert Müller, a respeito das mulheres, quando seus olhos azuis, vivos e bonitos, avistaram uma jovem de dezenove anos, saindo de uma loja de secos e molhados. Uma jovem que chamou muito a sua atenção.

Seu rosto era sensível e inteligente, a testa quadrada, as orelhas e o nariz de formato delicado, os cabelos de um loiro quase ruivo. Ela transparecia educação, contenção e algo mais, um potencial de paixão.

Subitamente, a risada alegre e efusiva de Viveck foi cortada ao meio. Em segundos, o rapaz se tornou a própria encarnação da curiosidade. Pediu licença ao amigo e seguiu na direção da jovem.

Herbert Müller levou tempo para compreender o que se passava com o colega.

Viveck aproximou-se, com cautela, da moça de beleza delicada, como se sua aproximação repentina pudesse assustá-la.

Quando ela avistou o rapaz loiro, de quase um metro e noventa, ombros largos, olhos azuis, penetrantes, vindo na sua direção, olhando para ela com interesse e carinho, seus olhos piscaram aflitos.

Diante do seu olhar, Viveck deteve-se, quis deixá-la se acalmar antes de se aproximar. Passou a mão no cabelo, procurou fazer ar de quem não quer nada, por fim, aproximou-se.

— Olá. — disse, com polidez.

A jovem observou-o com uma expressão nos olhos que ele jamais tinha visto, tampouco podia defini-la.

— Meu nome é Viveck. — apresentou-se, sorrindo, magnanimamente.

Nada mais que o silêncio por parte dela. Aquilo fez com que Viveck se sentisse constrangido, algo inédito, pois jamais uma mulher conseguira fazê-lo se sentir daquela forma.

— Posso ajudá-la a carregar as compras até sua casa? — prontificou-se ele, no seu tom mais gentil de se dirigir a uma mulher.

Ela abaixou os olhos, encabulada, enquanto ele permaneceu olhando para o seu rosto adorável, esperando que ela dissesse alguma coisa num tom tão doce e terno quanto o seu olhar. Como não disse nada, ele insistiu:

— Por favor, deixe-me ajudá-la.

Silêncio mais uma vez. Profunda indecisão por parte dela. Por fim, ela voltou os olhos para ele, com cautela, a mesma que usou para dizer:

— Foi muito gentil da sua parte vir até aqui se oferecer para me ajudar, mas obrigada, eu posso me virar sozinha.

Sua voz era delicada como o som de uma harpa, observou Viveck, encantado com os olhos presos aos dela, da mesma forma que os olhos dela se prendiam aos seus.

— Não receie a minha pessoa. — adiantou-se Viveck. — Nada de mal lhe farei. Não a conheço, ainda, mas só quero lhe fazer o bem. Acredite.

Suas palavras causaram grande surpresa na jovem, ela certamente não esperava por elas. Novamente o silêncio pairou entre os dois. Ele aguardou pensativo e pacientemente, ciente de que ela se perguntava naquele instante se deveria ou não confiar nele.

Os olhos dela voltaram a encarar os de Viveck, desta vez, porém, de forma bastante estranha, como se, de repente, ela houvesse sido invadida por uma tremenda tensão. E estava realmente tensa, por se ver perdida entre aceitar ou não a ajuda do rapaz que lhe era completamente estranho.

— Por favor. — tornou Viveck no seu tom de paz de sempre.

A jovem parecia continuar travando um duelo dentro de si, entre o "sim" e o "não". Viveck parecia não se importar com a indecisão da moça, com o tempo que ela estava levando para se decidir. Mantinha-se ali, paciente, com o mesmo encanto no rosto, com a mesma determinação com que chegou até ela.

Depois de ela muito lutar foi o "sim" quem acabou vencendo no final, recolhendo o "não" as sombras. Quando Viveck viu os lábios dela se movendo para dizer "sim", ele sentiu-se tocado na alma de forma jamais sentida, por mãos jamais conhecidas.

Ele, então, tomou duas sacolas das mãos dela e a seguiu.

Herbert Müller mantinha-se do outro lado da rua, olhando para o amigo, com um sorriso matreiro nos lábios, comentando consigo mesmo:
– É um sedutor nato.
Pela calçada, Viveck seguia calado, a jovem que tanto o tinha fascinado. Queria trocar algumas palavras com ela, mas esperou que ela dissesse alguma coisa, o que não aconteceu. As palavras só vieram quando eles chegaram em frente à casa da moça. Ela voltou-se para ele, com os olhos a ir e vir dos seus, e agradeceu a gentileza:
– Obrigada. Foi muito gentil da sua parte.
– Não há de que. – respondeu Viveck, seriamente.
Quando ele se aproximou dela para entregar-lhe as duas sacolas que carregara até então, ambos sentiram seus corpos se esquentarem como se uma chama houvesse sido acesa dentro de cada um deles, como uma febre que nos faz refém.
Os olhos dos dois se encontraram novamente e brilharam. Tornou-se evidente para ambos que haviam sentido alguma coisa se acender em seus corações naquele instante.
Um sorriso se insinuou nos lábios dele, o mesmo aconteceu nos lábios dela.
– Você deve ter percebido que não sou daqui... – disse ele. – Sou...
– Alemão. – adiantou-se ela. – Sim, percebi de imediato.
– Também... – riu, ele –, com esse meu sotaque carregado.
Ele escorregou a mão direita pelo pescoço, da altura do queixo até o pomo-de-adão, e acrescentou:
– Gostaria muito de poder revê-la, se possível... Se você quiser... se não se importar...
A resposta dela soou alta e precisa:
– É melhor não.
– Por quê?
– Alguns porquês não podem ser explicados.
– Pode me dizer pelo menos o seu nome?
Ela hesitou, mas disse:
– Sarah. Sarah Baeck.
Ele sorriu, lindamente, e se despediu:
– Muito bem, Sarah. Foi um prazer conhecê-la. Até um dia, então...

Ela assentiu com o olhar, pegou as sacolas e entrou na casa. Viveck permaneceu ali, por alguns segundos, observando o caminho por onde ela havia seguido, inspirando o que restou do perfume dela pelo ar. Só então partiu de volta a rua onde havia deixado o amigo, esperando por ele. Seguiu todo o trajeto voltando, volta e meia, os olhos por sobre os ombros, na direção da casa de Sarah. Seu interesse pelo local era crescente, tão crescente quanto o interesse pela moça.

O rapaz assustou-se quando Herbert Müller aproximou-se dele, repentinamente e brincou:

— E aí, seu sedutor inveterado. Conquistou a moça?!

— Ainda não, Herbert!

— Não!? *Ach!* *Conseguiu pelo menos o nome dela, espero!

— Ah, o nome sim, é Sarah.

— Sarah?! — estranhou Herbert. — Sarah é um nome judeu bastante popular. Ela é judia, por acaso?

O sobrolho de Viveck alterou-se.

— Não. — respondeu secamente. — É lógico que não!

— Tem certeza?

— Não, mas ela não se parece em nada com uma judia. Judeus têm geralmente uma fisionomia bastante característica, o nariz é protuberante, tanto o dos homens quanto o das mulheres.

— Nem todos têm narigão, meu caro.

— É verdade, mas Sarah não é judia. Disso tenho certeza. Nunca me interessaria por uma judia.

— Espero mesmo que não. Seria um grande aborrecimento para você diante das circunstâncias atuais.

Viveck Shmelzer parou, pensativo. Herbert Müller estranhou a reação do amigo, tratou logo de perguntar:

— O que foi?

— Sarah mexeu comigo, Herbert. Minha vontade é voltar até a casa dela, agora, tomá-la em meus braços e beijar sua boca linda, macia e delicada.

— *Ach!* O cúpido realmente flechou você, *mein lieber!* *Mas para que desperdiçar seu tempo com uma mulher que não demonstrou

---

*Ach! = Iche! Mein lieber! = Meu caro. Em alemão. (Nota do autor).

nenhum interesse pela sua pessoa, se temos tantas aos nossos pés, para fazer delas o que bem quisermos, *uh?**

— Aí é que está a diferença, Herbert. Sarah não é como as outras, senti isso no primeiro instante em que a vi. E é isso que vem me fascinando.

— Nada como uma boa noite regada a muita bebida e muita mulher para você se esquecer dessa tal de Sarah, rapidinho. Agora, vamos! Os bordéis nos esperam, *mein freund**. Quero aproveitar a noite, beber, comer, usufruir da companhia das mulheres até não me aguentar mais sobre as minhas pernas. *Gehen wir!**

Aquela noite, no bordel, Viveck se manteve o tempo todo pensando em Sarah. Sem querer, comparava-a com as mulheres a sua volta, entregando-se para ele com facilidade, competindo umas com as outras para possuí-lo, algo que Sarah nunca faria por um homem e isso é o que mais o fascinava. Ela era o tipo de mulher que nascera para ser de um homem só, exclusiva, algo que ele no íntimo desejava e admirava numa mulher.

Viveck chegou a beijar mulheres, atarracou-se a elas, mas os lábios e os corpos delas já não o excitavam mais como antes. Dizem que o homem valoriza aquilo que conquista com mais dificuldade, pois bem, Viveck Shmelzer parecia ser um desses homens.

Ele estava decidido a voltar a casa de Sarah no dia seguinte para conversar com ela. Conhecê-la um pouco mais, para também fazê-la saber detalhes sobre a sua vida.

Tomaria ela sua visita como um abuso de sua parte? Deus quisesse que não. Ainda que sim, ele lhe apresentaria os motivos que o fizeram ir até lá, cometer aquele abuso em nome do seu coração.

No dia seguinte, assim que pôde, Viveck cumpriu o que se prometera na madrugada. Foi até a casa de Sarah, tentar uma aproximação. Resultado: frustração. Não havia ninguém na casa. O rapagão alemão deixou o local, cabisbaixo, desapontado e pensativo. Será que a moça o teria visto por uma fresta da janela e fingido não

---

* Uh?=Hein?. Mein freund=Meu amigo. Gehen Wir!=Vamos! Em alemão.(N. A.)

13

haver ninguém na casa? Algo lhe dizia que sim. Talvez fosse melhor mesmo esquecê-la. Seria capaz? A dúvida, desde então, ficou a apunhalar seu coração.

Mas, Sarah Baeck não estava realmente em sua casa quando Viveck esteve lá. Ela havia ido com o pai ao casamento do filho de um amigo seu, a um casamento judeu, uma das cerimônias mais alegres e interessantes que há. O noivo e a noiva, sentados cada qual numa cadeira, são erguidos para o alto, pelos braços fortes dos convidados, enquanto todos dançam e cantam.

Em meio à festa, elegante e muito alegre, com muitos comes e bebes, um rapaz judeu chamado Joshua Worcman aproximou-se de Sarah e a convidou para fazer parte da dança. Sarah recusou o convite, alegando indisposição.

Havia muitos jovens ali, com seus *quipás** sobre a cabeça, interessados na jovem, mas ela, naquele momento, só tinha um pensamento: o alemão de nome Viveck que conhecera na tarde do dia anterior.

Nenhum dos presentes à cerimônia fazia ideia da tragédia que estava prestes a acontecer em suas vidas, assim que a Alemanha invadisse a Polônia. Uma tragédia que envergonhou para sempre a história da humanidade.

Nesse mesmo dia, por volta da meia-noite, Fritz Hofmann, homem que ocupava grande posição no exército nazista, estava estirado ao lado esquerdo da cama que dividia com sua esposa, numa casa confortável em Berlin, Alemanha. Marido e esposa haviam acabado de fazer sexo, e ela dormia enquanto ele asfixiava os pulmões, sem dó nem piedade, tragando lentamente um cigarro.

Os pensamentos de Fritz Hofmann estavam, naquele momento, voltados para Sarah Baeck, a mesma jovem que tanto encantara Viveck Shmelzer. Em pensamento, Fritz percorria com os olhos cada traço do

---

*O quipá é um pequeno chapéu em forma de circunferência, semelhante ao solidéu, utilizada pelos judeus tanto como símbolo da religião como símbolo de "temor a Deus". Símbolo de humildade perante o criador e de submissão à sua vontade.

rosto meigo e jovial de Sarah, enquanto um sorrisinho matreiro escapava-lhe pelo canto dos lábios.

O alemão nazista havia conhecido a moça, judia, numa de suas visitas a Polônia. Foi um encontro casual, que marcou para sempre a vida do alemão.

— Muito em breve você será minha, Sarah. — comentou, consigo, em silêncio. — Será minha para eu fazer de você o que eu bem quiser.

A essas alturas o exército nazista já estava preparado para atacar a Polônia. Todos estavam confiantes de que fariam o país se render ao exército nazista em menos de um mês. O que de fato aconteceu.

Dois dias depois...

Viveck e Herbert acordaram mais uma vez com uma tremenda ressaca. Tanto um quanto o outro tomaram um banho frio para despertar, Herbert ainda estava enrolado na toalha, preparando para se vestir quando disse:

— A hora em que a Polônia estiver na palma da nossa mão, *mein lieber*, teremos todas as mulheres que quisermos. Serão noites e mais noites regadas de mulher, bebida e orgias.

O comentário fez Viveck olhar para o amigo e indagar:

— Você não sente vontade, às vezes, de conhecer uma mulher mais a fundo, namorar?

— Eu?! — indignou-se Herbert, erguendo a voz. — Eu quero é curtir a vida, *mein lieber*. Não pretendo me prender a nenhum rabo de saia por mais de uma noite, no máximo uma semana.

Viveck foi sincero ao dizer:

— Eu sinto vontade de namorar, casar, constituir família. Essa vontade sempre esteve presente dentro de mim, acho que desde os meus quinze, dezesseis anos.

— Isso é papo de marica.

— Ah, vá, se todo homem na face da Terra que tem vontade de namorar, casar, constituir família, ter filhos fosse marica...

Houve uma pausa antes de Viveck comentar, num tom de voz diferente:

— Foi aquela moça quem me fez pensar nisso tudo outra vez, Herbert.

— A tal Sarah?!
— Ela mesma.
— Lá vem você, de novo, falar dessa mulher. Viveck, meu bom, Viveck?! A mulher não quis atendê-lo no dia em que você voltou à casa dela, desprezou você, literalmente, e você ainda pensa nela? *Ach, bitte!**
— Pode ser mesmo que ela não estivesse em casa. — defendeu-se Viveck.
— Além do mais, *mein freund* — atalhou Herbert —, ela pode ser judia. E se for?!
— Sarah não é judia. Não pode ser! — enervou-se Viveck.
— Você nem sabe se ela gostou de você tanto quanto você gostou dela.
— Ela gostou de mim, sim, Herbert. Pude ver nos olhos dela. Eles refletiam o mesmo interesse que refletiam os meus olhos.
— Eu acho, sinceramente, que você escolheu a pior hora para se apaixonar, *mein freund*. A guerra está prestes a começar, seu sonho de constituir família vai demorar um bocado para acontecer.
— Eu não escolhi me apaixonar, Herbert, *mein lieber*. Simplesmente aconteceu, sem que eu quisesse.
— Eu acho bom, Viveck, você tirar essa moça da cabeça o quanto antes, você é um soldado nazista e não vai descansar, enquanto não conquistarmos o mundo.
— De repente, Herbert, perdi todo o interesse pelo ideal nazista. De repente, tudo o que mais quero para mim é uma vida de paz e amor. Acho que seria melhor evitar a guerra, ela não só matará aqueles que tomaremos como inimigos, como matará a nós mesmos. Além do mais, se perdermos a guerra a nossa pátria se tornará um caos.
— Nós não vamos perder a guerra, Viveck. Pois somos fortes, os mais fortes do planeta e, logo, o mundo todo saberá disso!
Viveck fez ar de dúvida, mas o colega não percebeu.

Naquele mesmo dia, ao cair da tarde...
Viveck passeava num parque da cidade ao lado do amigo Herbert, jogando conversa fora, quando, para sua surpresa e encanto, avistou a jovem Sarah que tanto encantara seu coração.

*Ach, bitte! = Ah, faça-me o favor! Em alemão. (N.A.)

Viveck tornou-se imediatamente escarlate. Até as sobrancelhas ficaram coradas. As palavras fugiram ao seu controle:

— É ela.

— Ela?! Ela quem? Qual delas?

— A mais bonita dentre todas.

Herbert olhou para Viveck de soslaio. Viveck riu do amigo e foi até Sarah.

— Com licença, senhorita? — disse, no seu tom mais galanteador.

A jovem mexeu a cabeça em consentimento. Quando reconheceu o rapaz, uma óbvia admiração espalhou-se pelo seu rosto.

— Que bom encontrá-la aqui. — afirmou Viveck, com satisfação. — Queria muito revê-la. Parece até que a vida atendeu o meu pedido.

Um brilho resplandeceu nos olhos azuis da moça, tão azuis quanto os do rapaz a sua frente.

— A vida? — indagou Sarah, olhando-o com certa curiosidade.

— Sim, a vida. — afirmou Viveck, resoluto. — Para mim, ela quer nos unir.

Sarah fez ar de surpresa.

— Não consegui tirá-la do meu pensamento desde que a vi. — continuou ele, tomado de bizarra alegria. — Cheguei até mesmo a tomar a liberdade de voltar a sua casa para revê-la, infelizmente, não a encontrei.

— Deve ter sido no dia do casamento do filho de um amigo do meu pai.

A explicação causou grande alívio em Viveck. O que ele pensou, não passara de um delírio seu, que bom.

— Bem... — acrescentou Sarah —, preciso ir. Boa-tarde.

— Espere!

— Esperar, por quê?

— Porque gostaria de conversar com você, mais prolongadamente.

— Não acho que seria boa ideia.

— Por que não?

A jovem respondeu com aparente presteza:

— Porque sou uma judia, o cavalheiro, um alemão.

Suas resposta foi inesperada, e a pequena dose de confiança de Viveck começou prontamente a desaparecer.

— Então você é uma judia... — murmurou ele, sem se dar conta.
Era visivel o desapontamento, o choque que a revelação lhe causou.
— Está chocado não está? Posso ver no seu olhar o espasmo de surpresa e decepção. — comentou ela, olhando fixamente para ele.
— Não ponha palavras na minha boca. — defendeu-se Viveck, como um raio.
— Ora não finja que o fato de eu ser uma judia não o incomoda. Fingir não lhe cai bem.
— O fato de você ser judia, pegou-me de surpresa, não nego, mas...
— Compreendeu agora por que é melhor não nos falarmos mais?
O rapaz reagiu no mesmo instante:
— Será realmente que precisamos fazer desse pequeno detalhe um muro a nos separar?
— Não precisamos fazer, cavalheiro. O muro já está feito, já está a nos separar.
— Isso não é problema para quem se ama.
— Para mim é algo intransponível.
— O amor é capaz de superar tanta coisa.
— Não isso.
— Pois digo que com amor tudo pode ser superado.
A mente dela estancou como um pêndulo entre a emoção e a prudência.
— Por favor. — insistiu Viveck. — Vamos dar uma chance para nós dois nos conhecermos melhor, por favor.
— É melhor eu ir.
— Não sem antes ouvi-la dizer tudo o que acaba de me dizer, olhando fixamente em meus olhos.
— Não direi.
Ele pegou no antebraço dela, por trás, de forma calma e carinhosa. Ela tentou se esquivar, mas ele a segurou com firmeza e disse:
— Por favor, não faça isso comigo... nem consigo. Não faça isso conosco.
Ela suspirou fundo antes de opinar:
— Será que o senhor ainda não compreendeu que sou uma judia, o cavalheiro um alemão, que pertencemos a mundos diferentes?

Decidida a dar um ponto final naquele encontro que mais parecia um desencontro, Sarah Baeck, completou:

— Vou me embora, agora. Será melhor assim.

Sem mais delongas, ela partiu, deixando Viveck, parado no mesmo lugar, na mesma posição, com um olhar crescente de ansiedade e tristeza.

Quando Herbert Müller reencontrou o colega, notou de imediato que ele não estava bem. Ele logo compreendeu a razão por trás daquele olhar tão triste e aqueles lábios brancos.

— Ela desprezou você mais uma vez, não, *mein lieber?*

Viveck tentou falar, mas as palavras se prenderam na sua garganta. Não foi preciso dizer nada, Herbert logo compreendeu a razão por trás daquela expressão infeliz do colega.

— Ela é judia, não é?

Nem bem Viveck moveu os lábios, Herbert o interrompeu:

— Eu sabia. Algo sempre me disse que ela era uma judia.

Viveck falou, finalmente:

— Ainda assim ela é encantadora... Ainda assim estou a fim de conhecê-la melhor.

Herbert reprovou o amigo no mesmo instante:

— Ela é uma judia, Viveck!

— Você fala como se ela fosse uma leprosa.

— Pois para mim é como se fosse, realmente.

— Há um sentimento aqui dentro do meu peito muito forte por ela, Herbert. Acho que é amor.

— De que vale o seu amor, Viveck?! Vocês nunca poderão ficar juntos. Nunca! Por acaso esqueceu que o casamento entre alemães e judeus na Alemanha está proibido desde 1936?! Aquele que infringir a lei pagará com a própria vida, não é segredo para ninguém como o nazismo resolve seus problemas com aqueles que infringem as leis. Se casar com essa jovem será visto como um traidor. E será executado por traição.

— De repente, Herbert, nada mais me importa do que me casar com Sarah.

— E o nazismo?! Você é um nazista, *mann!**

---

*Mann! = cara! Em alemão. (N.A.)

— Antes de tudo sou um ser humano, Herbert. Alguém que quer amar profundamente.

— Você acabará com a sua vida se acabar envolvido com essa judia, *mein freund*. Afaste-se dela! Ouça meu conselho, por favor!

— Não posso me afastar dela, Herbert. Se eu me afastar dela estarei me afastando de mim mesmo.

— A guerra está prestes a começar e nós sabemos que a Polônia logo estará nas mãos do exército nazista. Sabemos também o que Hitler pretende fazer com os judeus. Os rumores ecoam por entre nós já há um bom tempo. Sarah e o pai vão perder tudo o que possuem, serão enfurnados num gueto e acabarão mortos.

— Isso não pode acontecer.

— Se você tentar impedir, será um exército de um homem só.

— Pois serei um exército de um homem só, se for preciso, para proteger a mulher que amo.

— Ama?! Você mal conhece essa moça!

— E daí?!

— Você ficou louco, *mein freund*.

— Louco de amor, Herbert. *Liebeverrückter!*

Enlaçando as costas do colega, Viveck, com otimismo renovado, afirmou:

— Acalme-se, *mein Lieber*. Tudo correrá bem. Vou continuar ocupando o meu posto no exército nazista, honrando o juramento que fiz. Tenho a certeza de que Hitler nada fará contra os judeus, na última hora ele voltará atrás, você vai ver. Um homem que adora crianças não pode levar adiante o ideal de extermínio da raça judia da Terra.

Herbert olhou desconfiado para amigo, totalmente descrente de que aquilo realmente aconteceria.

No dia seguinte, Viveck, para sua total alegria, encontrava-se novamente com Sarah Baeck pela rua. Um encontro totalmente casual, que lhe deu a certeza, mais uma vez, de que o destino queria uni-los.

Quando ela o reconheceu, seu coração acelerou. Estava surpresa com a ousadia do rapaz de se aproximar dela novamente. Ela já lhe

---

*Liebeverrückter! = Louco de amor! Em alemão. (N.A.)

explicara que era uma judia e, no entanto, ele continuava a se interessar por ela. Por quê? Como?! Aonde ele queria chegar com tudo aquilo?

    Quando os olhos dos dois jovens se encontraram, disseram bem mais que palavras que vêm à boca dos apaixonados. Viveck exibiu então um sorriso de contentamento e realização por ver que agora Sarah Baeck olhava para ele sob o mesmo halo de fascínio. Seu sorriso bonito se intensificou.

    A reação do jovem alemão continuou a surpreender a moça judia. Sarah jamais havia visto um jovem lindo como aquele olhar para ela daquele jeito.

    Ela teria retribuido o sorriso se não houvesse ouvido uma voz dentro de si dizer: "Sarah, você é uma judia, o rapaz, um alemão... Vocês pertencem a mundos diferentes. Afaste-se dele."

    Quando ela tentou evitá-lo, Viveck tomou seu braço com firmeza e, ao mesmo tempo, com suavidade e disse:

— Por que continua a me repudiar? Não vê que lhe quero?

— De que adianta o seu querer, cavalheiro, se pertencemos a mundos diferentes?

— Eu e você pertencemos ao mesmo mundo, Sarah.

    Ela pensou em dizer-lhe mais alguma coisa, usando um tom áspero, dessa vez, para convencê-lo a desistir dela, dar fim, de uma vez por todas, àquela atração esquisita e, ao mesmo tempo, deliciosa que envolvia os dois, mas não conseguiu.

    A voz grave e bonita do rapaz alto, loiro, de vivos olhos azuis a despertou de seus pensamentos.

— Sarah. – disse ele, seriamente. – Não fuja dos seus sentimentos.

    Nisso ouviu-se a voz de um homem chamando por Sarah. Uma voz ligeiramente estridente.

    Sarah reconheceu o dono da voz no mesmo instante, era seu pai. O judeu Ishmael Baeck. Por isso foi rápida em dizer:

— É meu pai. Preciso ir.

    Ao voltar-se para trás, a jovem avistou o pai indo na sua direção. O homem, de rosto fino, queixo miúdo, nariz aquilino, pele rosa-pálido, com uma barba com uma acentuada semelhança a imagem de pirata que se vê nas ilustrações dos livros infantis, aproximou-se da moça medindo Viveck de cima a baixo.

— O que se passa por aqui? — perguntou Ishmael Baeck, com autoridade.

Todavia, o judeu não esperou pela resposta. Lançou mais uma vez um olhar de superioridade, desprezível e enojado sobre Viveck, voltou-se para a filha e ordenou:

— Vamos, Sarah.

Viveck achou por bem se manifestar antes que a oportunidade voasse de suas mãos.

— Senhor?

O homem voltou a olhá-lo com o desprezo, cada vez mais crescente, em seu olhar.

— Pode me dar um minuto para lhe falar?

O homem, fez um sinal para que Sarah seguisse caminho. Voltou, então, a se concentrar em Viveck, que se via, naquele instante, procurando vencer a timidez e o desconforto abissal que o homem a sua frente provocava nele.

Quando seus olhos observaram Sarah e ele percebeu que os olhos dela lhe diziam: "por favor, cale-se, será melhor para nós dois." Viveck tornou a emudecer.

Visto que o rapaz não se decidia a falar, Ishmael Baeck seguiu caminho com a filha.

Viveck Shmelzer, permaneceu ali, na mesma posição, observando pai e filha até desaparecerem do alcance de sua visão. Seus olhos observavam mais atentamente o *quipá* sobre a cabeça do judeu. Assim que caiu em si, reprovou sua atitude no mesmo instante:

— Que estúpido você foi, Viveck! Deveria ter falado, o que pensa, o que vai em seu coração.

Não muito longe dali, Ishmael Baeck perguntava a filha:

— Você conhece aquele rapaz?

— Não, papai. Ele apenas me abordou...

— Esses alemães... Já basta o que você passou nas mãos daquele alemão sem vergonha, casado, obcecado pela sua pessoa. Como era mesmo o nome daquele infeliz? Fritz Hofmann, é isso, não é?

A filha concordou com a cabeça.

— Ainda neste fim de semana devemos acertar o seu casamento com o filho do Steven Worcman. O filho dele é o moço ideal para você se casar. O rapaz é médico, terá uma carreira brilhante e, além do mais, o Steven é bem mais rico do que eu.

Sarah tornou a assentir com a cabeça. Quando o pai se silenciou, ela voltou a pensar em Fritz Hofmann, o alemão que agiu com ela como Viveck Shmelzer estava agindo. No entanto, ambos eram muito diferentes um do outro.

Fritz Hofmann era um homem rude e grotesco, causou-lhe repulsa, desde a primeira vez em que o viu. Completamente oposto a Viveck, que desde que trocaram meia dúzia de palavras, despertou grande interesse por ele. Pareceu-lhe, desde o início, um moço de bom caráter e boas intenções para com ela. Estaria ela enganada a seu respeito? Nunca viria a saber, pois na certa nunca mais o veria.

Mas Sarah Baeck estava enganada, Viveck Shmelzer não estava nem um pouco a fim de desistir dela, pelo contrário voltou para o local onde estava hospedado, naquele fim de tarde, sentindo-se mais alegre com a vida e mais entusiasmado com seu futuro. Fez sua higiene corporal e se vestiu com uma devoção redobrada. Pretendia voltar a casa de Sarah naquela noite, para tentar uma nova aproximação com a jovem.

A lua já ia alta no céu, quando ele deixou a hospedaria para cumprir seu propósito. Herbert Müller já havia partido para mais uma noitada, ele não quisera ir dessa vez, quisera ficar na companhia dos seus objetivos, todos voltados para Sarah Baeck.

Parte 2

Quando Sarah avistou Viveck em frente ao portão da sua casa, seus olhos transpareceram grande perplexidade.
— V-você...?
Viveck não perdeu tempo, foi direto ao que vinha:
— Quero muito lhe falar, Sarah.
Ela pareceu em dúvida quanto ao que fazer.
— Por favor — insistiu ele, aflito —, dê-me pelo menos cinco minutos para ouvir o que eu tenho a lhe dizer.
Diante dos olhos azuis do rapaz, transparecendo angústia e paixão, a jovem acabou cedendo. Aproximou-se do portão e disse:
— Diga o que tem para me dizer, mas, por favor, seja breve. Meu pai não gostará nem um pouco de me ver conversando com um desconhecido em frente a minha casa, ainda mais um alemão.
— Serei rápido a contragosto. — respondeu ele, com sinceridade. — Desculpe a franqueza, mas minha vontade é ficar conversando com você pelo resto da noite, para que possa me conhecer melhor, para que eu possa conhecê-la melhor.
— Vamos, seja breve, por favor. — insistiu ela.
De repente, todo o texto que Viveck havia preparado para dizer a ela, sumiu da sua cabeça. Dizer algo de improviso, ainda mais para uma mulher, que mexia tanto com ele, era algo quase que impossível, percebeu, naquele instante. Diante do seu silêncio, Sarah falou:
— É melhor eu entrar.
Ele a segurou pelo braço.
— Não, por favor. — disse readquirindo a confiança em si mesmo.
Ela olhou para ele com certa apreensão. Ele, então, lembrou-se do texto que havia escrito mentalmente para dizer a ela e disse:

— Olhe bem nos meus olhos, Sarah. São tão azuis quanto os seus. Ouça o seu coração e perceberá que ele bate da mesma forma que o meu. O de um negro, o de um oriental, todos, enfim, batem da mesma forma que o nosso, revelando que todos nós somos iguais perante Deus, que não existem raças, nacionalidades, nada... o que existe realmente, acima de tudo é o fato de que somos todos irmãos porque somos todos filhos do mesmo Deus.

— Suas palavras me comovem, mas, por favor, não me procure mais.

— É isso o que você realmente quer que eu faça? O que seu coração realmente pede para você me pedir?

— É isso que é o certo. O mais conveniente no nosso caso.

— Por quê?

— Porque sou uma judia.

O comentário perturbou o rapaz, percebeu ela. A ponto de fazê-lo baixar a cabeça para poder esconder os olhos grandes e vivos dos seus.

— Porque você é um alemão. — acrescentou ela, pausadamente. — Seria um desgosto muito grande para o meu pai me envolver com um...

— Alemão?

— Qualquer um que não fosse judeu.

— Isso é preconceito.

— O mesmo que o regente do seu país tem em relação a união de alemães com judeus.

— Desde os meus quinze, dezesseis anos, sou da opinião de que todos nós, alemães, judeus, ricos, pobres, altos, baixos, brancos, pretos, somos todos irmãos, que qualquer rótulo que nos separe é uma injustiça, uma tolice, um estreita visão da realidade, uma afronta a Deus.

— De nada vale o que você pensa ou, o que eu penso? O que importa é o que o mundo pensa.

— Será?

Sarah insistiu mais uma vez:

— Não me procure mais, por favor.

Viveck mordeu os lábios, pressionou os dentes, girou o pescoço num gesto desesperador, fez menção de partir, então, subitamente segurou o rosto da jovem com as duas mãos e beijou seus lábios.

Sarah não se debateu, permitiu ser dele como ele tanto queria que ela fosse sua. Quando Viveck afastou o rosto, estava vermelho, ofegante. Escorregou a mão esquerda pelo rosto, da testa até o queixo e disse:

— Desculpe, mas eu tinha de fazer isso. Eu...

— Não me procure mais, por favor. Eu lhe imploro. Será melhor para você, será melhor para mim. Acredite.

— Não acredito.

Ela engoliu em seco. A voz dele tornou a soar incisiva:

— Eu quero você Sarah, tanto quanto você me quer.

Os olhos dela abaixaram, entristecidos.

— O nosso am... — disse ela, cortando a palavra ao meio assim que percebeu que diria mais do que deveria. Refez a frase assim: — A nossa união é impossível.

— Você ia dizer "amor", não é mesmo? — Os olhos de Viveck agora brilhavam. — Porque é amor também o que sente por mim.

— Eu mal o conheço.

— Eu também mal a conheço, mas já sei que o que sinto dentro de mim por você é amor.

— Como pode saber?

— *Weiss ich nicht!* * Só sei que a amo. E gosto de saber que a amo, sinto-me feliz por isso.

— O nosso amor é impossível. Para que lutar contra algo que não pode ser, que não se pode ganhar?

— Nós podemos, sim, ficar juntos, Sarah. Sou capaz de qualquer coisa pelo nosso amor.

— Meu pai não permitirá a nossa união.

— Ele nem me conhece direito.

— Meu pai já me prometeu para o filho de um amigo dele. Um judeu como nós.

— Vou conversar com ele.

---

*Weiss ich nicht! = Eu sei lá. Em alemão. (N.A.)

— Não adiantará. Ele não vai sequer ouvi-lo.
— Não custa tentar.
— Vai perder seu tempo.
— Nada que a envolva é perda de tempo, Sarah. Acredite-me.

Viveck, a fim de tranquilizar a moça, despediu-se dela, beijando suas mãos e partiu mais do que decidido a lutar por aquele amor que parecia impossível para os dois.

No dia seguinte, assim que teve oportunidade, Viveck a Herbert Müller o quanto estava disposto a lutar pelo amor de Sarah Baeck.

— Você perdeu o juízo, Viveck?! Será que não ouviu nada do que eu lhe disse outro dia? Sarah Baeck é uma judia. Sabe o que são os judeus? São aqueles que renegaram Cristo. Que, por sinal, também era judeu.

— Os judeus aceitam a existência de Cristo, só não o aceitam como sendo o próprio Deus. E vale lembrar que não são todos os judeus que pensam assim. Há muitos judeus cristãos.

— Ainda assim, é minoria. A meu ver, todo aquele que renega Cristo comunga com o diabo.

Viveck, olhando fundo para Herbert, perguntou:

— Você acha certo que duas pessoas que se amam sejam separadas por causa das religiões a qual pertencem?!

— O judaísmo não é uma religião, é uma afronta a Deus, a Jesus Cristo!

— Repito a pergunta: você acha certo que...
— Eu já entendi. Não precisa repetir!
— Então responda-me se acha certo ou não!

Herbert Müller se manteve calado diante da pergunta. Com pesar, falou:

— Você não vai nos dar esse desgosto, Viveck... Não pode!

Viveck se manteve, aparentemente, o mesmo diante das observação do colega. Herbert, bufou e, deu seu parecer mais uma vez:

— Se descobrirem que se casou às escondidas com uma judia, será morto por não ter cumprido a lei que agora rege o nosso país.

— Eu sou capaz de abandonar tudo por ela, Herbert.
— Vai viver do que, Viveck? Nessa crise mundial?!
— Eu vou falar com o pai dela, e vai ser hoje!
— Fale. Se conheço bem os judeus, ele o porá no seu devido lugar em questão de segundos. O que será ótimo, assim você desiste de vez dessa paixão ridícula e inoportuna.
— Eu vou dobrá-lo, Herbert. Você verá!
— Não importa que o pai da moça aceite que você se case com a filha dele, o destino dos judeus já está traçado e você sabe disso. Só eles não sabem. Eles e o resto do mundo.
— Eu não vou permitir que toquem num fio de cabelo dela, Herbert.
— Se você abrir a boca antes da hora, Viveck, eu não vou lhe perdoar. Eu ainda me orgulho de fazer parte do exército nazista e, compartilho com os propósitos de transformar a Alemanha numa grande nação mundial.

Viveck não lhe deu ouvidos, saltou da cama, ajeitou-se em frente ao espelho e quando fez a menção de sair, Herbert lhe perguntou:
— Onde vai?
— Conversar com o judeu.
— Como você é teimoso!

Viveck partiu calado, deixando Herbert Müller apreensivo, andando no quarto de um lado para o outro, pensando se deveria ou não pôr seus superiores a par do que estava se passando com o colega. Sabia que se o fizesse, ele seria fuzilado quase que imediatamente. O que seria lastimável, pois gostava muito do amigo. O melhor a fazer, em nome da amizade dos dois era manter-se calado ao menos por hora e torcer para que Viveck despertasse daquela paixão avassaladora.

Viveck Shmelzer aguardou por quase duas horas até que o pai de Sarah voltasse para a casa do trabalho. Assim que Ishmael Baeck abriu o portão de sua casa, Viveck foi até ele e disse:
— Olá, não sei se o senhor está lembrado de mim. Nos encontramos na rua, ainda ontem... Gostaria de falar com o senhor por um momento.
O judeu olhou de cima a baixo o jovem alemão e perguntou:

— Do que se trata?

Antes de responder, Viveck estendeu a mão para o homem e se apresentou:

— Meu nome é Viveck Shmelzer.

A mão do rapaz ficou suspensa no ar, porque Ishmael recusou-se a trocar o aperto de mão. A frieza do homem deixou o jovem sem graça, limpando a garganta, Viveck procurou dizer ao que vinha.

— Há alguns dias atrás tive a oportunidade de conhecer sua filha, Sarah, meu senhor. Bem, confesso que fiquei encantado por ela. Desde, então, não consigo tirá-la do meu pensamento. Venho até o senhor pedir permissão para cortejá-la.

O homem tornou a medir o rapaz de cima a baixo e disse:

— Vamos ao que interessa, meu caro. Você é um homem de posses?

— Não, mas um dia...

— Um dia? — desdenhou o judeu. — Um dia é muito incerto. Não gosto de incertezas, gosto do que é certo, provável e concreto. Qual é a sua profissão?

— Bem, eu, no momento, faço parte do exército nazista.

— Já ouvi coisas pavorosas sobre os nazistas. Segundo soube, foi proibido o casamento entre alemães e judeus na Alemanha, não? Por que então se envolver com uma judia se não pode se casar com uma?

— Quer dizer que se fosse permitido o senhor consentiria que sua filha se casasse comigo?

Ishmael Baeck respondeu com outra pergunta:

— Será que não percebe que tudo está contra a sua união com Sarah?

— Penso diferente, meu senhor. Penso que tudo está a nosso favor, por isso a vida nos uniu.

— Vida?!

— Sim.

— Desculpe a franqueza, meu rapaz, mas você tem tudo o que eu não tolero no ser humano: a pobreza, o fato de ser um cristão, católico e um nazista. Você não serve, terminantemente, para a minha filha.

Viveck sentiu vontade de contar ao homem que ele e toda a sua raça corriam grande perigo, que a Polônia estava prestes a ser invadida pela Alemanha nazista, mas a voz austera e entojada de Ishmael Baeck o trouxe de volta à realidade:

— Quero você longe da minha filha, rapaz. Se souber que a anda seguindo por aí, porei a polícia atrás de você.

— Senhor Ishmael, nada vai me fazer desistir da Sarah.

— Como você é teimoso... teimoso e petulante, não nega mesmo a sua raça.

— O senhor também é teimoso e petulante. Também não nega a sua raça!

O homem fechou o cenho, atravessou o portão, fechando-o assim que passou por ele e entrou em sua casa, sem dizer sequer um boa-noite.

— O senhor vai se arrepender de tudo isso! — falou Viveck, elevando a voz. — Vai se arrepender amargamente!

Viveck voltou arrasado para a hospedaria. Assim que Herbert Müller o viu, comentou, olhando de soslaio para ele:

— Você está com cara de quem comeu algo e não gostou.

— Conversei com o pai de Sarah há pouco. O homem deixou bem claro que eu sou a pior pessoa do mundo para se casar com a filha dele, que o nosso amor é impossível, que ele quer para a filha um homem endinheirado e de posses. Posses eu não tenho, disse a ele, mas tenho amor, caráter, boa índole.

— E você acha que judeu se interessa por algo além de dinheiro, meu caro? Dinheiro para judeu é tudo! Todo mundo sabe do apego que eles têm ao dinheiro, a posses e ao poder.

— Por acaso são só os judeus que têm apego ao dinheiro, a posses e ao poder, Herbert? Isso é preconceito. Boa parte da humanidade só pensa nisso, acorda e dorme por isso. Toda a guerra que está para começar é por causa de dinheiro e poder. Se os judeus são obcecados por dinheiro e poder, nós, nazistas, somos tanto quanto.

Dessa vez foi Herbert quem não deu ouvidos ao amigo. Disse:

— O pai da moça está certo em querer afastar você da filha. Ainda que permitisse a união de vocês dois, vocês não poderiam mesmo ficar juntos.

— Pois nós vamos ficar, Herbert.

— Como?

— Não sei, mas eu vou encontrar uma solução para o nosso caso.

Herbert pegou firme nos ombros do amigo e lhe fez um alerta:

— Viveck, olhe para mim. Saia dessa loucura enquanto há tempo. Antes que se fira mais do que já está se ferindo. Não me faça esmurrar a sua face para ver se você desperta desse transe, dessa paixão ridícula!

Viveck peitou o amigo com seus grandes e vivos olhos azuis, tão azuis quanto os de Herbert e disse, decidido:

— Se o nazismo vai à guerra para conquistar o mundo eu vou à guerra para conquistar a mulher da minha vida.

— Você está louco. Completamente louco. Essa mulher vai acabar estragando a sua vida.

— O estrago já está feito, Herbert. Só Sarah, agora, pode consertá-la.

Herbert Müller olhou cismado para o perfil do colega, dominado pela paixão.

Parte 3

Convento Sagrado Coração de Jesus, Polônia...
Enquanto Viveck Shmelzer descobria-se apaixonado pela judia Sarah Baeck, a Irmã Helena Giacommo enfrentava um grande desafio em sua vida.

Era uma moça de 23 anos, de rosto franco e refinado, lábios finos, olhos pequenos e tímidos. Os cabelos, pretos, como carvão, eram presos em forma de coque para poderem ficar ocultos por trás do hábito que ela parecia usar com muito orgulho.

Helena havia acabado de deixar a capela do convento, onde estivera rezando por quase uma hora, num canto discreto e silencioso do local. Seguia em direção ao seu quarto quando encontrou Irmã Magda pelo caminho.

— O padre Luigi Santoli passou por aqui ontem. — comentou Magda, casualmente.

Helena estremeceu diante da menção ao padre.

— Ele quis saber de você, Helena. Nós a procuramos, mas não conseguimos encontrá-la em lugar nenhum. Onde estava? Tomou chá de sumiço, foi?

Helena apertou a mão direita contra o peito e branqueou.

— O que houve? — assustou-se Magda. — Você ficou branca!

Helena não respondeu, parecia incapaz de dar a alguém qualquer resposta. Sem pensar duas vezes, Irmã Magda voltou-se para uma Irmã que acabara de passar por elas e pediu ajuda:

— Irmã Elisa, por favor, acuda-me!

Com muita calma as duas mulheres fizeram com que Helena sentasse num dos bancos de alvenaria que havia ali perto e, enquanto uma abanava seu rosto com a aba do hábito, a outra friccionava sua mão direita, dizendo, carinhosamente:

— Acalme-se, Helena, acalme-se, estamos aqui, Deus está com você, fique calma.

Cinco minutos depois, Helena parecia ter recuperado um pouco do equilíbrio perdido.

— Levem-me para o meu quarto, por favor. Quero ficar só. — pediu ela as duas amigas.

As Irmãs se entreolharam, preocupadas, e, prontamente, atenderam o pedido da companheira. Ampararam-na até chegarem ao quarto e ajeitarem a cama para ela se deitar, como ela pretendia.

— Tome um pouco de água. — sugeriu Irmã Elisa, enchendo o copo com água da moringa que ficava sobre o criado-mudo. — Vai lhe fazer bem.

Com muito esforço as duas freiras conseguiram fazer com que a amiga molhasse a garganta. Depois de ajeitarem Helena na cama, Elisa voltou-se para Magda e perguntou, baixinho:

— O que deu nela?

— Eu não sei. Foi de repente.

— Há dias que venho percebendo que Irmã Helena não anda nada bem. Não sai da capela, recolhe-se cedo. Não conversa mais com ninguém. Algo de muito grave está acontecendo com a nossa amiga.

A seguir as duas fizeram o Sinal da Cruz e se puseram a rezar uma Ave Maria e um Salve Rainha.

Helena Giacommo, pouco tempo depois, começou a falar sozinha; como se estivesse sendo acometida por uma forte febre, daquelas que fazem suas vítimas delirarem. As palavras saíam de sua boca, atropelando-se umas as outras, desfazendo qualquer sentido que pudesse haver entre elas. As Irmãs tornaram a se olhar, preocupadas. Acharam por bem formular uma prece.

— Oh, meu Senhor, por favor, ajude nossa querida Irmã Helena a superar o que a aflige. — suplicou Magda, olhando para o teto, com as mãos unidas em louvor.

Já era quase meia-noite quando Magda voltou ao quarto de Helena para ver como a amiga havia reagido nas últimas horas. Se não tivesse tido uma melhora significativa, ela teria de chamar um médico, assim que o dia raiasse.

Magda encontrou Helena ainda acamada, todavia, seu semblante dava sinais de melhora.

Helena permaneceu quieta diante das perguntas costumeiras de Magda.

A quietude de Helena não era normal. Era o sinal definitivo de que algo de muito grave estava acontecendo com ela.

— O que a está tirando do prumo, Irmã? — insistiu Magda, mais uma vez.

Helena tentou responder, mas as palavras se evaporaram quando alcançaram sua boca.

Novamente o silêncio pesou no lugar como uma geada sobre uma plantação.

Magda Bassani voltou-se mais uma vez para Deus. Suplicando ao Pai Celestial que ajudasse Helena diante do que a atormentava tanto. Diante de seu suplício, Helena interveio:

— Não se aflija, Magda. Ando apenas indisposta, esse mal-estar logo passa. Não se amofine. Deus está comigo.

Magda tornou a suplicar a amiga que se abrisse com ela, que lhe revelasse o que a atormentava tanto, mas Helena Giacommo furtou-se a qualquer comentário. Disse apenas:

— Logo eu volto ao normal, você verá.

Mas Helena sabia, no íntimo, que nada voltaria ao normal. Que em seu interior o caos era como uma bomba pronta a explodir e, quando fizesse, o estrago afetaria não somente a ela, mas todos ao seu redor.

Dias depois, por volta das dezesseis horas, Irmã Helena encontrava-se sentada num dos bancos de concreto que havia no jardim do pátio do convento, em um que ficava bem de frente à imagem da Virgem Maria esculpida em mármore. Orava em silêncio, quando seus olhos avistaram um homem cruzando o pátio, seguindo, ao que parecia, na direção em que ela se encontrava. As pernas de Helena se retraíram espasmodicamente por baixo do hábito. Suas mãos se juntaram, apertando-se uma a outra. O desespero tomou conta dela. Lá estava o padre, Luigi Santoli, mais uma vez, visitando o convento.

Ela torceu para que ele não a tivesse visto ali, sentada, entre as roseiras e, que a imagem da Virgem tivesse ocultado sua presença. Por via das dúvidas, era melhor se retirar, e o mais rápido possível. Assim, Helena se levantou e tomou a direção oposta a que o padre vinha. Entretanto, nem bem deu um passo, a voz do padre Luigi Santoli ecoou até ela.

— Helena?!

Suas pernas travaram e foi com muita dificuldade que ela olhou para trás, para Luigi Santoli.

— Está fugindo de mim, Helena? Por quê? O que fiz de errado? — perguntou, aproximando-se dela, ficando quase a um palmo do seu nariz. — Gosto tanto de você, Helena, e você sabe disso. Sabe também que o meu gostar é bem mais que *gostar*. Eu a amo.

Helena levou sua mão imediatamente até os lábios rosados dele na intenção de impedir que ele continuasse a falar.

— Não diga mais nada, por favor.

— C-como não? Não posso mais conter dentro de mim o que sinto por você. O que sinto, arde, queima dentro de mim.

— Eu sou uma freira. Fiz um voto de castidade. De pobreza. Doei minha vida a Deus.

— Eu sei. Mas sei também que gosta de mim.

— Gosto como gosto de todo ser humano.

— Mentira. Ninguém gosta de todos por igual.

Ela fugiu dos olhos dele. Ele, transparecendo grande tristeza na voz, perguntou:

— Por que o nosso amor tem de ser sacrificado, Helena? Por que não pode ser vivido com toda a grandeza de um amor sincero e verdadeiro, recíproco?

— Por que a vida é feita de sacrifícios, Luigi. São os sacrifícios que nos levam ao céu.

— Deus é amor e, se é amor, penso que o mais importante para Ele é ver quem se ama junto, vibrando esse amor.

— Há algo além do meu voto que nos separa.

Ele fez ar de interrogação e antes que aprofundasse o assunto, ela disse:

— Preciso ir, antes que alguém perceba o que se passa entre nós.
Enquanto as mãos de Helena espargiam para os céus, Luigi catou uma delas e a apertou com suavidade. Disse:
— Ouvi certa vez alguém dizer: todo amor é sagrado, tão sagrado quanto você, não se esqueça disso...
Ao ver o desespero avermelhar ainda mais os olhos da moça, o padre a soltou. Helena se retirou sem dizer mais nenhuma palavra, prensando a mão direita contra o peito, rumo ao seu quarto.

Helena desejou, subitamente, nunca ter conhecido o padre Luigi Santoli, nunca ter se soltado das mãos de Deus por um momento sequer. O demônio sempre tivera muitos modos de se aproximar de alguém, a tentação era a pior forma e a mais usada. Ela sempre soubera, no entanto, caiu em sua lábia.

Luigi Santoli ficou ali, entre as roseiras, admirando a freira se retirando com sua graça e leveza de sempre. Voltou então os olhos para a estátua da Virgem Maria e perguntou:

— Por que, Virgem Santíssima, eu fui me apaixonar justamente por uma freira? Está certo amar alguém que não se pode amar? Se Deus nos deu a fome, mas nos deu alimentos para saciar a fome, se nos deu a água para matar a sede, então eu insisto na pergunta: se despertou em mim e em Helena essa paixão, por que não podemos vivê-la?

Helena havia acabado de pisar na longa varanda que também dava acesso a ala dos quartos, quando, subitamente, suas inalações começaram deixá-la com o peito doendo, provocando-lhe ondas de escuridão que latejavam por toda a cabeça, cegando-lhe a vista, nublando os sentidos.

Foi o seu passo falseado que chamou atenção do padre Luigi Santoli, fazendo-o correr até ela e segurá-la bem no exato momento que ela desfalecia. Minutos depois, Helena era levada nos braços, pelo padre, guiado por Magda, até os seus aposentos.

Com receio de que Helena se assustasse ao vê-lo ali, assim que recobrasse os sentidos, ele preferiu se retirar, alegando uma desculpa forjada.

Diante da Irmã, pálida e inconsciente, estirada sobre a cama, Magda se perguntou mais uma vez:

— O que está havendo de errado com você, minha amiga? O que está deixando-a tão enfraquecida?

Mas a resposta ainda se manteve um mistério para ela.

Nos dias que se seguiram, era notável que o desespero estava, definitivamente, roubando de Helena Giacommo, os últimos resquícios do equilíbrio físico e mental. Ela queria muito contar a alguém o que a afligia, mas não sabia como fazer. Por isso se refugiava no silêncio, em olhares vagos...

Magda Bassani estava novamente em frente a ela, confortando a amiga com palavras:

— Abra-se comigo, Helena. Sou sua amiga. Só lhe quero bem.

— Não se preocupe comigo, Magda. Estou bem.

— Não, não. Você não está nada bem, Helena, e você sabe disso. Alguma coisa anda muito errada com você.

O coração de Helena se contraiu parecendo subir pela garganta. Novamente houve uma pausa infinitesimal até que Helena dissesse, lentamente:

— Você tem razão, Magda, toda razão. Algo realmente está muito errado comigo.

— Então, diga-me, o que a atormenta tanto, a ponto de nossas preces parecerem incapazes de ajudá-la?

Deveria ela dizer ou não a verdade?, indagou-se Helena, novamente. Seria um baque para todos ali, se eles soubessem o que realmente se passava com ela. Todavia, de que adiantaria esconder a verdade, de todos, por mais tempo, cedo ou tarde, todos saberiam. Seu segredo ficaria evidente.

Helena, enfim, tomou coragem e, finalmente, revelou à amiga o que tanto a afligia.

— Estou grávida, Magda. Grávida, compreende?

Magda perdeu a fala. Tentou disfarçar o susto e o choque que teve com a revelação, mas não conseguiu.

— Grávida?! — exaltou-se. — Pai Santíssimo, de quem? Quem é o pai do seu filho?!

Helena não respondeu, recolheu-se a um profundo silêncio, não se atrevendo sequer a respirar.

Magda tornara-se, agora, a expressão mais realista do desespero.

— Santo Deus! Como é que isso pode ter acontecido?! O que você vai fazer quando a barriga começar a crescer? Todos vão saber que está grávida.

— Por favor, Magda, não diga mais nada, já estou desesperada por demais.

— Oh, minha querida... — tornou Magda em tom de lamento. — O que posso fazer para ajudá-la?

A respiração funda lhe fez doer o peito, intumescendo os tecidos da garganta e amordaçando-lhe a voz.

— Quando a madre superiora souber... — sibilou Magda, transpirando de tensão. — Quando a notícia atravessar os portões do convento, será um escândalo.

A cabeça de Helena se deslocou de um lado para o outro, depois disse:

— Como vê. Eu só tenho uma saída, Irmã. Uma única saída.

Magda soube imediatamente aonde a amiga queria chegar, por isso, disse, com firmeza:

— Você sabe, Helena, muito bem, o que Deus pensa sobre o aborto. Ainda que seja errado o que fez, o erro é seu, não dessa criança que gera em seu ventre.

— Você tem razão, que estúpida fui eu em pensar em fazer um aborto. — Helena deu três tapinhas na boca antes de prosseguir: — mas que saída tenho eu, Magda? Estou acabada, não sou mais digna de nada.

— Não diga isso, Helena. Você ainda é digna da graça de Deus. Todos nós somos, não importa os erros que cometemos.

— Não creio que Deus ainda me veja com bons olhos depois do que aconteceu comigo.

— Ora, Helena, é lógico que Deus continua vendo você com bons olhos, meu anjo. Agora, acalme-se. Sempre fui da opinião que a melhor forma de solucionar um problema é se acalmando e enfrentando-o, não fugindo dele.

Uma lágrima, então, escorreu pelo rosto de Helena, logo veio mais uma, logo eram várias.

— Preciso falar com a madre superiora, preciso pô-la a par do que está acontecendo comigo. Será um choque para ela, para todas, mas todas precisam saber da verdade, antes que ela salte aos olhos.

— Aguarde mais um pouco.

— Não posso mais.

— Você aguardará sim, até que se sinta mais recuperada física e espiritualmente. Por outro lado você precisa ver um médico. A propósito você já se consultou com um? Não?! Santo Deus, o que está esperando?

— Não agora.

— Mas precisa. Ao invés de chamarmos um aqui, você vai até ele, sem o hábito para não chocar ninguém.

Os olhos de Helena esboçaram um "talvez".

Magda pegou a mão da Irmã, sorriu, singelamente, para ela e disse:

— Conte comigo, Helena, conte comigo como deve contar com Deus.

As lágrimas que caíam dos olhos de Helena se intensificaram. Daqueles olhos onde a tristeza parecia ter feito sua morada eterna.

Como Helena ficou grávida? De quem, quando e onde? Eram perguntas que Magda, pressupunha que Helena jamais lhe responderia. Mas isso pouco importava para a Irmã, o mais importante naquele momento era dar-lhe tempo para se recuperar e se preparar para dar a notícia à madre superiora.

Dias depois, Irmã Helena Giacommo, sentada no banco de alvenaria em frente à imagem da Virgem Maria, esculpida em mármore, no jardim do Convento Sagrado Coração de Jesus, pensava em sua mãe, Dagmara Giacommo. Imaginava como ela reagiria quando soubesse da sua gravidez. Seria um baque para ela, com certeza. Um baque do qual ela, certamente, não se recuperaria jamais.

Ela já podia antever como a mãe a machucaria com suas palavras afiadas, palavras que sempre tinham o poder de ferir aqueles de coração e alma sensíveis como os dela.

Conhecendo bem a mãe, ela não se espantaria se ela lhe pedisse para se jogar de um penhasco. Pular na frente de um caminhão ou qualquer coisa semelhante que desse fim a sua vida. "Você é uma pecadora. Uma pecadora imunda e imoral", lhe diria com todas as letras.

Talvez ela devesse aceitar a sugestão, conjeturou Helena. Ela não devia jamais ter permitido que a insanidade da paixão a dominasse. Foi ela, a paixão, a responsável por sua triste história, transtornando o aqui e agora, sufocando-lhe a paz, roubando-lhe o gosto de viver, até mesmo o direito de viver.

O desespero fez Helena fechar os olhos, apertando as pálpebras tão forte quanto apertava os lábios.

O passado ao lado da mãe voltou a ocupar sua mente. A lembrança viva de quando a mãe a fazia se ajoelhar sobre grãos de arroz, ou de feijão, ou de milho, cru, para pagar por seus pecados, aquilo que a mãe encarava como pecado.

A mãe julgava praticamente todos os atos de uma criança como sendo um pecado. Tudo para ela era imoral e pecaminoso.

Os erros eram simples, os mais simples possíveis. Muitas vezes, ela nem sequer os havia cometido, mas era obrigada a se ajoelhar para que se lembrasse da dor, caso o diabo a tentasse. A mãe exagerava, sim, ela sabia, toda a família sabia, até mesmo o bairro onde moravam, mas ela tinha de acatá-la, por ser sua mãe, a quem devia respeito e obediência.

Helena ainda se lembrava com tristeza quando a mãe exigia que ela se ajoelhasse sobre pedrinhas pontiagudas para pagar por suas faltas mais graves diante de Deus. Seus joelhos chegavam a ficar feridos a ponto de não poder curvá-los por semanas, tamanha a dor.

— É bom mesmo que doa. — dizia Dagmara, no seu tom afiado de beata que se julga a mais próxima de Deus. — Para que se lembre sempre do pecado que fez feri-los.

Dagmara Giacommo era impiedosa, sim, e o que é pior, impiedosa em nome de Deus. E o avanço da idade deveria estar deixando-a pior. Mais intolerante e fanática, o que era lamentável e preocupante.

Um súbito movimento no interior do seu útero fez Helena despertar de suas reflexões. Teria o bebê se agitado dentro dela? Não, certamente que não. Ela estava grávida apenas de dois meses, era muito cedo para aquilo.

Subitamente, Helena sentiu um amor imenso pela criança que crescia em seu ventre, uma vontade de abraçá-la, beijá-la, devotar-lhe um amor incondicional. Uma criança inocente, que mal fazia ideia das maldades do mundo.

Seria menina ou menino? Que nome daria? José, Maria... Algum nome bíblico, sem dúvida, para protegê-lo nesse mundo desalmado.

Acariciando a barriga, na altura do útero, Helena desabafou:

— Amo você, minha criança, mesmo antes de conhecê-la. Que a vida seja generosa com você, se é que pode ser com alguém.

Ariadne Hummels, mulher de porte austero, masculinizada, que exercia o papel de madre superiora do convento Sagrado Coração de Jesus, olhava com crescente horror para Helena Giacommo. Ela havia acabado de saber que a Irmã estava grávida. Suava tanto que mais parecia uma mulher de gelo derretendo-se ao sol.

— Você, grávida?! — indignou-se a madre. — Não pode ser. Como? Quando? Onde?! *Dio mio* isso será um escândalo. Uma desmoralização para o meu convento. Para a minha pessoa, como diretora disso tudo.

Helena pediu perdão mais uma vez:

— Eu sinto muito, madre.

— Sente muito? — interveio Ariadne Hummels, pressionando as duas mãos contra o peito.

Irmã Magda achou melhor intervir:

— Mas nada disso importa, não é mesmo, madre? — opinou.

— Não importa porque não é você quem está na minha pele, Irmã. Não é você quem será criticada.

— Mas, madre...

A mulher cortou-a, rispidamente.

— Isso só pode ser um pesadelo.

O clima pesou no recinto. Aquilo só serviu para deixar Helena Giacommo ainda mais envergonhada de si mesma, com a cabeça ainda mais confusa. As palavras de Ariadne Hummels a seguir chocaram Irmã Magda.

— Se ao menos Deus lhe concedesse um aborto espontâneo.
— Madre?! — barbarizou-se a Irmã.
— Quieta, Magda!

Irmã Magda encolheu-se toda, assustada com a reação da madre. Ariadne Hummels voltou a falar no seu tom seco e impaciente:

—Todo filho é filho do pecado, esse que cresce no ventre de Helena, nascido sabe lá em que circunstâncias, só pode ser filho do demônio. Sim, do demônio, só pode ser...

O frio de seus olhos cedeu lugar à tristeza. Em seguida, soltando palavras numa língua desconhecida, a madre se retirou do aposento.

Magda assustou-se ao ver a expressão de dor e desalento cobrindo a face de Helena.

— Ela tem razão, Irmã. — desabafou Helena, balançando a cabeça para cima e para baixo. — Essa criança só pode ser filha do demônio.

Magda foi até a amiga, a fez olhar para ela, erguendo seu rosto com a mão e disse, num tom emocionado:

— Seu filho é filho de Deus, Helena. Todos são, sem exceção. Ignore as palavras de nossa madre superiora. O desespero, a vergonha do que os outros vão pensar dela quando sua gravidez tornar-se pública está fazendo com que ela diga coisas sem pensar, diga tolices, bobagens... A madre não está pensando em você nem no bebê que cresce em seu útero. Está pensando nela, no que os outros vão pensar dela, ao tomarem conhecimento da sua gravidez. Ela está preocupada com a imagem dela diante da sociedade e do vaticano.

Ainda assim, Helena concordava, intimamente, com a opinião de Ariadne Hummels, a madre superiora.

Crente que o demônio havia se introduzido entre as coxas de uma das irmãs. Ariadne Hummels pendurou crucifixos por todo o convento. Nas paredes, nas portas de todos os aposentos e até mesmo no teto. Quando Magda encontrou a madre superiora semeando cruzes pelo convento, suspeitou que a mulher estivesse a um passo da loucura.

— Era melhor mesmo que a madre superiora pensasse que o culpado pela gravidez de Helena fora realmente o diabo. Assim pouparia

Helena de lhe dar explicações que não tinha condições de lhe dar no momento e, talvez, nunca tivesse.

A essa altura, Magda já havia somado dois e dois. Lembrou-se do apreço que o padre Luigi tivera por Helena desde a primeira vez em que a viu, de suas frequentes visitas ao convento desde então, tendo sempre longas palestras com ela, enquanto caminhavam, pelos arredores do convento...

Lembrou-se também das reações estranhas de Helena ao ouvir alguém mencionar o nome do padre. O padre deveria ser, certamente, o pai da criança, por isso Helena reagia tão mal à menção do seu nome. E ela escondia de todas o nome do pai da criança, para protegê-lo diante do escândalo que seria se a sociedade soubesse que um padre havia feito amor com uma freira.

Parte 4

Sarah Baeck voltava para sua casa, dos estudos, quando foi abordada de surpresa pelo jovem soldado nazista Viveck Shmelzer.
— Sarah. — disse ele, com sua voz grave e bonita.
Os olhos dela revelaram grande surpresa e tensão por se ver ali, só, diante do rapaz.
— Eu já lhe pedi para não me procurar mais. — disse ela, fugindo dos olhos dele.
Ele se posicionou na frente dela e falou seriamente:
— Estou preocupado com você.
— Que motivos tem para se preocupar comigo?
— Ando com o pressentimento de que algo de ruim vai acontecer por aqui. É mais que um pressentimento, é uma certeza.
— Aqui, onde? Na Polônia?
Ele reverteu a resposta numa pergunta:
— Vocês têm parentes noutro país?
— Sim, que eu saiba, sim.
— Tem certeza?
— S-sim. Por que me pergunta?
— Porque gostaria que fosse visitá-los com seu pai.
— Você está me deixando preocupada. Por acaso você está sabendo de alguma coisa que desconhecemos? Tem algum tipo de vidência?
— Não, apenas um pressentimento.
Ele aproximou-se dela, tomou suas mãos entre as suas e disse, olhando fundo em seus olhos:
— Ouça-me, por favor. Se tiver algum parente que more bem longe daqui, vá com seu pai visitá-lo. Antes, porém, deixe-me o endereço desse parente para que eu possa encontrá-la, mais tarde.

— Por que me encontrar?

— Porque eu não quero perdê-la, jamais, Sarah. Não quero que nada nos distancie. Estou apaixonado por você, e, você, sabe disso. E não me importa se gosta de mim ou não da mesma forma. Se me der uma chance farei despertar em seu coração o mesmo amor que você despertou em meu coração.

Ela recuou o olhar. Ele se manteve firme, olhando para ela.

— Pense no que lhe disse, por favor.

— Está bem. Falarei com papai assim que ele chegar em casa.

Sarah partiu, estugando os passos, deixando Viveck se perguntando se ela não o teria achado um louco por ter lhe feito tal pedido. Deus quisesse que não. Para o próprio bem deles.

Quando Viveck chegou à hospedaria, encontrou Herbert Müller aguardando, ansioso, por sua chegada.

— Estava esperando somente você chegar para partirmos. — disse, pegando sua mala.

— Partirmos?! — espantou-se Viveck. — Para onde?

— De volta a Berlin. Recebemos ordem de regressar o mais urgente possível.

— Assim de uma hora para outra?

— Já era de se esperar que seria assim, Viveck. Vamos.

— Não antes de eu passar na casa de Sarah para lhe dizer para onde vou.

— Você terá tempo de sobra para fazer isso depois, *mein Lieber*. Agora, vamos.

Diante da pressão do amigo, Viveck apanhou suas coisas e partiu. Mal sabia ele que quando regressasse a Polônia, ela já estaria tomada pelo exército alemão.

Outubro de 1939

Viveck ficou extremamente chateado por ter sido obrigado a voltar para a Polônia somente depois do exército nazista ter atacado e rendido o país. Mas, ordens eram ordens, ele tinha de cumpri-las.

45

Ele quisera muito alertar Sarah, para que ela fugisse do país com o pai, antes do ataque, mas não conseguiu. Isso lhe causou uma profunda angústia e decepção.

Por sorte, a Polônia foi rendida pelo exército nazista em menos de um mês, sem a necessidade de um grande ataque. Viveck temia que se bombas fossem lançadas sobre a cidade, uma delas poderia acertar a casa onde Sarah morava com o pai e matá-los.

Tudo o que ele mais queria desde que o país se rendeu aos nazistas era saber se Sarah e o pai estavam bem. Estava ansioso para encontrar uma brecha durante as suas obrigações e ir visitá-los.

Sarah e Ishmael estavam horrorizados, assustados e temerosos, como todos os poloneses, incluindo as Irmãs do convento Sagrado Coração de Jesus, com tudo que estava acontecendo.

Viveck levou um choque ao saber que o exército nazista exigiria, em poucos dias, que todos os judeus residentes no país se apresentassem às autoridades nazistas e que seriam obrigados a morar, doravante, num gueto na Cracóvia. Um lugar de não mais que 16 quarteirões para abrigar todos. De lá ninguém poderia sair sem permissão. Não mais poderiam estudar, tampouco manter seus trabalhos. Chocante também era saber que suas posses seriam confiscadas. Apartamentos e bens.

Os judeus também seriam obrigados a usar em torno do braço, na altura do ombro, uma faixa com símbolos para que fossem reconhecidos pelos nazistas.

Seriam também forçados a fazer trabalho pesado, tal como tirar a neve das ruas e calçadas e isso incluía judeus de todas as idades até mesmo crianças.

O que mais preocupava Viveck eram os boatos sobre o extermínio dos judeus. Comentava-se que Hitler pretendia mesmo, assim que fosse conveniente, enviar todos os judeus que seriam enfurnados nos guetos para campos de concentração e extermínio. Campos que seriam construídos pelos próprios judeus, por meio de trabalho forçado. Ou faziam o que se mandava ou eram fuzilados à queima roupa.

Seria verdade? Hitler chegaria a tanto? Como saber? Entre os nazistas, já se sabia, com certeza, que todo judeu acima dos sessenta anos que não tivesse mais condições de trabalhar, judeus que estivessem com graves enfermidades, à beira da morte, judeus com deformidades físicas, paralisia, cegueira ou retardo mental, seriam executados dentro em breve.

Viveck estava desesperado para avisar Sarah do que estava prestes a acontecer. Ele tinha de impedir que ela se apresentasse às autoridades nazistas, tinha de fazer bem mais do que isso, tinha de tirá-la do país, levá-la para algum lugar seguro, onde pudesse ficar protegida.

— Preciso achar um modo de levar Sarah para longe daqui. Ela e o inconveniente do pai dela. — desabafou Viveck com o amigo Herbert Müller.

— Se o pai dela é inconveniente como fala, não seria melhor deixá-lo por aqui? — opinou o colega.

— Não posso fazer isso, Herbert, Sarah jamais me perdoaria.

Após breve pausa, Viveck perguntou:

— Você acha mesmo que os boatos são verdadeiros? Que Hitler realmente pretende aniquilar com todos os judeus dos países que for conquistando?

— Acho. Estou certo de que ele não sossegará, enquanto não acabar com todos os judeus do mundo.

— Se fizer isso, ele estará indo longe demais. Começo a me arrepender de ter entrado para o exército nazista.

— Foi a nossa única escolha, meu caro, diante da crise econômica da Alemanha.

— Deus queira que o pior não aconteça. Confio em Deus.

— Hitler também. Muitos homens bons e maus confiam em Deus para atingir seus objetivos.

— De que lado Deus está?

— O tempo sempre se encarrega de mostrar, *mein freund*.

Sarah estava parada em frente à janela que dava para a rua, respirava ofegante porque estava aflita, apavorada com tudo que estava acontecendo no país com a invasão dos nazistas, quando avistou Viveck Shmelzer atravessando o portão de sua casa.

Ela, no mesmo instante foi até a porta e abriu.

O jovem soldado se assustou com o modo abrupto com que ela abriu a porta. Antes que ele pudesse lhe dizer alguma coisa, a jovem judia falou:

— Você ainda tem a coragem de me procurar depois de tudo que o seu país está fazendo com o meu? Depois de tudo o que está fazendo com a minha raça*? Por isso que você me aconselhou a ir visitar, com meu pai, um parente distante... Você já sabia que seríamos atacados e não me contou nada. Suma daqui, eu não quero nunca mais vê-lo!

— Ouça-me, Sarah, por favor! — implorou Viveck, amargurado.

— Eu odeio você e toda a sua raça! — berrou a jovem, histérica.

— Sei que tem motivos de sobra para nos odiar, mas, por favor, ouça-me!

Sarah não lhe deu atenção, continuava olhando para o chão, suas mãos agora crispavam, uma de encontro a outra como se quisessem rasgar a própria pele.

— Ouça-me, Sarah, por favor. — insistiu Viveck, aflito.

— Eu não quero ouvir.

— Você vai me ouvir.

As palavras do rapaz, dessa vez, pesaram sobre a jovem. Ela voltou novamente os olhos para ele, parecendo mais atenta, agora, a sua pessoa. Viveck, então, falou:

— Sarah, vocês têm que partir do país, agora, enquanto há tempo.

— Partir, para onde?

— Eu não sei... Mas se vocês se apresentarem às tropas nazistas, acabarão nos guetos para judeus e, provavelmente, mortos.

— O que?

— Não há tempo para explicar, agora. O importante é que vocês partam daqui o quanto antes.

Nem bem ele terminou a frase, parou só pelo tempo suficiente de enxugar o suor da testa.

— Meu pai não vai abandonar jamais os seus pertences. — comentou Sarah, bem certa do que dizia.

— Então seu pai acabará morto. Pois os nazistas vão confiscar todos os pertences dos judeus. Vamos falar com seu pai, agora.

---

* Desde a tomada da Polônia pelo exército nazista, os nazistas caçoavam dos judeus pelas ruas, cortavam seus cabelos, humilhavam. (N. A.)

— Ele não o ouvirá.

— Ele tem de me ouvir. Para o seu próprio bem.

Viveck Shmelzer entrou, com a cara e a coragem, sem pedir licença, na sala com lareira onde Ishmael Baeck se encontrava. Ao vê-lo, o dono da casa levantou-se imediatamente de onde se encontrava sentado e perguntou:

— Quem permitiu sua entrada aqui, seu fedelho?! Fora da minha casa!

— Não antes de trocar uma palavra com o senhor.

Ishmael, balançando a cabeça em desaprovação, de forma enérgica, atalhou:

— Nada que possa me dizer me interessa. Agora retire-se! Sua presença me enoja.

— Eu tenho autoridade agora para prendê-lo, meu senhor. Por isso respeite-me.

Os músculos do canto da boca dos dois homens tremeram visivelmente cada um causado por uma emoção diferente. Os de Viveck, por medo, os de Ishmael, por raiva.

Ainda que os olhos de Ishmael Baeck parecessem cuspir fogo e sua pele queimar feito brasa, Viveck procurou manter a calma e explicou ao judeu o que os nazistas fariam com os judeus. Ao término da explicação, Ishmael Baeck protestou:

— Os nazistas não podem fazer isso conosco, não podem! Não é justo!

— Pois eles farão, meu senhor. Confiscarão todos os seus pertences e obrigarão vocês todos a morarem num gueto.

Os olhos de Ishmael, horrorizados, verteram-se em lágrimas, a seguir.

— Meus pertences... Meu rico dinheirinho. – choramingou.

— Eles confiscarão tudo. – reafirmou Viveck, resoluto.

— Não pode ser.

— Se o senhor protestar levará um tiro na cabeça. – alertou, Viveck.

— O exército nazista não é de brincadeira, tem ordens para matar bebês, grávidas, crianças, velhos, qualquer um que se oponha a suas ordens e, na frente, de qualquer familiar.

— Brutos. Desalmados... Não podem fazer isso com o meu rico dinheirinho, meus bens...

O homem chorou ainda mais. Por incrível que pudesse parecer, Viveck sentia pena do homem. Parecia uma criança cujo brinquedo mais querido havia sido tirado de suas mãos.

— O senhor ama Sarah, ama muito, que eu sei. — prosseguiu Viveck em tom ponderado.

— É lógico que amo. — afirmou o judeu, choroso. — Que pai não ama sua filha? Sarah é para mim hoje a pessoa mais importante da minha vida.

— Pois bem, meu senhor, ela vai morrer e o senhor também se não fugirem agora para um outro país.

Ishmael saiu de trás da escrivaninha e foi para cima de Viveck. Segurou o rapaz pelo colarinho e disse, entre dentes:

— A vontade que eu tenho, é de matar todos vocês!

Viveck permaneceu firme encarando o homem, olhos nos olhos. Por fim, o dono da casa o soltou e, apontando para a porta, ordenou:

— Vá embora dessa casa, antes que eu cometa uma loucura.

— Não vou. — a resposta de Viveck foi precisa e terminante. — Se o senhor não quer se salvar, é um direito do senhor. Mas não permitirei que leve Sarah para o buraco por causa da sua teimosia.

O judeu fulminou o rapaz com os olhos. Viveck, sem deixar se intimidar, insistiu:

— Meu senhor, deixe-me ajudá-los, por favor.

Sarah interveio nesse momento:

— Como espera nos tirar do país, Viveck? Todas as saídas devem estar sendo vigiadas, não haverá como.

— Eu sei, mas vou pensar num modo.

— Não há. — atalhou Ishmael, choroso.

— Não percamos a esperança. — acudiu Viveck, apegando-se à esperança como nunca se apegara em toda a sua vida. — Vou agora para o abrigo dos soldados, pensarei numa solução. Voltarei amanhã assim que raiar o sol.

Sarah o acompanhou até a porta. Antes de ele partir, ela disse:

— Obrigada.

Viveck respondeu, olhando com ternura para os olhos dela:

— Não há do que me agradecer. Até amanhã.
— Até amanhã.

Viveck voltou a pé para o abrigo, andar o ajudaria a pôr sua cabeça em ordem. Seus colegas, a uma hora daquela estavam nos bares e bordéis aproveitando as regalias que agora podiam usufruir no país.

Sua mente trabalhava a mil, buscando uma forma de tirar Sarah e o pai dela da Polônia e levá-los para um lugar seguro, bem longe dali.

Mas que lugar seguro seria este se os nazistas estavam e pretendiam conquistar toda a Europa? Na verdade não haveria lugar nenhum seguro para abrigá-la. A constatação deixou Viveck ainda mais tenso.

Ao soar dos sinos, anunciando as horas, Viveck voltou sua atenção para a igreja. Lembrou-se de Cristo naquele instante. Logo a imagem Dele tomou conta da sua mente. Ele precisava Dele, agora, mais do que nunca. Ainda que fosse para salvar aqueles que renegaram sua condição divina.

Foi pensando em Cristo que uma ideia atravessou seu cérebro. Junto dela, um raio de esperança iluminou aquela escuridão que o desespero havia desabado sobre a sua pessoa.

— Como não pensei nisso antes?! – indagou-se, sorrindo. – Será perfeito. O melhor modo de protegê-los! – comentou consigo.

Viveck sabia que a solução que encontrara para proteger a amada e o futuro sogro dos nazistas iria diretamente contra as convicções religiosas que cercavam a família Baeck, mas não havia outra solução, ao menos por hora, senão aquela. Eles tinham de aceitar sua sugestão, para o bem de todos.

No mesmo instante, Viveck Shmelzer seguiu de volta a casa de Sarah Baeck. Assim que foi recebido por ela, explicou:

— Sarah, eu encontrei um meio de protegê-la dos nazistas.

A moça parecia agora ansiosa para ouvir a solução. Viveck explicou então a sua ideia:

— Vou escondê-la num convento. Ninguém irá procurar uma judia num convento católico, nem mesmo um católico. – explicou Viveck. – Será o esconderijo perfeito para você, Sarah.

— Se os nazistas invadirem o convento, logo perceberão que há uma estranha no meio das freiras.

— Não perceberão porque você estará vestida de freira. Passando-se por uma freira.

— Investigarão os nomes de todos que estiverem por lá, logo me encontrarão.

— Não a encontrarão. Você usará um nome falso.

— Falso?! Como isso é possível?

— Não se preocupe com esses detalhes, Sarah, eu cuido de tudo. No convento, passando-se por uma freira, tenho a certeza de que estará protegida.

— Suponho que o convento seja administrado por alguém, não? Como espera convencer esse alguém a tomar parte dessa farsa?

— O convento é dirigido por uma madre superiora.

— Pois bem, como espera convencê-la a me esconder lá?

— Já lhe disse para não se preocupar com esses detalhes.

— Agindo assim, Viveck, você estará traindo sua pátria.

— Não, Sarah. Não estarei traindo a minha pátria, estarei traindo o nazismo, se é que a palavra "traição" se encaixa perfeitamente neste caso. O nazismo não é a minha pátria. A Alemanha é a minha pátria e ela está muito além dos pensamentos nazistas, acredite-me.

Sarah gostou do que ouviu.

— E quanto ao papai? — perguntou a seguir.

— Eu também encontrei um modo de protegê-lo.

— Diga-me, Viveck, qual é.

Viveck explicou:

— Eu pensei numa igreja católica para ele... Onde ele permanecerá se passando por um padre.

— Papai nunca irá aceitar uma coisa dessas. Vai considerar sua alternativa um dos níveis mais baixos da humilhação.

— Seu pai terá de aceitar, Sarah, ele não tem outra escolha. Conversemos com ele, agora, o tempo urge. Daqui a pouco vocês não terão escapatória.

Quando Ishmael Baeck viu novamente o jovem alemão entrando na sua sala, acompanhado da filha, demonstrou seu desagrado com sua chegada por meio de uma carranca e de um resmungo.

Sarah foi rápida em explicar para o pai os motivos que traziam Viveck de volta a casa, naquela noite.

Nem bem, Viveck Shmelzer expôs sua ideia, o judeu se manifestou.

— Esconder Sarah num convento?! Isso nunca! — indignou-se Ishmael, no mesmo instante.

— Meu senhor. Um convento será o lugar perfeito para abrigá-la.

Viveck explicou novamente os motivos. Ishmael, com desagrado falou:

— Minha filha não vai se sentir bem no meio de freiras, cristãs.

Viveck foi astuto na resposta:

— Sua filha se sentirá bem melhor num convento, ao lado de freiras cristãs, do que enfurnada num gueto em condições precárias, e, mais tarde, num campo de concentração, meu senhor. Acredite-me.

Ishmael e Sarah se entreolharam, pensativos. A pergunta seguinte partiu do judeu:

— Como espera convencer aquelas que tomam conta de um convento a esconder Sarah?

— Eu as convencerei.

Foi Sarah quem falou a seguir:

— Viveck também encontrou um modo de proteger o senhor, papai.

O judeu, tomado de súbita curiosidade voltou a encarar o rapaz. Viveck explicou seu plano. Sua sugestão foi como se uma bala de prata houvesse acertado um lobisomem.

— Isso nunca! — bradou o judeu, enfurecido.

— Papai, não se exalte, por favor.

— Eu não me curvarei a uma humilhação dessas.

— Papai, por favor.

O homem bufou, irritado. Viveck observou:

— Será menos humilhante para o senhor ficar escondido numa igreja cristã se passando por um padre do que enfurnado no gueto como um rato imundo.

Houve novamente um breve silêncio, onde só se ouvia a respiração agitada das três figuras no ambiente. Então, Ishmael Baeck, comentou:

— Nenhum padre vai aceitar esconder um judeu na sua paróquia.

A resposta de Viveck foi rápida e pertinente:

— Um padre que realmente compreendeu os mandamentos de Deus, fará isso, meu senhor. Porque sabe que seu coração bate da mesma forma que o de um negro, de um oriental, de um judeu, de um espírita, de um protestante, de todos, enfim, revelando que todos somos iguais perante Deus, que não existem raças, nacionalidades, nada... o que existe realmente, acima de tudo é o fato de que somos todos irmãos porque somos todos filhos do mesmo Deus. E irmãos devem se respeitar e estender a mão um para o outro.

E depois de tomar ar, Viveck completou em tom encorajador:

— Precisamos tentar, meu senhor, antes de desistir.

— Ainda assim não aceito tal condição. — explodiu Ishmael Baeck, vermelho de indignação. — Prefiro morrer a ter de me enfurnar feito um verme numa igreja católica.

— Papai! — exaltou-se Sarah. — É a sua única salvação. Aceite-a de bom grado.

Os olhos do pai, vermelhos de desespero encontraram-se com os da filha. Havia um apelo em seu olhar. Uma súplica. "Por favor, papai, aceite tal condição!".

Ishmael Baeck bateu de leve os punhos fechados no topo da testa e choramingou:

— Será humilhante demais. Nunca fui apto a enfrentar humilhações. Sempre fugi delas com unhas e dentes.

— O senhor será pego pelos nazistas dentro em breve se continuar se recusando a...

— Antes morto por eles do que ter de me esconder num lugar que abriga no coração, Jesus, aquele que traiu a nossa raça.

Viveck, no limite da paciência, inquiriu:

— Esta é sua última palavra?

Ishmael Baeck não soube responder.

— Papai, por favor. — suplicou Sarah, outra vez.

— Oh, minha filha...

— Aceite a sugestão de Viveck. — insistiu a moça.

— C-como filha? C-como posso largar tudo isso que eu construí com tanto suor e sacrifícios?

— Tudo isso é apenas matéria, papai.

— Sem matéria não somos nada nesse mundo.

— De que vale ficar aqui para preservá-la se tudo acabará confiscado pelos nazistas? Se o senhor se opuser, eles não hesitarão em matá-lo, a sangue frio.

— Ainda assim prefiro morrer por uma causa nobre: protegendo tudo o que conquistei de material.

— Não há causa mais nobre na vida, meu pai, do que proteger a própria vida. Devemos proteger a vida, meu pai, não a morte.

— Só de imaginar você, minha filha, hospedada num lugar cercado de freiras sinto ânsia, nojo, paúra...

— A vida é feita de sacrifícios, meu pai, não se preocupe. Ninguém é contaminado por ideias religiosas, avessas a sua, só porque está vivendo sob o mesmo teto de pessoas de outra religião. O rabino já disse: mantenha-se firme na sua fé que nada o afetará ou abalará sua crença.

— Sarah. – disse Viveck. – Deixe seu pai refletir até amanhã. Não há nada melhor que uma boa reflexão para tomar a decisão certa neste caso.

— Está bem.

Sarah acompanhou Viveck novamente até a porta. Viveck partiu dessa vez, sentindo-se menos aflito do que da última vez em que deixou a casa. Ao passar novamente em frente à igreja, tomou alguns minutos para agradecer a Deus.

— Obrigado, Senhor. Obrigado por ter iluminado meus pensamentos. Ter me dado essa ideia fascinante para proteger a mulher que amo e o pai dela, da morte.

Viveck voltou para o alojamento dos soldados, espantado com o fato de ter sido Cristo quem direta ou indiretamente o havia ajudado a encontrar um modo para salvar dois judeus.

Parte 5

    Logo pela manhã do dia seguinte, Viveck Shmelzer partiu em busca de um convento para acobertar Sarah e de uma igreja para acobertar o pai da moça.

    Ao chegar ao Convento Sagrado Coração de Jesus, foi logo recebido por Guerta Squarziere Hundorf, a madre superiora que estava substituindo madre Ariadne Hummels depois que a pobre mulher caiu em profunda depressão e teve de ser afastada do cargo.

    Guerta Squarziere Hundorf ouviu tudo o que Viveck Shmelzer tinha a lhe dizer com profunda atenção. Diante do seu porte austero, Viveck teve dúvidas de que ela aceitaria esconder Sarah ali, ainda mais permitindo que ela se passasse por uma freira. Vivesse uma farsa.

    Guerta Squarziere Hundorf falava tão bem as línguas, que poucos se lembravam que ela era de nacionalidade alemã. Por mais austera que fosse, para manter o convento sob sua direção, impecável, ela tinha vínculos profundos com a decência e a moral humana. Discordava, assim como muitos alemães, na época, da ambição nazista. Para ela e os que discordavam, o nazismo transformaria a Alemanha numa nação de horror, uma vergonha para o mundo. Algo tinha de ser feito, urgentemente, antes que todos os alemães que eram contra o nazismo perecessem quando o nazismo fosse derrotado. Foi esse fato que fez com que Guerta Squarziere Hundorf, aceitasse esconder Sarah Baeck no convento, admitir a jovem como sendo uma noviça que fora enviada para lá, pelo Conselho das freiras.

    Tanto ela, quanto Viveck sabiam que seria um tremendo risco esconder Sarah no convento. Se fosse descoberta pelo exército nazista seria, certamente, fuzilada, bem como a diretora por ter tomado parte na farsa, mas era o mínimo que ela podia fazer, como protesto, contra ideias e ideais que iam completamente contra os seus valores na vida.

Foi na calada da noite que Viveck levou Sarah e seu pai para os lugares onde viveriam doravante. O rapaz fez questão de levá-los e partir somente depois que tudo estivesse acertado para a permanência de ambos nos locais.

Viveck deixou em primeiro lugar, Ishmael Baeck na igreja. Ishmael Baeck ainda resmungava como um velho ranzinza por estar vestindo uma batina da ordem franciscana de padres.

— Sinto-me ridículo vestido assim, filha. — lamentava.

— Papai, conforme-se, esse é o único modo de sobrevivermos a tudo que está acontecendo com a nossa raça.

Antes de deixar o carro, pai e filha se despediram e choraram um no ombro do outro.

— Agora vá, papai, e quando estiver em desespero pense em mim e em Deus, por favor. Prometa-me.

— Eu prometo, filha. Suportarei toda essa humilhação por você, minha linda.

O pai tornou a beijar a filha, saiu do veículo e seguiu Viveck até a igreja. Quando lá, Viveck o apresentou ao padre Miroslav, um loiro muito simpático e sorridente, que recebeu Ishmael com a mesma alegria com que um pai recebe um filho. Após se despedir e agradecer ao padre, mais uma vez, por sua gentileza, Viveck voltou para o carro onde Sarah esperava por ele.

— Espero que papai fique bem. — disse ela, chorosa.

— Na casa do Senhor todos ficam bem, Sarah. — comentou Viveck, deixando Sarah pensativa e sem palavras.

Minutos depois, o jipe dirigido por Viveck Shmelzer estacionava em frente ao Convento Sagrado Coração de Jesus.

— Chegamos. — disse ele, assim que estacionou o carro no meio fio.

Sarah olhou com certo receio para os portões do convento. Diante de sua imobilidade, Viveck, perguntou:

— O que foi?

Ela engoliu em seco antes de responder:

— Quem diria que um dia eu viria parar num lugar como este.

— Sarah, um convento é um lugar muito bonito e digno de se viver. Bem melhor que um gueto, é, com certeza. Anime-se e agradeça a Deus, a todo momento, por estar aqui. Longe, bem longe do destino que está reservado para os judeus.

A jovem respirou fundo e entrou no local.

Guerta Hundorf estava aguardando por eles na diretoria do convento. No momento certo, Viveck agradeceu à madre.

— Eu vou ser eternamente grato à senhora pelo que está fazendo por mim, por Sarah... Que Deus a abençoe.

— Que Deus abençoe a todos nós, meu jovem. — respondeu Guerta com lágrimas nos olhos. — Agora vá, por favor. Antes que seja visto.

Viveck voltou-se para Sarah, procurou sorrir para ela e disse, com voz embargada de emoção:

— Não poderei vir vê-la sempre, para não levantar suspeitas, mas virei, sempre que possível. Se eu demorar para vir, não se assuste é que estarei em outros países. Vou sentir muita saudade sua, mas o que se há de fazer se no momento não há outra escolha para nós?

Ela procurou retribuir o sorriso. Ele assentiu com os olhos e partiu. Quando lá fora, apoiou-se contra o muro e chorou, calado. A saudade já doía em seu peito e o medo de ser morto na guerra e nunca poder viver ao lado da mulher amada voltava a ferir sua alma. Que Deus o protegesse da morte, para que um dia, muito em breve, pudesse se casar com Sarah, constituir família como ele tanto almejava desde que a paixão por ela dominou seu coração.

Foi a própria Guerta Hundorf quem levou Sarah ao seu aposento. A jovem dividiria com a Irmã Magda Bassani, que já estava de sobreaviso quanto à chegada da moça. Só não sabia que Sarah era uma farsa, uma judia refugiada, passando-se por uma noviça para poder se proteger dos nazistas.

Magda acreditou piamente, assim como todas as demais Irmãs do Convento que Sarah Baeck era realmente quem dizia ser. Sarah Baeck, não. Desde que ela passou a morar no convento, ela adotou o nome falso de Ítala Vicenzi. Nascera na Itália, mas se mudou com a família quando ainda era menina para a Polônia. Sarah gostou de Magda Bassani de imediato. Magda também gostou da moça à primeira vista. Logo as duas se tornaram grandes amigas.

    Nos dias que se seguiram, Sarah, ou melhor, Ítala Vicenzi foi interagindo com as demais Irmãs. Mostrava-se calada, reservada, para não dar nenhum fora. Quando ficava a sós na diretoria na companhia de Guerta Hundorf, a madre superiora lhe ensinava alguns detalhes sobre a vida de uma freira. Explicava-lhe que ela não podia se furtar dos cultos religiosos e que não deveria jamais esquecer o crucifixo, tampouco deixar de fazer o Sinal da Cruz diante da imagem de Cristo ainda que aquilo fosse uma afronta a sua verdadeira religião. Qualquer passo em falso, ela seria desmascarada o que seria prejudicial a todos ali. Por isso Sarah se esforçou ao máximo para se adequar a sua nova vida.

    Foi numa tarde ensolarada, enquanto caminhava pelo jardim que ficava cercado pelas edificações do convento que Sarah conheceu Helena Giacommo. A Irmã estava, como sempre, sentada de frente para a imagem da Virgem Maria. Tinha o rosto abatido, notou Sarah, parecia amargurada com alguma coisa.

    Sarah a cumprimentou e Helena procurou ser gentil com a moça. Logo, o pequeno diálogo entre as duas se estendeu de forma surpreendente para ambas. De repente, as duas moças pareciam duas velhas conhecidas a conversar descontraidamente sobre suas vidas.

    É lógico que o que Sarah contava não era cem por cento verdade, alguns trechos eram alterados como havia ensaiado previamente para não delatar sua verdadeira identidade.

    Foi assim que a amizade entre Sarah e Helena teve início. Era sempre muito consolador para Helena, tanto quanto para Sarah estarem na companhia uma da outra.

    Diante da aproximação das duas, Magda pediu a madre superiora que permitisse a mudança da Irmã Ítala Vicenzi (Sarah Baeck) para o quarto de Helena, crente de que a companhia da moça faria Helena se sentir melhor. Levou semanas para que Sarah soubesse da gravidez de Helena.

— Você não havia percebido, Irmã? — indagou Helena, surpresa.

— Sinceramente, não. O hábito não nos permite ver, ainda que a barriga ficasse nítida eu pensaria que você está uns quilinhos a mais, jamais pensaria que estivesse grávida, porque nunca se imagina uma freira grávida, não é mesmo?

— Sem dúvida.

Os olhos de Helena entristeceram.

— Compreende agora o meu martírio, Irmã?

— Sim, Irmã, compreendo. Por outro lado, não acho que se deva martirizar, afinal uma gravidez é algo divino de acontecer.

— Não a minha, Irmã. Sou uma freira, quebrei um juramento sagrado.

— Não pense assim, por favor. Gosto muito de você, Helena, não quero vê-la se martirizando.

Helena procurou sorrir para a amiga. Sarah, achou que aquele era o momento certo para desabafar com ela. Fazer um desabafo que há muito precisava fazer:

— Helena, eu confio tanto em você que me parece ser a pessoa certa para eu desabafar.

— O que a aflige, Irmã?

Sarah respirou fundo e disse, com todas as letras:

— Eu não sou uma Irmã. E meu nome não é Ítala Vicenzi. Meu verdadeiro nome é Sarah Baeck. Sou uma judia, estou aqui porque...

E Sarah contou toda a história a Helena Giacommo. Ao fim da narrativa, Helena estava surpresa e condoída pela moça. Estava surpresa também com madre Guerta Hundorf por ter feito um gesto tão generoso quanto aquele, o que provava que ninguém era sempre tão severo quanto demonstrava ser.

— Guardarei o seu segredo, Irmã. E vou ajudá-la, de alguma forma com que você veja seu pai.

Nisso Magda Bassani entrou no quarto.

— Desculpem-me por entrar assim, sem bater, mas não pude deixar de ouvir o que falavam. Na verdade, eu já suspeitava que Irmã Ítala não fosse uma freira. Mas não se preocupe Irmã, seu segredo também estará bem guardado comigo. Devido as condições que Helena se encontra, ponho-me a sua disposição para ir com você visitar seu pai.

Os olhos de Sarah brilharam de alegria e emoção.

— Muito obrigada, Irmã. Muito obrigada.

Na tarde do dia seguinte, na companhia de Irmã Magda, Sarah foi até a igreja que acobertava o pai. Estava com saudade, muita saudade dele. O reencontro de pai e filha foi emocionante. Ishmael estava mais magro, observou Sarah.

— O senhor emagreceu, por quê?

— Por saudade de você, filha.

— Tudo o que Viveck nos contou, papai, era verdade. Todos os judeus estão sendo obrigados a deixar seus pertences sob o cuidado dos nazistas, abandonarem suas casas para serem confinados no gueto e, em todos os países conquistados pelos nazistas, o procedimento com os judeus é o mesmo. Aqui pelo menos estamos a salvo. Que Deus continue nos protegendo dessa tirania sanguinária.

Com o avanço dos meses, o hábito, ainda que largo e solto que Helena usava, já não podia mais encobrir sua barriga de grávida. Com isso a verdade veio à tona. Com ela, veio também uma enxurrada de olhares julgamentosos e palavras nada sutis para Helena por parte das demais freiras do convento.

Diante da reação das colegas, Magda se perguntou onde havia ido parar a compaixão que tanto fora ensinada pela Igreja?

Na tarde ensolarada de 5 de abril de 1940, Helena começou a sentir as contrações, anunciando que o bebê estava pronto para nascer.

— Chegou a hora, pense no bebê, nesse poder maravilhoso que reside nas mãos da mulher de procriar a vida. — disse Magda para a amiga, em tom encorajador.

Um rosnado aterrador passou por entre os dentes de Helena.

Magda, com a ajuda de Sarah, estendeu um lençol branco, limpo, até o queixo de Helena e ajeitou o travesseiro sob a sua cabeça. Os cabelos da grávida haviam murchado com o suor, o mesmo que atravessava pelos poros e escorria por todo o corpo. A artéria da garganta pulsava visivelmente.

Voltando-se para Sarah, Magda pediu:
— Irmã, traga a água quente, já, rápido. A criança está nascendo.

Sarah Baeck trabalhou depressa, tão depressa quanto podia e em segundos o bebê surgiu.
— É um menino. Um robusto e lindo menino! — exclamou Irmã Magda, comovida.

Assim que o cordão umbilical foi cortado, Magda agasalhou o bebê em seus braços, admirando seu rostinho, com lágrimas nos olhos. Quando achou que era o momento, levou a criança para Helena poder vê-lo de pertinho. Disse:
— Veja, Helena, o filho lindo que Deus deu a você.

Helena não conseguiu olhar para o bebê.
— Helena, por favor, olhe para o menino. — insistiu Magda. — É uma criança adorável. Se ele é filho do pecado todos nós somos. Se quiser castigar alguém, castigue a mim, mas não a uma criança inocente.

Com muito custo, Helena, entre lágrimas, conseguiu olhar para o filho, nos braços da Irmã.
— Veja, Helena — exclamou Magda, radiante —, como ele é lindo! Que criança adorável. Que nome você quer dar a ele?

Helena não conseguia falar, a emoção calava-lhe a voz.

Diante da sua indecisão, Magda Bassani fez uma sugestão:
— Que tal batizá-lo com o nome de Eduard?

Helena fez ar de quem diz "Para mim tanto faz." E assim foi feito. Dias depois, o pequenino foi registrado e batizado com o nome de Eduard Giacommo.

Eram Magda e Sarah quem cuidava da criança dia e noite, noite e dia. Cuidavam como se ele fosse seu próprio filho.

Desde o parto, Helena permaneceu acamada, a culpa por ter se entregue a um homem, aos prazeres da carne, quebrando seu juramento de freira, continuava a apunhalar seu coração. Ela, cada dia mais, considerava-se indigna de continuar morando no convento, sendo chamada de Irmã.

Sarah procurava animá-la, mas suas palavras de conforto e otimismo pareciam cair em ouvidos surdos.

Já havia se passado um mês desde o nascimento do pequeno e adorável Eduard. Até mesmo as Irmãs que se sentiram ultrajadas e revoltadas com a gravidez de Helena, cederam aos encantos do menino. Olhavam para ele com olhos maternos, de pura bondade. Também o queriam tão bem quanto a um filho.

Sarah estava sentada no jardim, admirando as roseiras quando Helena foi até ela. Ao vê-la, Sarah se alegrou. Era a primeira vez, depois do parto que Helena deixava seu quarto.

— Helena! Que surpresa agradável! — exclamou Sarah, sorrindo para a amiga.

Helena quis sorrir, mas o sorriso não passou de um esboço.

— Pode vir até o quarto comigo? — pediu Helena, transparecendo ansiedade.

— Sim, lógico. Aconteceu alguma coisa? O bebê está bem?

Helena não respondeu, continuou andando, calada. Sarah seguia a sua sombra, respeitando seu silêncio. Logo as duas chegaram ao aposento e pararam junto ao berço improvisado que acolhia o pequeno Eduard. Sarah, então, comentou:

— Ele dorme como um anjo.

Helena pousou a mão no braço da amiga e disse, olhando fixamente em seus olhos:

— Sabe o quanto eu estimo você, não sabe, Sarah?

— Sim. Eu admiro você também, Helena, sua força...

Helena a interrompeu:

— Essa criança precisa de um lar, Sarah, um lar que eu jamais poderei lhe dar. Precisa de alguém que a eduque e lhe conceda bons estudos. Então, eu pensei, que talvez você pudesse ficar com ela.

— Eu?!

— Sim, Sarah. Você.

— Mas Helena, você é a mãe, como...

— Não passo de uma pecadora. Essa criança não me merece como mãe. Por isso lhe peço de coração que adote esse menino, ou você ou seu pai, quando essa guerra insana acabar.

A menção do pai vibrou fundo dentro de Sarah. Como ele reagiria diante de um pedido como aquele? Ainda mais sabendo que a criança era filho de uma freira, católica?

O pedido seguinte de Helena deixou Sarah ainda mais surpresa.

— Não deixe o menino saber jamais sua verdadeira origem, Sarah. Para que ele seja poupado do desgosto que ela lhe trará.

Sarah foi sincera ao dizer:

— É um pedido que me acarreta muita responsabilidade, Helena. Fico sem palavras, fico até mesmo sem saber o que devo fazer.

— Por favor, Sarah. Pelo amor de Deus, aceite.

Os olhos e o tom suplicante de Helena comoveram a moça judia. Sarah, com voz embargada, enfim, respondeu:

— Está bem, se é assim que você quer, adotarei o menino.

— Jura mesmo?

— Juro.

— Cuidará dele como um filho?

— Sim. Como um filho. Eu lhe devo isso, Helena, devo a todas vocês, ao convento em geral por estarem me abrigando aqui nesse período tão difícil da minha vida.

Helena se agarrou a Sarah, rompendo-se num choro desesperador. Sarah a acolheu em seus braços, como uma mãe acolhe um filho que desperta assustado de um sonho mau.

Helena pegou o menino do berço, acalentou em seus braços, depois o colocou nos braços de Sarah que o acolheu como se acolhesse o próprio filho.

— Ele agora é seu, Sarah. — disse Helena, com voz emocionada. — Ele agora é seu filho. Cuide dele com todo amor que ele merece.

— Vou cuidar, Helena. Prometo.

Helena sorriu, agradecida e aliviada. Sarah comentou a seguir:

— Do jeito que você está falando, até parece que pretende ir embora do convento.

Helena desviou o assunto. Sarah acabou esquecendo a pergunta. Ficou por demais concentrada na criança, linda, aconchegada em seus braços.

Como seu pai reagiria àquela adoção? Perguntou-se Sarah, novamente, minutos depois. Era melhor nem pensar, por hora. Falaria com ele a respeito somente quando a guerra acabasse. Mal sabia ela que ainda levaria 5 anos para a guerra ter fim.

Na noite do dia seguinte, quando todas as Irmãs do convento já estavam dormindo, Helena Giacommo foi até a capela, ajoelhou-se diante da imagem da Virgem Maria, voltou seus olhos suplicantes para ela e disse:

— Desculpe-me, oh, mãe de todas nós. Perdoe-me pelo que fiz. Por ter deixado o desejo falar mais alto dentro de mim, tomar meu corpo, guiá-lo, afrontá-lo. Não sou mais digna desta morada, resta-me apenas partir. Só partindo, poderei deixar todas aqui em paz, evitar seus olhos acusadores sobre mim, retirar delas a vergonha com que poluí os ambientes.

"Espero que me compreenda, oh, mãe santíssima. Compreenda-me e me perdoe."

Enchendo os pulmões com o ar frio da capela, Helena Giacommo levantou-se e seguiu na direção que levava ao portão do convento. Havia apenas o luar a acompanhá-la com sua claridade pálida e luminescente.

As paredes do estreito corredor por onde ela seguia, desfilaram, esmaecidas, à sua passagem, dando lhe a sensação de estar caminhando dentro de um sonho. Só veio a despertar quando alcançou o portão, que abriu com toda cautela, para não fazer barulho.

Quando os olhos de Helena pousaram na rua banhada pela luminosidade prateada do luar, o medo se apossou dela. Era o fim, o fim de uma vida dedicada que nunca pensou que terminaria daquele modo. Ela sabia que uma vez atravessando aquele portão, o convento nunca mais seria o seu lar. Na verdade, ela nunca mais haveria de ter um lar.

Seu estômago, tenso, ardeu despudoradamente. Foi preciso respirar fundo, bem fundo para abrandar a dor e poder prosseguir. O esforço a deixou zonza, foi preciso escorar-se no portão, comprimindo a testa contra ele, para se recuperar. Somente quando se sentiu melhor é que ela seguiu caminho, levando consigo apenas a roupa do corpo, seus documentos e, nada mais. Sentindo-se como uma recém-nascida, desorientada e estranha.

Para onde ir, que rumo tomar? Que Deus a guiasse. Se é que depois de tudo o que fez ainda podia contar com Ele. Talvez Ele encarasse o seu pedido como um despautério, uma total falta de vergonha na cara. Ainda assim, Ele era tudo o que ela tinha.

Helena caminhou por uma rua que parecia não levar a nada. Era como se a cidade houvesse sido colorida apenas de tons cinza e todas as suas derivações. A única cor quente a contrastar era o vermelho, vermelho sangue, a cor predileta da guerra.

A cidade parecia deserta, mas certamente havia guardas nazistas em algum lugar, à espreita. Talvez a tomassem como uma judia que fugira do gueto dos judeus e acabassem com sua vida, num tiro fulminante na testa, como comentavam o que vinham fazendo com a maioria dos judeus que desrespeitassem suas ordens. Talvez esse fosse o seu melhor destino, diante de tudo aquilo.

O desejo de morte pesou no peito de Helena, perturbando as batidas de seu coração. Por pouco não trançou as pernas e foi ao chão. Havia cometido novamente um pecado grave, desejar a morte, ainda mais quando tantos desejavam a vida, que lhes era roubada por homens que se julgavam deuses em forma de gente.

Ao virar uma esquina, Helena avistou o que parecia ser uma pilha de mortos. Seus passos travaram-se diante de tão assustadora visão. O cheiro da morte invadiu suas narinas de forma cruel, provocando-lhe ânsia, vômito, náusea, torpor. De longe, os corpos, pareciam toras para acender uma fogueira.

E agora? Ela tinha de passar por ali se quisesse continuar caminho. Não havia escolha. Helena encheu os pulmões com o ar frio da noite e seguiu em frente, ainda que seus passos estivessem abestalhados.

Não sabia para onde olhar, tampouco como respirar para evitar que inalasse o cheiro da morte. Ela quis apertar o passo, para passar pela pilha de mortos o mais rápido possível, mas suas pernas pareciam paralisadas ao seu comando.

    O inevitável, então, aconteceu. Seus olhos voltaram-se com grande atenção para os cadáveres, ao chão. A poça de sangue ao redor deles indicava que todos haviam sido fuzilados há pouco. A tarja presa ao redor do braço das vítimas, na altura do ombro, indicava que todos ali eram judeus. Por qual motivo haviam sido mortos? Perguntou-se. Provavelmente, por terem fugido do gueto na esperança de fugir do país. Sim, certamente por isso.

    Então, subitamente, algo chegou aos seus ouvidos. Era um som familiar: o choro de uma criança. Helena pensou estar ouvindo coisas, relembrando o filho que abandonara, por culpa. Seria?

    Novamente o choro ecoou até seus ouvidos. Ela girou o pescoço ao redor, percorrendo com o olhar, desesperado e aflito, tudo o que estava a sua volta. Mas não havia ninguém por ali, muito menos uma criança.

    Novamente o choro. Mais fraco dessa vez.

    Ela resolveu segui-lo para ver de onde ele vinha.

    O choro se repetia. Ela continuou indo na sua direção. Gelou ao perceber que ele parecia vir da pilha de mortos. O choro ecoou mais alto. Para seu terror, vinha mesmo daquela pilha de judeus mortos, assassinados brutalmente.

    — Deus pai... — murmurou Helena, trêmula —, há uma criança, viva, no meio desses cadáveres.

    Sem pensar duas vezes, Helena foi até lá e começou a procurar pela criança, viva, entre a pilha de mortos.

    Procurava por ela, com extremo cuidado, procurando prender a respiração para não inspirar o fedor da morte. O cheiro era terrível. Só mesmo um anjinho poderia ter sobrevivido àquele fedor.

    Não demorou muito para que ela encontrasse a pobre criatura sobrevivente a chacina. Era também um menino. Como seu filho. Estava envolta num manto entre os braços de uma mulher que provavelmente fora sua mãe. Para proteger o filho, ela o apertara contra o peito e fez de seus braços um escudo para proteger a criança, um ato de amor que a salvara, pois as balas haviam acertado seus braços.

A visão era das mais tristes. Um bebê no meio de mortos era chocante, por demais.

Helena fez o Sinal da Cruz, três vezes.

Aquela massa de judeus mortos deveria significar para os soldados nazistas nada mais que uma massa de estrume.

Não levaria mais que algumas horas para que os nazistas incinerassem aqueles corpos e, aquele bebê adorável, que miraculosamente havia atravessado o caminho de Helena, se não morresse de frio e inanição, morreria queimado vivo. Só de imaginar as condições terríveis em que a pobre criança morreria, Helena arrepiou-se inteira.

Ela o pegou e o envolveu em seus braços com todo afeto, para aquecê-lo. Ao ver que ele procurava por seu seio, para mamar, Helena afastou-se dali em busca de um lugar menos deprimente para lhe dar de mamar.

O menino chupava o bico do seu seio com voracidade porque estava faminto, não era para menos, deveria estar com fome já há bastante tempo.

— Meu Deus, e agora o que faço? — perguntou-se Helena, olhando com encanto e compaixão para o menino em seus braços.

Aquela reviravolta dos acontecimentos era demasiada insana, na sua opinião.

Ela havia abandonado o filho no convento como punição para ela, por ter cedido aos prazeres da carne, molestado a confiança que a Igreja depositou na sua pessoa. Todavia, Deus havia posto em seu caminho, uma criança do mesmo tamanho e idade da do filho. Um bebê lindo, muito semelhante a Eduard, porém, nos braços do frio, da miséria e da putrefação de corpos.

O que significava aquilo senão uma miraculosa oportunidade que Deus lhe deu para ela ultrapassar o inferno em que se encontrava? Redimir-se diante do Senhor?

A seu ver, Deus queria que ela adotasse aquela criança inocente, órfã de pai e mãe, vítima de uma guerra sanguinária. E, de repente, ela estava decidida a adotar e cuidar do menino com o mesmo amor que deveria ter cuidado do próprio filho.

Sabia que precisaria de um teto para abrigar a pobre criança e que, no momento, não tinha sequer um sobre a cabeça. O que fazer? A Divina Providência haveria de ajudá-la. O mais importante, naquele momento, era tirar aquele menino dali.

Uma voz ressoou em sua mente, naquele momento, dizendo:

— Esse menino é um judeu, Helena. Um judeu. Não se esqueça disso. Se você for pega com essa criança pelos soldados nazistas, você e ela serão mortas.

— Não, não seremos. — retorquiu Helena, em voz alta. — Tenho como provar minha nacionalidade e minha condição de freira. Quanto à criança, direi que é minha, filho de um estupro e, por isso, sigo de volta para Roma, onde mora minha mãe, para deixar sob o seu resguardo o fruto de um estupro insano.

Por sorte Helena havia levado consigo, sem querer, a certidão de nascimento do filho legítimo a qual ela usaria para provar que o menino judeu era seu, de verdade.

Outra pergunta lhe veio à mente:

— Ainda assim, Helena, ele é um judeu. Um judeu!

A resposta dela foi novamente imediata:

— Ninguém há de saber que ele é um judeu. Duvido que os pais tenham tido tempo de fazer a circuncisão* no pequenino. Passará como um menino de qualquer outra raça, inglesa ou italiana, sem problema algum.

— Você não sabe nem sequer seu nome. — tornou a voz.

— Não é preciso. Eu o batizarei com o mesmo nome do meu filho legítimo: Eduard, e ele crescerá sob os ensinamentos católicos e nunca saberá sua verdadeira origem.

Helena já estava de partida quando pensou que seria bom procurar nos bolsos da mãe do menino sua certidão de nascimento para referências futuras. Ela estava prestes a ir até o local, quando ouviu vozes e risos vindo naquela direção. Poderiam ser de soldados nazistas, portanto era melhor sair dali, antes que a vissem. Assim ela fez. Ajeitou o menino nos braços e partiu.

Seguiu pela rua, ligeira, sem rumo certo, ansiosa para ficar longe de onde havia encontrado a criança, antes que um soldado aparecesse por ali.

Ela agora, precisava de um teto. Deveria voltar para o convento? De que serviria voltar para lá se ali não teria condições de criar o menino? Seria, certamente, obrigada a pô-lo num orfanato, onde os nazistas poderiam descobrir sua origem e executá-lo. Não, ela tinha de buscar abrigo noutro local. Helena teve, então, um estalo. Só havia um lugar para ela abrigar a si mesma e o pequenino: a casa da mãe, em Roma, na Itália.

Só havia um "porém", a mãe não poderia saber, jamais, que o menino era um judeu. Ela nunca permitiria a presença de um judeu em sua casa, ainda que fosse uma criança órfã, linda e inocente. A mãe tinha verdadeira ojeriza em relação à raça judia, por não aceitar Cristo como sendo Deus. Só havia um modo de contornar tudo aquilo: ocultar da mãe a verdadeira origem do menino.

Como explicar aquela criança em seus braços, quando chegasse na casa da mãe? Isso ela ainda não sabia como faria, mas pensaria num modo durante a viagem até lá.

Helena, tomou então a direção da estação de trem.

— Acalme-se. — disse ela, olhando para o rostinho da criança. — Tudo há de ficar bem, meu pequenino. Confie em mim, confie em Deus.

Nesse momento voltou-lhe a lembrança o filho que dera para Sarah Baeck cuidar. Que Deus o abençoasse. O protegesse sob qualquer circunstância, como fez com aquele bebê judeu que agora se encontrava em seus braços.

Sua emoção estava tão à flor da pele que Helena só foi perceber a coincidência que havia por trás do que envolveu Sarah e ela e os dois bebês muito tempo depois.

Seu filho, cristão, havia ido parar nas mãos de uma judia e seria, certamente, criado na religião judaica. E o pequeno judeu, em seus braços, fora parar nas mãos de uma cristã e seria, certamente, criado na religião católica. Haveria o dedo de Deus por trás de tudo aquilo? Se sim, o que estaria Ele planejando com aquela troca? Só o tempo poderia lhe revelar...

Helena entrou na estação com certa apreensão. O local, mesmo àquela hora da noite, estava muito bem vigiado por soldados nazistas. Com suas economias ela comprou a passagem de trem. Quando estava prestes a embarcar, soldados a detiveram. Exigiram seus documentos e os da criança. Helena procurou não deixar transparecer insegurança e medo, quanto mais tranquila e segura se mostrasse para as autoridades alemãs melhor seria. Mais rápido os convenceria a deixá-la embarcar com o menino. Por Deus, eles a liberaram para viajar com a criança.

Helena entrou no vagão, sentindo-se trêmula. Trêmula de alívio e de emoção por ter conseguido enganar os nazistas.

— A senhora está bem? — perguntou o cobrador quando percebeu que ela estava branca e trêmula.

Ela assentiu com a cabeça, esboçando um sorriso duvidoso. Em seguida, aconchegou-se numa das poltronas do vagão, lotado de pessoas de todas as classes sociais, visivelmente perturbadas pela guerra.

Voltou, então, os olhos para o menino, adormecido em seus braços, cuja face lembrava a do menino Jesus que via nos presépios italianos, dos mais simples aos mais majestosos. Com ternura, Helena disse:

— Dorme, meu lindo. Dorme em paz, meu menino Jesus.

Aquela criança, repousando em seus braços, como se fosse numa manjedoura provocava lhe uma sensação maravilhosa de paz e razão para viver. Minutos depois, Helena desabafava com Deus:

— Deus, oh, Deus, como eu me odeio por ter dito que a vinda do meu filho fora uma desgraça. Onde estava eu com a cabeça por pensar assim? Toda criança que nasce, ainda que por meio de uma gravidez inesperada, um deslize da carne, é uma bênção, uma dádiva.

Naquele instante, as palavras de Sarah voltaram a ecoar em sua mente:

"Vou cuidar dessa criança como se fosse o meu próprio filho!"

Era, Helena, agora, quem repetia as mesmas palavras, só que se dirigindo a uma outra pessoa: à mãe do bebê que confortava em seus braços, à mulher que fora morta estupidamente pelos nazistas.

— Esteja aonde estiver, minha senhora, saiba que vou cuidar dessa criança, seu filho, como se fosse o meu próprio filho! É uma promessa.

Seus olhos, cheios d'água, transbordaram em lágrimas e mais lágrimas de emoção. De pura emoção. Os da mãe do bebê, no plano espiritual, também, por ver que o filho que protegeu entre os braços, sobreviveria amparado carinhosamente por Helena Giacommo.

No minuto seguinte, o rosto de Dagmara Giacommo, mãe de Helena, surgiu, repentinamente, na mente de Helena; roubando-lhe a sensação de paz que tomara conta do seu interior há pouco.

Ela ainda precisava pensar em uma mentira bastante convincente para explicar o porquê de ela estar voltando para a casa da mãe e, além do mais, com uma criança nos braços. Depois de muito refletir, Helena encontrou a desculpa que tanto procurava. Deus quisesse que a mãe acreditasse na mentira que ela lhe contaria, pelo bem da criança, pelo seu próprio bem. Ela já estava cansada de sofrer, foram doze meses de sofrimento. De puro sofrimento. Ela não aguentava mais.

O rosto austero da mãe voltou a se projetar na mente de Helena, provocando-lhe um arrepio esquisito. Era incrível, mas mesmo depois de adulta, ela ainda temia a mãe, profundamente.

A sensação de medo foi dispersa quando menino se moveu nos seus braços, chamando sua atenção de volta para ele. A sensação maravilhosa de tê-lo ali, dissipou o mal-estar que a lembrança da mãe lhe causara, fez com que Helena relaxasse um pouco e até cochilasse.

Horas depois, o trem chegava à estação da cidade onde residia Dagmara Giacommo, a cidade onde Helena nasceu e viveu até partir para o convento. Quando o medo do que estava por vir começou novamente a perturbá-la, Helena pensou em Deus e repetiu para si mesma, por diversas vezes, em intervalos cada vez mais curtos:

— Deus está comigo, Deus está comigo.

E de fato, estava. Com ela e com o bebê judeu aconchegado em seus braços.

Parte 6

Na manhã do dia seguinte, quando Magda descobriu que Helena havia partido do convento, na calada da noite, uma dor repentina e aguda surgiu no seu peito.

— Então, foi por isso... — comentou Sarah, assim que conseguiu fazer Irmã Magda se tranquilizar.

— Por isso o que? — indagou Magda, voltando seus olhos lacrimosos para Sarah.

— Por isso que Helena me pediu para adotar o menino. — explicou a jovem.

Os olhos de Magda arregalaram-se de espanto.

— Ela lhe pediu isso, foi?

— Sim, Irmã. Anteontem. Na certa porque já tinha intenção de partir.

— Certamente. Pobre Helena, não conseguiu jamais se recuperar do acontecido. Não se achava mais digna de ser freira.

Houve um momento de silêncio até que Sarah perguntasse a Irmã, com palavras bem claras:

— Irmã, a senhora faz ideia de quem seja o pai da criança?

Magda achou por bem ser sincera com a moça:

— Faço. Mas prefiro guardar segredo. Ela nunca me disse, é apenas uma dedução minha.

— Devemos respeitar seu silêncio.

As duas ficaram um momento como que absortas. O rosto de Sarah, então, empalideceu. Havia agora uma tristeza ecoando em seu peito, sombreando a sua face.

— O que foi? — assustou-se Magda ao deter seus olhos pensativos na moça. — Você ficou triste...

— É que... — A voz de Sarah sumiu, ela porém, fez um esforço visível para controlar-se. — ...de repente, Irmã, senti medo... Medo de me afeiçoar ao menino, como uma mãe se afeiçoa ao filho, e Helena se arrepender do que fez e voltar para buscá-lo. Vai ser doloroso demais, para mim, ter de me separar do garoto.

— Eu compreendo. É um risco que vai ter de correr, Sarah. Pelo bem do pequenino e pelo próprio bem de Helena.

— Eu sei.

O sol já seguia para o horizonte, quando Helena finalmente chegou em frente à casa da mãe. Estava exausta e faminta. O menino, em seus braços, grunhiu, por baixo do manto, avisando que estava com fome, a mesma que se manifestava no estômago de Helena.

Helena se perguntou mais uma vez o que faria, caso a mãe não acreditasse na mentira que ela inventou para explicar sua volta repentina para casa. De repente, pouco lhe importava que a mãe a jogasse na rua, como uma laranja podre para ser devorada por um cão sem dono. Ela agora tinha uma razão para continuar viva, uma missão a cumprir, uma criança linda para cuidar, a criança que Deus pôs nas suas mãos para fazê-la se redimir do pecado que cometeu em nome da carne. Por isso, ela lutaria para sobreviver, para cumprir a missão, para criar aquela criança linda que agora era como um filho seu.

Diante da porta da frente da casa da mãe, Helena parou. Com muito tato deu dois toques, toques tão leves, que soaram surdos. A insegurança, o medo e a incerteza quanto ao que estava por vir só perderam a força sobre ela quando seu estômago voltou a roncar e o bebê a grunhir de fome.

O bebê deveria estar grunhindo também por sentir frio, pois naquele instante, lufadas de vento castigavam sua face e feriam seus lábios.

Finalmente a mão de Helena foi forte o suficiente para bater à porta.

Não levou mais que alguns segundos para que seus ouvidos captassem o som dos sapatos ressoando pelo chão feito de tacos de madeira, ecoando no alto teto. A porta logo se abriu, com um leve ruído, e uma mulher de porte austero, rosto lavado, desprovido de qualquer pintura, trajando um vestido preto, com meias pretas, apareceu.

Pela maneira que Helena foi envolvida pelo olhar arrogante, sisudo e desconfiado da mãe, ela percebeu que as coisas não lhe seriam nada fáceis. Seus lábios, rachados pelo frio e pelo desespero, moveram-se para dizer:

— Mamãe.

Helena não soube precisar o tempo que ela e a mãe ficaram ali, encarando uma a outra. Talvez fossem apenas segundos, mas dera-lhe a impressão de horas. Quando a mãe finalmente falou, o estômago de Helena contorcia-se em nós ardentes, ela nem mesmo ouviu direito a mãe lhe perguntar, no seu tom seco e costumeiro:

— O que faz aqui, Helena?

Helena precisou murmurar, pestanejando:

— Posso entrar? Sinto frio, muito frio. O bebê tanto quanto. Tenho fome também. Muita fome. A viagem foi exaustiva.

Dagmara Giacommo continuou encarando a filha, com cisma crescente a enviesar sua testa e seus olhos.

— Por favor, mamãe. — tornou, Helena, em tom de súplica. — Por favor.

Os dentes da mãe, gastos pelo bruxismo rilharam por instantes. Pelo tempo exato em que a dúvida quanto ao que fazer naquele momento, com a aparição repentina da filha, assolou a sua mente. Por fim, ela deu passagem para a filha entrar.

Um suspiro muito audível de alívio escapou do peito de Helena. Em silêncio, ela agradeceu a Deus, e, em voz alta, a mãe:

— Obrigada, mamãe. Muito obrigada.

Nem bem Dagmara Giacommo fechou a porta, voltou-se para a filha e perguntou, com a secura de sempre:

— O que está fazendo aqui, Helena? De quem é essa criança em seus braços?

Chegara a hora de mentir, bem sabia Helena, não para livrar sua pele, mas para livrar o menino, aquela criança linda em seus braços, de um inferno ainda maior.

— Essa criança, mamãe — explicou Helena, com voz trêmula, e num tom alto demais —, é de uma funcionária do convento, uma das moças que cuidava da limpeza do lugar.

— Moça da limpeza?! — estranhou Dagmara, fechando o cenho ainda mais. — Pensei que cabia às freiras e noviças cuidar da limpeza do convento.

— Cabe a nós, certamente, mas recebemos a ajuda de empregadas.

— O que faz você aqui com o filho de uma empregada?

— A pobre moça, cristã, como nós, mamãe, morreu logo depois do parto. O marido, coitado, havia morrido dias antes, vítima de uma bala perdida de uma das pistolas nazistas. Foi uma tragédia. Uma tragédia que, certamente, abalou a pobre moça, fazendo com que morresse de desgosto logo após dar à luz.

A história de Helena fluía espontaneamente, sem ser traída pelo menor tom, gesto ou expressão.

A mãe, impaciente, fez bico. Depois opinou:

— Essa tal moça, mãe desse bebê, morreu de desgosto porque não tinha Deus no coração. Se tivesse, teria suportado a dor. Essa fulana não deveria ser uma mulher verdadeiramente religiosa, se fosse...

Helena retomou sua narrativa:

— Pois bem, mamãe, pouco antes de morrer, a pobre criatura me pediu para cuidar do filho dela. Ao leito de sua morte, eu prometi que cuidaria da criança, deste menino que carrego em meus braços.

A voz de Dagmara Giacommo elevou-se num protesto.

— Você prometeu?! Não devia! Você é uma freira, tem outras obrigações.

— Mas, mamãe, a pobre moça estava morrendo, suplicando a mim...

— Que a deixasse morrer suplicando... Você foi uma tola, Helena. Como sempre, uma tola.

O clima pesou no recinto. Ainda que se sentindo insegura para continuar, Helena voltou a falar:

— Pois bem, diante do pedido da mãe desta criança e da promessa que fiz a ela em seu leito de morte, a madre superiora permitiu que a criança ficasse morando conosco no convento.

— Vocês deveriam ter levado essa criança para um orfanato.

— Impossível, mamãe. A guerra deixou tudo por lá de pernas para o ar. Além do mais eu prometi à mãe do menino que eu cuidaria dele. E houve também a aparição de um anjo...

Essa era última cartada de Helena para convencer a mãe a dar seu teto para abrigar a criança judia, órfã de pai e mãe.

— Bem... — prosseguiu Helena, com voz tímida. — Um anjo apareceu nos meus sonhos, mamãe, pedindo-me para não descumprir a promessa que fiz a mãe desta criança. Pediu-me também que eu a criasse como se fosse meu próprio filho.

A cartada não surtiu o efeito desejado. A mãe agora olhava para a filha como se pensasse que ela houvesse perdido totalmente o juízo. Em tom de censura, Dagmara Giacommo deu um novo parecer:

— Seu papel, Helena, é o de freira e não de salvadora dos miseráveis.

— Mamãe!

— É isso mesmo!

Dagmara interrompeu o discurso inflamado para estender à casa o olhar carregado de descontentamento e indignação. Sua voz transparecia impaciência também quando perguntou:

— Essa parte da criança eu já compreendi, agora, falta você me explicar o que está fazendo aqui com essa criança nos braços?

Helena já estava preparada para aquela pergunta, por isso foi clara e objetiva na resposta:

— Devido à explosão da guerra, a madre superiora permitiu que as freiras e noviças do convento, aquelas que quisessem, logicamente, voltassem para suas casas, para poderem auxiliar seus familiares num momento tão delicado como este. A mim, a madre fez um pedido especial, pediu-me que eu trouxesse o menino para cá por acreditar que aqui ele estaria bem mais protegido.

"A situação na Polônia é terrível. Os nazistas ocuparam tudo. A morte cai sobre a cidade como uma chuva pesada. Dá uma trégua e volta a cair novamente, manchando o chão de sangue. É terrível. Pavoroso. Desumano.

"Há pilhas e pilhas de corpos de judeus, mortos a sangue frio, espalhados pelos cantos da cidade. É tudo muito triste."

— Bem feito para eles. — respondeu Dagmara com súbita e feroz energia. — Os judeus renegaram o filho de Deus e, agora, estão pagando por isso. Pagam também por sua petulância, seu ar arrogante e sua mesquinhez.

Helena apertou o menino contra o peito, como que para protegê-lo daquelas palavras tão cheias de farpa que a mãe soltava com toda frieza de que alguém poderia dispor.

De repente, Dagmara pareceu para Helena uma pessoa tão cruel e sem coração como os nazistas. Com valores completamente avessos aos de Deus de quem ela se dizia tão devota. Parecia, na verdade, mais íntima do demônio do que de qualquer um.

— Mamãe, eu... Bem... é por isso que estou aqui, com esse bebê em meus braços.

— Por quanto tempo pretende ficar?

— Pelo menos até a guerra acabar.

— Ela pode durar anos.

— Eu sei, mas...

— Está bem. Abrigarei você e essa criança em minha casa até que os alemães matem, de uma vez por todas, aqueles judeus sovinas e endemoniados. Depois quero essa criança longe daqui. Se eu quisesse ter netos, não teria entregado minha filha, minha única filha, para servir a Deus.

Um leve sorriso e um leve suspiro de alívio escapou do peito de Helena. Por hora, com a graça de Deus, ela havia conseguido contornar as coisas. Bendito Deus.

A voz austera de Dagmara Giacommo ecoou novamente pela sala.

— Esta casa, Helena, você sabe muito bem, tem regras.

— Sim, mamãe, eu sei.

— As regras ainda são as mesmas de quando você morava aqui, antes de partir para o convento. Às seis horas da manhã, rezamos o terço. Antes do almoço fazemos novas preces, ao cair da tarde ajudamos a paróquia local e assistimos à missa diária.

— Eu sei, mamãe, eu já estou acostumada.

— Não quero ninguém visitando esta casa que não seja do meu agrado. Muito menos pretos, orientais e judeus. Ainda que se digam cristãos, não aceito, podem ser falsos cristãos. Fingem ser, só para se infiltrar no nosso meio e corromper nossa alma com as artimanhas do demônio.

— Está bem, mamãe.

Nisso o bebê, grunhiu. Só então, Helena percebeu que não poderia amamentá-lo na frente da mãe, se o fizesse ela iria saber que ela estivera grávida. Pior, poderia pensar que o bebê que trouxe em seus braços era seu filho. Sabe lá Deus o que a mãe seria capaz de fazer com ela e a criança, em nome do moral, dos bons costumes e da igreja católica que ela tanto preserva. Para contornar a situação, Helena se viu obrigada a mentir, mais uma vez:

— Vou ao banheiro, mamãe, com licença.

Sem mais delongas, Helena deixou o recinto, levando nos braços o menino. Dagmara ficou ali, pensativa, olhando cismada para o seu reflexo no espelho junto da cristaleira.

Assim que se fechou no banheiro, Helena deu de mamar ao bebezinho. A fome era tanta que ele chupava o bico do seu peito com tanta voracidade, que chegava a doer. Helena olhava para o bebê em seus braços, consternada.

— Aqui você estará protegido, meu querido. — disse ela, baixinho.

A criança deu uma pausa no *mamá* e olhou para Helena como se tivesse compreendido o que ela disse. Helena sorriu, sentia vontade naquele momento de apertar a criança e enchê-la de beijos. Não houve tempo para demonstrar tanto afeto, o menino voltou a mamar com voracidade. Quando terminou, ela o fez arrotar, algo que também deixou Helena, emocionada. Quisera tanto ter filhos, um sonho que teve de ser sacrificado pelo desejo da mãe em fazer da filha uma freira. Todavia, seu sonho se realizava agora e da forma mais estranha.

Helena, admirando o rostinho rosado de bebê, pensou no filho que havia deixado sob os cuidados de Sarah. As palavras seguintes foram endereçadas a ele:

— Não se preocupe, meu querido, você estará bem protegido nas mãos de Sarah. Acredite-me.

Depois de trocar a fralda, suja, há um bocado de tempo, e de limpar todo o corpinho da criança com um pano embebido em água morna, Helena procurou algo para vesti-lo. Teria de comprar roupas para o neném com o que sobrou de suas economias e faria com muito gosto. Talvez a mãe até a ajudasse a comprar algumas roupinhas. Não, isso já era esperar muito de Dagmara, controlada como era... Ela seria bem capaz de deixar o menino viver pelado a ter de gastar com aquilo.

Assim que Helena embrulhou a criança num lençol, e numa coberta, o menino adormeceu.

Depois de cercá-lo com travesseiros e almofadas, Helena foi ao encontro da mãe.

— Ele adormeceu, graças a Deus. — disse, amavelmente. — Vou agora, se a senhora não se importar, preparar alguma coisa para eu comer...

— Helena.

— Sim, mamãe.

— Daqui a duas horas começa a missa. Vou indo agora ajudar na paróquia e me encontro com você lá daqui a uma hora e meia.

Diante das circusntâncias, Helena falou:

— Posso me ausentar da missa, hoje, mamãe? É que estou tão cansada, além do mais tem o menino...

— Você tem um bom tempo para descansar até que a missa comece. Isso não é desculpa para faltar a ela.

— Mas o menino...

— Leve-o com você.

— É que está tão frio.

— Enrole-o numa manta, faça qualquer coisa, vire-se, mas compareça à missa e não se atrase. Não suporto atrasos, você sabe.

— S-sim, mamãe, eu sei.

Quieta, Dagmara Giacommo ajeitou-se diante do espelho e deixou a casa. Andando ereta, olhando reto, mas percebendo tudo o que se passava a sua volta. Bem, quase tudo.

Enquanto Helena se alimentava, pensava na mãe. No quanto ela havia piorado com o passar dos anos, sua devoção à igreja era quase um fanatismo. Sua aversão a todos aqueles que fossem de outras religiões, tanto quanto. No fundo, a mãe era uma pessoa extremamente amarga, amarga com tudo: com a vida, com as pessoas e até consigo mesma. Por que havia se tornado assim, o que a feriu tanto para se tornar tão austera e amarga? Isso ela nunca conseguiu descobrir, mas gostaria muito de saber o porquê.

Nos dias que se seguiram, Dagmara Giacommo contou a todas as beatas e beatos da igreja que frequentava, a triste e mentirosa história da empregada do convento que morreu pouco depois de dar à luz a criança que agora se encontrava sob a guarda de sua filha, Helena.

Como não ficava bem uma criança cristã não ter pai, tampouco uma freira ter uma criança sob a sua guarda, Dagmara Giacommo acabou adotando o bebê. Por sua exigência, a criança foi (re)batizada e seus padrinhos foram um casal que frequentava a igreja, intimados àquela função pela força da persuação de Dagmara Giacommo.

E foi assim que Helena Giacommo voltou para a casa da mãe, e assim que o pequeno Eduard entrou na sua vida e na vida de Dagmara Giacommo, dando um novo rumo à vida de todos eles.

Parte 7

Enquanto isso, a segunda guerra mundial continuava sua carnificina, fazendo vítimas e mais vítimas inocentes, destruindo lares, paixões, levando horror e caos a todos. Provocando muita dor e revolta, envergonhando as páginas da história da humanidade.

Enquanto isso, no convento Sagrado Coração de Jesus, Sarah Baeck permanecia escondida, fingindo-se de freira, sendo visitada, na calada da noite, sempre que possível, pelo alemão que a amava de paixão: Viveck Shmelzer.

Foi numa dessas visitas que Sarah contou-lhe a respeito do pedido que Helena lhe fizera pouco antes de desaparecer do convento.

– Olá, Sarah. – disse Viveck, como sempre, de forma muito respeitosa. – Não imagina o quanto eu estava com saudade de você.

– Imagino sim, Viveck. Eu também estava com muita saudade de você.

– Está sendo bem tratada aqui?

– Sim. Muito bem. As Irmãs têm sido maravilhosas para comigo.

– Estimo. O que há? Você me parece ansiosa!

Chegara o momento de Sarah contar ao rapaz a respeito do bebê.

– Tenho uma novidade, Viveck.

– Uma novidade? – alegrou-se ele, tomado de súbita curiosidade.

– Sim. – respondeu ela. – Algo inesperado aconteceu.

– Diga logo, você está me deixando preocupado.

Sarah puxou Viveck pela mão até o berço improvisado que havia em seu aposento, onde o pequeno Eduard dormia como um anjo.

– Um bebê, aqui?! – estranhou Viveck. – Não entendo, o que faz um bebê aqui? De quem é?

A seguir Sarah contou os últimos acontecimentos que envolveram a vida de Helena. Terminou o relato contando, sílaba por sílaba, o pedido muito sério que a freira havia lhe feito.

— Adotar a criança?! – espantou-se Viveck.

— Sim, Viveck. Foi uma promessa! Não pude dizer não, ainda que não soubesse como você e meu pai reagiriam à adoção, aceitei ficar com o menino e criá-lo como se fosse meu próprio filho.

Viveck olhava para Sarah, agora, cheio de dúvida, dando sinais de estar revirando tudo aquilo na cabeça. Sarah, por sua vez, mantinha o olhar sobre ele, sem esmorecer.

O menino, então, se moveu no berço, despertando a atenção do rapaz e o semblante sereno e encantador de bebê amoleceu seu coração.

— Posso pegá-lo no colo? – perguntou, com a voz bem mudada, leve e generosa.

Sarah assentiu com a cabeça e, com cuidado, tirou o bebê do berço e o colocou nos braços de alemão. Tanto os olhos de Viveck como os do pequeno Eduard brilharam quando se encontraram.

— Ele é tão fofinho. – elogiou o rapaz, envolvido pelo carisma da criança.

— É, não é? – alegrou-se Sarah ao ver o moço se derretendo pelo menino.

— Eu sempre gostei de crianças, Sarah. – confessou Viveck, a seguir. – Sempre quis ter muitos filhos.

— Eu também. – admitiu ela, com os olhos enchendo d´água.

Um sorriso magnânimo abriu-se na face linda e rosada do jovem nazista. Ele foi novamente sincero ao dizer:

— Ele é encantador.

— Sim. Encantador.

— Admiro você, Sarah, por ter aceitado o pedido da Irmã, num momento tão difícil como este que você está passando.

Os olhos da moça brilharam, emocionados. Os do jovem alemão, também.

— Bem... – disse Viveck, cautelosamente. – Agora só resta a guerra acabar para que a nossa vida possa voltar a ser como antes, se é que isso será possível.

— Tomara que isso aconteça o quanto antes, Viveck, para que possamos viver em família como anseia a alma de todos nós... E então, o que me diz sobre o menino?

— E é preciso dizer alguma coisa, Sarah? Você fez certo em aceitar o pedido da Irmã e eu farei muito gosto de criá-lo, com você, como se ele fosse nosso filho legítimo.

— Fala sério?

— Nunca falei tão sério em toda a minha vida.

Sarah mal podia se conter de tanta felicidade.

(Dez 1940)

Haviam se passado meses desde que Helena Giacommo havia partido do convento. Numa de suas visitas habituais a Sarah, Viveck quis saber da freira.

— Nunca mais tiveram notícias dela?

— Não. — respondeu Sarah com pesar. — Ao que tudo indica, nunca mais teremos.

— Pobre mulher. A essa hora pode até estar morta.

— Morta?! Você acha?! Por quê?

— É tanto tiroteio, tanta bomba explodindo, repentinamente, por aí, que ela pode ter sido vítima de uma delas.

— Pobre Helena, gostei tanto dela.

Viveck confortou a moça amada em seu ombro. Sarah Baeck desabafou:

— Estou tão apegada ao menino, Viveck. É como se ele fosse realmente meu próprio filho. Na verdade, o tenho como meu próprio filho.

O rapaz abraçou a moça ainda mais. Sarah, comovida, revelou um de seus mais íntimos desejos:

— Mal vejo a hora de essa guerra terminar, Viveck. Para vivermos, finalmente, juntos. Vivermos tudo aquilo que almejamos, como marido e mulher, para poder adotar o menino, dar-lhe o meu sobrenome.

— O nosso nome. — acrescentou ele, seriamente.

Afastando o rosto para poder ver os olhos do rapaz que tanto amava, Sarah perguntou:

— Você daria realmente a ele o seu sobrenome?
— Por que não? Se vamos nos casar, meu amor, esse menino terá de ser adotado por nós dois.
— Oh, Viveck... Você é uma surpresa constante. Se todos os alemães fossem como você.
— Muitos são, Sarah. Acredite-me.
Ele tomou-lhe a mão e a beijou, carinhosamente. Ficou em silêncio por um minuto, refestelando-se da alegria de estar ao lado da mulher amada.
— Só há algo que me preocupa nessa história toda. — falou Viveck, rompendo o silêncio. — Tenho medo de você se apegar a essa criança...
— Já estou apegada. — adiantou-se Sarah.
— Eu sei, por isso me preocupo... E se a mãe dele, um dia, voltar para buscá-lo?
Sarah arrepiou-se inteira.
— É uma hipótese que não podemos descartar, Sarah.
— Eu sei... Mas você mesmo disse que ela pode estar morta.
— É apenas uma suposição, Sarah. Não temos certeza.
— Vou sentir muito se Helena voltar e me pedir o filho de volta.
— Eu sei, por isso me preocupo, meu amor. Mas não soframos por antecipação. Já temos coisas demais para sofrer. Vamos usufruir da alegria de estarmos juntos agora, que tal?
Sarah se abraçou a ele, novamente, retribuindo-lhe todo aquele amor que ele lhe dava. Viveck falou mais uma vez o que mais almejava na alma:
— Mal vejo a hora de nós nos casarmos, termos nossa casa, começar a nossa vida, juntos.
— Eu também, meu amor. Mal vejo a hora de esse momento chegar.
Um beijo, às escondidas, finalizou aquele novo encontro entre os dois. Um alemão nazista e uma judia polonesa.

Enquanto isso, os judeus que residiam nos países que iam sendo conquistados pelo exército nazista eram forçados a deixar suas casas e se mudarem para os guetos dos judeus, locais estipulados pelos próprios nazistas da mesma forma que acontecia na Polônia. Eram obrigados também a deixar todos os seus bens sob o comando alemão.

Não quero usar palavras para descrever o horror que os judeus viveram nas mãos dos nazistas, quero fazer uso das sensações. Imagine, você, amigo leitor, sendo tirado da sua casa de uma hora para outra, tendo tudo o que conquistou confiscado, sendo obrigado a morar com toda a família num quarto de apartamento com mais outras famílias. Num gueto onde não podia sair sem autorização, o que raramente se obtinha; perdendo o seu emprego, tendo seus filhos proibidos de estudar, casamentos cancelados, sem condições médicas de atendê-lo caso ficasse doente, caso um membro de sua família ficasse doente, ou sendo obrigado a se internar em hospitais improvisados dentro dos guetos. Só de ler essas poucas linhas você, caro leitor, já pode sentir um pouquinho o horror que foi para os judeus. O mesmo tipo de horror que os negros sentiram na pele ao serem tirados à força da África, para se tornarem escravos.

Havia um homem, um alemão também, muito ligado a comandantes do exército nazista que se preocupou em ajudar o povo judeu daquele revertério do destino. Seu nome era Oskar Shindler. Foi um dentre muitos que discordava do procedimento nazista para com a humanidade e procurou fazer alguma coisa, nas entrelinhas, para ajudar o povo judeu sob o domínio nazista.*

Enquanto isso, na casa de um judeu, confiscada pelos nazistas, agora ocupada por Fritz Hofmann, o general nazista de porte austero pensava mais uma vez em Sarah Baeck, na sua graciosidade que o encantou desde a primeira vez em que a viu. Ainda que já fosse casado, ele queria levá-la para a cama, fazer dela sua amante. Agora, mais do que nunca ele tinha poder para aquilo, os judeus estavam nas mãos dos nazistas e, ele, ocupando alto cargo, podia exigir deles o que bem quisesse.

Agora que tudo havia se ajeitado a favor dos nazistas, ele, sem mais delongas, mandaria seu soldado de confiança buscar a jovem e o

---

*Para maiores informações assista o filme "A lista de Shindler". (N.A.)

pai dela na casa deles ou no gueto dos judeus, caso já tivessem se mudado para lá, como exigia a ordem nazista. Ansiava loucamente saciar o seu desejo de possuí-la.

 O soldado incumbido da missão voltou informando que, infelizmente, não conseguira localizar a tal jovem, tampouco seu pai, nem na casa onde residiam nem no gueto destinado aos judeus.

 — Como assim não os localizou?! — indignou-se Fritz Hofmann.

 O soldado fez que não com a cabeça bem devagar. Os olhos do rapaz estavam assustados, em pânico, na verdade, por ver os olhos do seu superior injetados de sangue, à beira de um ataque de nervos.

 — Senhor... aconteceu alguma coisa? — perguntou o soldado, procurando dar um tom natural à voz.

 O general aprofundou seu olhar severo sobre o subordinado e falou:

 — Se eles não estão na casa onde moravam nem no gueto dos judeus, onde estarão? Verifique esses nomes na lista dos judeus que se apresentaram às autoridades. Eles têm de estar em algum lugar.

 — Sim, senhor. — respondeu o soldado, batendo continência a moda nazista.

 Fritz Hofmann ficou preocupado desde então, ansioso pela volta do soldado trazendo-lhe notícias. Enfureceu-se ainda mais quando seu subordinado voltou, informando que não havia encontrado o nome de Ishmael Baeck, tampouco de Sarah Baeck na lista de judeus que se apresentaram às forças nazistas e foram enviados para o gueto dos judeus.

 — Então os dois fugiram. — comentou Fritz Hofmann, fulo e revoltado. — Mas eu vou encontrá-los nem que seja a última coisa que eu faça nessa vida.

 A seguir, o alemão pediu ao soldado que voltasse a casa onde residiu o judeu em questão e trouxesse para ele todas as fotos que encontrasse por lá. Ele as usaria para localizar os dois.

 Assim que as fotos chegaram as suas mãos, Fritz Hofmann distribuiu-as para os seus subordinados e exigiu que fosse feita uma busca por aqueles que apareciam nas fotos: Ishmael e Sarah Baeck.

 Quando Viveck e Herbert Müller souberam que o general estava à procura de Sarah e seu pai, gelaram.

— E agora, Viveck?
— Fique quieto, homem, alguém pode nos ouvir.
— Por que será que o general quer tanto encontrá-los?
— Eu não sei. Mas uma coisa eu lhe garanto, Herbert. Ele jamais os encontrará. Disso estou certo. Estão muito bem resguardados.
— Será?
— Acredite-me.

E pela graça de Deus, Fritz Hofmann não conseguiu mesmo localizar Sarah e Ishmael Baeck nos meses que se seguiram. Mas deixou todos os seus subordinados de sobreaviso, qualquer sinal deles, era para informá-lo. Estava disposto a encontrar o pai e a filha judia nem que para isso ele tivesse de ir ao quinto dos infernos.

E o tempo seguiu seu curso em meio ao horror da guerra...

Em dezembro de 1941, Hitler decide terminantemente exterminar os judeus da Europa. Assim, a partir do início de 1942, os nazistas começaram a deportar sistematicamente populações de judeus dos guetos e de todos os territórios ocupados para os sete campos designados como campo de extermínio: Auschwitz-Birkenau, Belzec, Chelmno, Majdanek, Maly Trostenets, Sobibor e Treblinka II. Campos que foram erguidos pelos próprios judeus, por meio de trabalho braçal, escravo.

Os judeus eram transportados em vagões ferroviários de carga, sem condições sanitárias. No espaço que era geralmente ocupado por 6 cavalos eram enfurnados de 60 a 100 judeus. Cerca de 350 000 judeus húngaros chegaram a pagar passagens em vagões de passageiros de segunda classe para serem levados a Auschwitz sem saberem que seguiam para o extermínio em massa em câmaras de gás.

Ao chegarem nos campos de concentração e extermínio, os prisioneiros demasiadamente fracos para trabalhar eram imediatamente assassinados em câmaras de gás (disfarçadas muitas vezes em chuveiros) e seus corpos queimados, a seguir.

Os judeus considerados saudáveis eram primeiro usados como escravos em fábricas e empresas industriais localizadas nas proximidades do campo e, depois, quando conveniente aos nazistas, eram também assassinados da mesma forma que os considerados inúteis.

Alguns prisioneiros judeus eram escalados pelos nazistas para a tarefa de desfazer-se dos cadáveres dos judeus assassinados nas câmaras de gás. Os corpos inicialmente eram jogados em valas abertas e depois, sem poder solucionar o problema da quantidade, passaram a ser incinerados com combustível.

Outros eram escalados para extrair os dentes de ouro dos judeus asfixiados e raspar os cabelos das mulheres mortas antes de entrarem nas câmaras incineradoras. Os dentes de ouro eram para serem fundidos e usados na confecção de joias; os cabelos, tecidos em tapetes e meias e usados para enchimento de casacos.

Além das matanças maciças, os nazistas realizaram experiências médicas em prisioneiros, incluindo crianças. O Dr. Josef Mengele, era chamado de *Anjo da Morte* pelos prisioneiros do campo de concentração de Auschwitz pelos seus experimentos cruéis e bizarros.

Esta crueldade só veio a ser totalmente conhecida depois do fim da guerra. Todavia, já se sabia que os judeus estavam sendo mortos em grande número por meio dos fugitivos dos campos de concentração e extermínio.

Em 29 de Outubro de 1942 no Reino Unido, figuras políticas e da Igreja fizeram declarações públicas manifestando o horror sentido pela perseguição de judeus na Alemanha. Mas este protesto, bem como os demais, feitos em outros países, de nada serviram. Os judeus e todas as pessoas consideradas *non gratas* pelo nazismo continuaram a ser brutalmente assassinados.

Durante a Operação Barbarossa, a invasão alemã da União Soviética, centenas de milhares de prisioneiros de guerra pertencentes ao exército russo foram executados nos campos pelos alemães ou enviados para campos de extermínio simplesmente porque eram de origem eslava. Milhares de vilas de lavradores russos foram aniquiladas pelas tropas alemãs mais ou menos pela mesma razão.

Somente os homossexuais alemães eram poupados, a princípio, pelo nazismo por serem considerados parte da raça ariana pura. Exigia-se deles apenas a conformidade sexual e social. Os que se rebelavam, aí sim, eram executados.

Enquanto a guerra se estendia, os pequenos Eduard cresciam lindos e saudáveis. Dagmara Giacommo ensinava a Eduard (o garoto de descendência judia), por meio da mão à palmatória, os bons modos e os devidos pensamentos e comportamentos que o menino deveria ter diante da Igreja.

Sarah, por sua vez, mantinha-se altamente dedicada ao pequeno Eduard que Helena deixara sob os seus cuidados. Só não chamava o menino de Eduard, porque para ela o nome Eduard não combinava com ele, por isso, passou a chamá-lo de Michel. Logo, todas as Irmãs se dirigiam ao pequenino pelo nome de Michel. Sarah decidiu que esse seria o nome da criança quando ela o adotasse e o batizasse na religião judaica, como certamente exigiria seu pai.

Ishmael Baeck, ainda se martirizava toda vez que se via obrigado a frequentar as missas, por medo de que algum católico fervoroso, desconfiasse da sua condição de padre. Por mais que se recusasse a ouvir o sermão durante a missa, ele atravessava seus ouvidos e era bom, ouvi-los, apesar de não admitir nem para si mesmo.

Sarah, por participar das missas, aprendia a cantar os cânticos gregorianos e conhecer melhor os mandamentos da igreja católica, o que acabou considerando um grande aprendizado para si própria.

Nos meses que se seguiram Viveck e o amigo Herbert Müller foram separados. Herbert seguiu com as tropas para atacar a Rússia e Viveck foi chamado para tomar parte do programa T4, desenvolvido por Hitler, cujo objetivo era a eliminação ou a esterilização de pessoas com deficiências físicas, mentais, doentes incuráveis ou com idade avançada, denominados de "vida que não merecia ser vivida". Hitler não via proveito algum em manter vivas essas pessoas. Para ele, eram inúteis e davam muitos gastos ao governo.

Para os nazistas, o extermínio não era um assassinato e sim, uma espécie de eutanásia. A eutanásia, todos sabem, é nome dado àqueles que decidem libertar um parente em coma, em estado grave do martírio em que se encontra. No caso era usada para libertar o indivíduo de sua condição quase inumana.

Certo alemão chegou a declarar na época que o programa era um meio de devolver a Deus o que não nasceu bem feito.

Até mesmo as crianças que nasciam com deformidades físicas eram, por exigência de Hitler, submetidas a "eutanásia", entre aspas.

Muitos dos doentes mentais eram levados por ônibus cujas janelas eram pintadas de preto para que ninguém os visse, até o local onde seriam mortos. Chegou-se a usar os próprios ônibus, devidamente preparados, para exterminar os doentes. O gás mortífero era liberado, enquanto seguiam o caminho do crematório. Chegando, mortos, bastava apenas cremá-los em formos, aos punhados.

A fumaça do crematório podia ser vista de diversos pontos da cidade despertando a atenção de todos. Quando mechas de cabelos dos mortos cremados saíam pela chaminé junto com a fumaça e iam parar nas ruas, o que foi chamado por muitos de neve negra o programa T4 começou a enfrentar seus primeiros problemas. Outro fato prejudicial eram os funcionários que, bêbados, acabavam comentando o fato nas tabernas que frequentavam à noite. Logo se tornou evidente para os pais que os filhos internados em manicômios e hospitais do país estavam sendo assassinados. Para explicar suas mortes era enviada uma carta forjada por um médico, explicando a causa da morte.

Para evitar que a neve negra caísse sobre a cidade, o local de extermínio do programa T4 passou a ser nos campos de concentração, longe das cidades.

Se só de ler a respeito nos causa arrepio, imagine o que estavam sentindo as pessoas escaladas para levar o projeto adiante. Recolher corpos e mais corpos mortos na câmara de gás mortífero e depois jogá-los ao fogo. Muitos que trabalhavam no projeto ficaram loucos e tiveram o mesmo fim que os doentes mentais.

Foi outro período negro na vida de Viveck. Em momento algum passou pela sua cabeça, ao se filiar ao partido nazista, que seria obrigado a participar de toda aquela barbaridade. Obrigado sim, se não cumprisse ordens, seria executado.

No campo de batalha, Herbert Muller foi ferido na perna e no braço. Amigos o carregaram de volta para o hospital improvisado para que recebesse cuidados médicos, no entanto, como havia sido ordenado, todo soldado que ficasse gravemente ferido, sem chances de recuperação em poucos dias deveria ser morto. Assim, Herbert Müller foi assassinado por meio de uma injeção letal aplicada por um próprio colega nazista.

Diante de todas as transformações que a guerra trazia, Viveck se via impossibilitado de visitar constantemente Sarah no convento. Já haviam se passado dois anos sem que eles se vissem. Mas o amor que um sentia pelo outro continuava forte em seus corações.

Em 1943 a Itália deixou a guerra. Sua participação deixou cidades como Milão com graves danos devido a bombardeios britânicos e americanos. Mussolini e vários membros de sua República Social Italiana foram capturados pela resistência em Dongo e executados. Em 29 de abril de 1945, os corpos dos fascistas foram levados para Milão e pendurados de cabeça para baixo, sem a menor cerimônia, na Piazzale Loreto, a maior praça pública. Milão tornou-se também o local de um campo de refugiados para judeus que fugiam da Áustria.

Parte 8

Polonia, início de 1945. Cinco anos e meio depois do início da narrativa da nossa história...

Visto que o exército nazista estava fracassando nos seus objetivos, Fritz Hofmann resolveu ir à igreja, pedir a Deus ajuda em favor da Alemanha. Sim, esse nazista chegou a esse ponto, pois acreditava, assim como os demais nazistas, por influência de Hitler, que sua ambição era bem vista e benquista por Deus.

Fritz Hofmann estava ajoelhado no genuflexório rente ao altar, quando um frei da ordem Franciscana chegou ali.

Ele chamou a atenção do alemão quando o viu, subitamente, escondendo o rosto sob o capuz.

Fritz Hoffman ficou intrigado, primeiro pelo padre ter escondido o rosto daquela forma tão abrupta e segundo, porque seu rosto, pensando bem, era muito familiar para ele. Onde já o vira antes?, perguntou-se. A resposta saltou-lhe à mente no mesmo instante. O homem, vestido de frei, era na verdade Ishmael Baeck, pai de Sarah, a judia que ele procurava, incansavelmente, desde o início da guerra e não a encontrava. Não levou mais que alguns segundos para o general alemão somar dois e dois. Por isso, ele não havia conseguido localizar o judeu, porque ele se esconder numa igreja, passando-se por um frei da ordem franciscana.

Ao perceber que o judeu ia deixando o altar, Fritz Hofmann fez o Sinal da Cruz, levantou-se e perguntou ao homem:

— Posso falar com o senhor, frei?

Ishmael esfriou de pavor. Logicamente, porque também o havia reconhecido. Sem voltar os olhos na direção do alemão, o judeu perguntou:

— O que deseja, meu filho?

O tom de voz de Ishmael delatou o homem. Estava ligeiramente trêmulo.

— O que foi, frei?

— Nada. — mentiu Ishmael, mas sem sucesso.

O alemão aproximou-se dele com cautela, estudando seu estado petrificado com entusiasmada curiosidade.

— Por acaso está com medo de me encarar, frei?

Ishmael pigarreou para limpar a garganta e disse:

— Não. Absolutamente. O que quer, diga logo, preciso me recolher.

— Mentir é feio, frei. Houve alguma coisa. — Fritz se pôs de frente para Ishmael olhando-o gravemente. — Diga-me, frei, o que tanto o aflige.

O ambiente começou a ficar carregado.

Ishmael meneou a cabeça, procurando lutar desesperadamente contra um senso de mau pressentimento.

— Sua voz me é familiar, frei. Muito familiar. — prosseguiu Fritz, sentindo um prazer esmagador com tudo aquilo. — Lembra-me a de um homem... homem, não. Um mercenário judeu, filho da mãe, que tem uma filha muito bonitinha, virgem...

O rosto de Ishmael branqueou. Suas mãos agarravam a batina; as pálpebras, de aflição, desceram sobre os olhos. Fritz Hofmann continuou com extrema malevolência:

— Mas esse judeu, filho da mãe, frei, não haveria de estar escondido numa igreja católica, pois abomina essa religião, bem como qualquer outra religião cristã. A não ser que esse judeu, acovardou-se diante dos nazistas e foi capaz de se esconder num lugar que tanto criticou e renegou a vida toda para se proteger da morte. Sim, da morte, pois, frei, o que acha que os nazistas estão fazendo com os judeus nos campos de concentração?

Um riso curto atravessou os lábios de Fritz Hofmann. Num tom ainda mais irônico ele acrescentou:

— A morte lhes cai bem*, frei. A todo e qualquer judeu. Renegaram Cristo e, mais uma vez, estão pagando por terem renegado o filho de Deus.

Fritz Hofmann calou-se, caminhou até Ishmael, sem tirar os olhos do rosto dele, escondido ligeiramente sob o capuz. Pegou a parte superior do capuz que cobria a face do judeu, com as pontas dos dedos e, com fingida delicadeza, perguntou:

— Posso?

Ishmael estremeceu, visivelmente. O alemão nazista, sem mais retardo, abaixou o capuz de supetão. Diante da face vermelha, tomada de pavor de Ishmael Baeck, Fritz Hofmann riu, com ironia, brincou:

— Ora, ora, ora... se não é o judeu safado de quem eu falava.

Os olhos de Ishmael Baeck transpareceram não só horror e desespero, mas ódio. Adensando a ironia na voz, Fritz Hofmann, perguntou:

— Lembra-se de mim, senhor Ishmael? Se não, posso ajudá-lo a refrescar sua memória. Sou aquele que o senhor humilhou, pisou, cuspiu, na minha cara, quando me encontrou procurando ser gentil com a sua Sarah. Lembra-se?

Ishmael Baeck respondeu, anuindo com um movimento de cabeça:

— Lembro-me muito bem. O que quer de mim?

Fritz Hofmann gargalhou, debochado.

— Quero saber onde está Sarah.

— Para que?

— Para lhe fazer uma visita.

— Eu... eu não sei onde ela está.

— Sabe sim, velho sovina. Vamos desembuche, não tenho tempo a perder, onde você a escondeu?

— Eu não sei, eu juro que não sei — gaguejou o homem, balançando a cabeça, negando com veemência.

Por sorte, Viveck não havia lhe contado em qual convento ele havia escondido Sarah para que, caso fosse apanhado pelo exército nazista e interrogado, não pudesse lhes dizer a verdade. Por outro lado, desconhecer o local certo poderia, agora, pôr em risco a sua vida.

— Como não sabe? — irritou-se o alemão.

Ishmael, gago, respondeu:

— Ela não quis me dizer, exatamente por esse motivo, para que, caso eu fosse interrogado, não pudesse contar seu paradeiro.
— Mentira! — o olhar contrafeito do nazista acentuou-se. — Dou-lhe até amanhã para me contar onde ela está ou o denunciarei às autoridades alemãs. Nem um dia a mais.

Ishmael tentou se mostrar forte, o inverso do que se passava em seu interior. Fritz saía pelo corredor central da igreja quando parou, voltou-se para o judeu e reforçou o que dissera:

— Não se esqueça de que eu voltarei, seu verme, volto para saber onde está Sarah. E você vai me dizer, se quiser que eu me mantenha calado a seu respeito diante das autoridades nazistas.

A expressão no rosto do judeu deixou Fritz Hofmann satisfeito. Ishmael estava prestes a se rasgar de pavor. O alemão deixou a igreja assoviando, descontraído, feliz pelo que havia acabado de descobrir. Voltou para sua casa pensando em Sarah. Feliz por saber que em breve, finalmente, ela estaria nas suas mãos.

Assim que o nazista partiu, Ishmael Baeck, após certificar-se de que não havia ninguém no interior da igreja que pudesse testemunhar o que ele estava prestes a fazer, ajoelhou-se diante da imagem de Cristo, juntou as mãos e, entre lágrimas, implorou a Cristo por ajuda. Fritz Hofmann não podia encontrar Sarah, dizia, Ishmael, em pensamento. Se a encontrasse, ela estaria perdida, morta, se não por uma bala, de humilhação pelo que ele a forçaria fazer para se manter viva.

Enquanto isso, no convento Sagrado Coração de Jesus, Sarah Baeck brincava com o pequeno Michel, a quem amava de paixão, a quem considerava seu filho legítimo, da mesma forma que a criança considerava Sarah sua mãe verdadeira.

— Ah, meu pequenino. — murmurou Sarah. — Você foi a melhor coisa que me aconteceu nesses últimos anos.

E ela falava com sinceridade.

Enquanto isso em Roma...

Helena admirava o filho pego para criar. Aos cinco anos de idade, Eduard havia se tornado uma criança linda e muito esperta. Parecia ter bem mais idade do que realmente tinha. Helena sorria para as peripécias do menino, ao mesmo tempo que sorria para si mesma, agradecida por ter tido a coragem e determinação de salvar aquela criança, adotá-la como filho.

Apesar de Dagmara ter adotado o menino, Eduard chamava Helena de mãe e Dagmara de avó.

Viveck por sua vez, sentia a derrota da Alemanha, da Itália e do Japão, os países que formavam o Eixo* se aproximando cada dia mais. E agradecia, em silêncio, esse acontecimento.

Ainda que a derrota do Eixo acabasse fazendo dele um prisioneiro de guerra, era um preço justo a se pagar para dar fim àquilo que se tornou o holocausto.

Quando ele se lembrava dos amigos que morreram na guerra, dos que foram fuzilados por voltarem da guerra feridos, nas barbaridades contra os judeus, homossexuais, ciganos, doentes mentais que presenciou, ele compreendia por que muitos colegas seus enlouqueceram e se espantava, consigo próprio, por ter se mantido são até aqueles dias.

Era o amor, sim, o amor que sentia por Sarah que o fazia se manter inteiro diante daquilo tudo. O amor junto ao desejo de casar-se com ela e constituir uma família linda.

Deveria ele ainda alimentar esse desejo?, questionou-se. Já fazia dois anos que ele não tivera a oportunidade de ir visitá-la no convento. Será que ela ainda se lembrava dele, estava disposta a se casar com ele, quando tudo tivesse mesmo fim? Deus quisesse que sim.

No dia seguinte, como prometido, Fritz Hofmann voltou à igreja em busca de Ishmael Baeck. O judeu havia ido até o altar levar os castiçais que havia limpado, quando foi surpreendido pela presença do alemão nazista no interior silencioso do local.

O homem, que se passava por frei, estremeceu visivelmente diante da presença de Fritz Hofmann.

— Pensou que eu não voltaria, frei? — falou o alemão, pedante. — Fiz um trato com o senhor, ontem, lembra-se? Estou aqui para cumprir esse trato.

Ishmael engoliu em seco.

Fritz Hofmann tirou então o chicotinho que sempre carregava consigo, caminhou em direção do altar, alisando-o, parou de frente para Ishmael Baeck e ficou se divertindo, interiormente, com o horror e o desespero deformando sua face.

— Está com medo, não está? — a pergunta de Fritz Hofmann saiu cheia de ironia e sarcasmo. Havia um sorriso de lobo agora em seus lábios. — Pobrezinho... Posso ver no fundo dos seus olhos o pavor o corroendo por dentro!

O silêncio caiu a seguir sobre os dois, como um ar asfixiante. Ishmael teve a impressão de que seu esqueleto encolhia alguns centímetros. Foi com muita dificuldade que o judeu conseguiu pôr palavras em sua boca.

— Eu juro que não sei aonde está a minha filha. Juro por Deus!

— Não é certo jurar em falso, frei.

Fritz fitou Ishmael Baeck longamente, parecendo sentir um prazer esmagador em vê-lo angustiado, contorcendo as mãos e os lábios.

— Está bem, judeu sovina, vou lhe dar mais uma chance. Se me disser aonde está escondida a sua filha, prometo proteger vocês dois contra tudo e contra todos. Palavra de um nazista.

A promessa de Fritz era totalmente mentirosa, o que ele queria era Sarah, em seus braços, para abusar dela sexualmente, como sua mente deturpada sempre desejou. Quanto ao pai, o mandaria para o campo de concentração e extermínio de Auschwitz.*

— Dou-lhe até amanhã, para localizar sua filha. — prosseguiu o alemão. — Quero encontrar vocês dois juntos, quando eu puser os meus pés aqui novamente. Se você fugir, seu velho safado, eu vou até o quinto dos infernos atrás de você. Para capturá-lo.

Não vendo outra solução para o momento, Ishmael Baeck assentiu, quase em transe. Fritz Hofmann arreganhou os dentes num sorriso macabro e partiu da igreja, deixando um rastro de medo e negror.

Assim que se viu só, o velho judeu abraçou o silêncio e se deixou chorar. Chorar como se derramasse um oceano de dentro dele. Ele estava perdido, completamente perdido.

Fritz Hofmann deixou a igreja, levando consigo, mais uma vez, a imagem de Sarah na cabeça. Linda, jovem e virgem. Onde o pai a teria

---

*Auschwitz estava localizado a apenas 64 Km da Cracóvia. (N.A.)

escondido para protegê-la dos nazistas? Era a pergunta que não conseguia calar dentro de si. Seu rosto estava sombrio, demonstrando o esforço para descobrir o paradeiro da moça.

Após muito refletir, o impiedoso nazista chegou à conclusão de que o pai só poderia ter usado a mesma tática que usou para ele próprio se proteger do exército nazista. Deveria ter escondido a filha numa igreja católica onde se supõe que não haja judeus. Restava saber, em qual igreja o judeu sovina havia escondido a moça. Não seria difícil descobrir, bastava ir de uma a uma até encontrá-la, seria fácil localizar uma jovem sendo acobertada por uma igreja, afinal, poucas mulheres trabalham nesses locais. O lugar é geralmente um lugar para abrigar padres, nunca mulheres, se fosse um convento, aí sim, seria diferente...

– Convento... – murmurou Fritz Hofmann, tendo seus olhos iluminados por uma hipótese. – É num convento que o pai escondeu a filha, entre as freiras, e não entre padres, é obvio, como não pensei nisso antes?

Um grito de alegria escapou-lhe do peito.

– Vou procurar pelos conventos da cidade, dos arredores, do país, se for preciso, mas hei de encontrar Sarah Baeck. E quando encontrá-la...

A mente de Fritz Hofmann estava tão perturbada, por tudo que vinha presenciando na guerra e nos campos de concentração e extermínio que ele se viu, de repente, decidido a levar Sarah para cama bem diante dos olhos do pai dela. Ali faria tudo o que bem entendesse com a jovem, a humilharia para humilhar o pai, para que ele se arrependesse por ter enganado o exército nazista.

Fritz Hofmann sentiu novamente ódio dos judeus, por ter se apaixonado por uma judia, com um pai sovina como aquele, preconceituoso e racista. Hitler estava certo em querer varrer da face da Terra aquela gente. Eles eram, realmente, como uma praga.

Todavia, o rosto sereno e bonito de Sarah resplandeceu em sua tela mental. Diante dos seus olhos azuis, aqueles olhos azuis profundos e bonitos, Fritz sentiu seu peito palpitar. Apesar de toda revolta contra ela e o pai, Sarah ainda lhe tirava suspiros, incendiava seu peito de paixão. Provocava-lhe um desejo louco de amá-la, desposá-la, ter filhos... De que adiantava querer tudo aquilo, ele nunca poderia ser feliz com ela? Hitler havia proibido há tempos o casamento entre alemães e judeus. Ele não só era um alemão, mas um nazista o que tornava a situação ainda pior. Se casasse com Sarah, ainda que às escondidas, correria o risco de ser descoberto e, se descoberto, acusado de traição e como todo traidor, seria executado.

Ele não mais podia se iludir, o futuro tão almejado pelo seu coração ao lado de Sarah, jamais aconteceria. Ele tinha de encarar essa realidade ainda que doesse muito dentro dele. O melhor a se fazer era entregar Ishmael e Sarah Baeck ao exército nazista, mantendo-se assim, fiel ao ideal nazista.

Todavia, por mais que Fritz Hofmann repetisse para si mesmo que aquilo era o melhor a se fazer, seu coração ainda clamava por uma vida apaixonada ao lado de Sarah Baeck.

Para esquecer o que desesperava o seu coração, o alemão entornou mais uma dose de bebida alcoólica. Alcoolizado, começou a passear os olhos pelo apartamento que fora de uma família judia e que após terem sido mandados para o gueto dos judeus, passou a ser ocupado por ele, um oficial do exército nazista.

No dia seguinte, logo após o café da manhã, Fritz Hofmann começou uma verdadeira via-sacra por todos os conventos da Cracóvia.

Convento Sagrado Coraçao de Jesus, naquele mesmo dia...

— O que houve? — perguntou Magda assim que percebeu que Sarah estava preocupada.

— É Michel, a febre aumentou, estou preocupada, não sei o que fazer. Já é o terceiro dia de febre. Ela vai e volta, não desaparece. A disenteria também continua.

— É melhor o levarmos ao médico. Amanhã, pela manhã — sugeriu Magda, decidida.

— Acho melhor, também. No entanto...

— Não se preocupe — adiantou-se Magda —, quanto ao dinheiro para pagar a consulta, minha querida. Juntaremos nossas economias. E o médico sempre dá para nós, do convento, um bom desconto.

Sarah pareceu menos angustiada, então.

No dia seguinte, logo pela manhã, as duas mulheres foram levar o pequeno Michel ao médico. Foi pouco depois de elas terem partido que Fritz Hofmann chegou ao convento Sagrado Coração de Jesus, trazendo, como sempre, sua arrogância e disposição para vasculhar todos os aposentos do lugar em busca de Sarah. Como a jovem havia ído ao médico, não pôde ser encontrada.

— Diacho! — exclamou Fritz Hofmann, irritado. — Onde será que essa danada se escondeu?

Irmã Emilia que seguia o alemão como um cão farejador, sentiu se alvoroçar ao ouvir aquelas palavras.

— Desculpe a intromissão, meu senhor, mas a quem procura exatamente?

Sem mais paciência para esconder sua real intenção, Fritz Hofmann, explicou:

— Procuro uma judia, chamada Sarah Baeck. Tenho fortes indícios para acreditar que ela está escondida dos nazistas num lugar como este, para não levantar suspeitas, afinal, é de conhecimento geral que os judeus não se misturavam com os cristãos. Por acaso sabe alguma coisa a seu respeito?

A mulher transpareceu dúvida. Fritz sugeriu:

— Talvez ela esteja se passando por uma freira. Trata-se de uma moça de olhos e pele bem clara, cabelos ligeiramente ruivos.

— Há tantas freiras e noviças com essa descrição, meu senhor. Mas vou investigar, se eu descobrir alguma coisa não hesitarei em lhe contar. Deixe-me seu endereço.

Fritz Hofmann olhou cerrado para a freira, parecendo em dúvida quanto a atender seu pedido. Por fim, cedeu, escreveu o endereço numa folha de seu bloquinho de anotações e deu à mulher. Sem mais delongas, partiu.

Assim que se foi, Irmã Emília fechou o cenho e comentou, consigo mesma:

— Será Irmã Ítala (Sarah Baeck) quem ele procura? Só pode ser. Sempre achei que havia alguma coisa de errado com ela. Que seus hábitos não se coadunavam com os de uma freira. Quem diria que uma judia acabaria se refugiando no lugar que sua raça sempre abominou para escapar das mãos dos nazistas? Deus meu, que ironia do destino!

Quando Fritz Hofmann alcançou o portão do convento, ele voltou mais uma vez o olhar na direção de Irmã Emília e teve, novamente, certeza de que ela ocultava alguma coisa. Atenção redobrada no convento, anotou em seu cérebro. Sua intuição lhe dizia que ele estava bem próximo de Sarah.

Ele haveria de encontrá-la, para humilhá-la, bem como torturar seu pai de humilhação e revolta. Nada poderia ferir um pai do que ferir um filho, se bem que no caso dos judeus, acreditava Fritz, mexer no dinheiro deles e nas suas propriedades, era ainda o que mais lhes afetaria.

Naquele dia, assim que Sarah e Magda voltaram para o convento, Irmã Emília foi ter uma palavra em particular com as duas. Contou-lhes sobre a visita de Fritz Hofmann ao lugar, sobre quem ele estava à procura.

— Sei que você, Irmã Ítala não é quem diz ser. — falou Emilia, num tom bastante ponderado. — Sei que você é a tal Sarah que esse nazista procura, mas fique calma, eu nada direi àquele homem desalmado. Sei que as intenções dele para com você são as piores. Por outro lado, foi até bom eu saber de toda a história, para que eu possa avisá-la, de antemão, caso o alemão volte aqui à sua procura, para que você tenha tempo de se esconder desse monstro.

Sarah e Magda se entreolharam, por fim, Sarah falou:

— Obrigada, Irmã. Muito obrigada por sua ajuda. O que mais me comove é perceber que há alemães e italianos que não compartilham com os ideais nazistas e os de Mussolini*.

— Deve haver muitos japoneses também avessos à guerra, Irmã.

— Com certeza.

— E quanto ao nosso querido Michel?

— O médico receitou uns remedinhos e disse que em breve ele ficará bom.

— Estimo.

Enquanto isso, em Roma, Helena não fazia ideia sequer do perigo que Sarah estava correndo agora, nem ela, nem Viveck, em Berlin. Suas orações para o bem de todos, do mundo em geral, continuavam sem cessar.

---

*Benito Mussolini foi um político italiano que liderou o Partido Nacional Fascista. Aliou-se a Hitler durante a Segunda Guerra Mundial. Foi morto em 28 de abril de 1945, juntamente com a sua companheira, que embora pudesse fugir, preferiu permanecer ao lado do "amante". Seus corpos ficaram expostos à execração pública durante vários dias, pendurados pelos pés, na Piazza Loreto em Milão. (N.A.)

Parte 9

 Dias depois, Fritz Hofmann voltou para sua casa, exausto de tanto procurar por Sarah. Estava exausto e decepcionado por não tê-la encontrado. Restava só uma coisa a ser feita, voltar à igreja que acobertava Ishmael Baeck e forçá-lo a revelar o esconderijo da filha. Ele tinha de saber, por mais que negasse, ele deveria saber aonde a filha estava.
 O interior da igreja estava na penumbra e envolta num silêncio sepulcral, quando Ishmael Baeck foi cuidar das responsabilidades que assumiu assim que se mudou para lá. Foi nesse instante que o alemão Fritz Hofmann surgiu, como que por encanto, de trás de um pilar.
 Quando levantou o rosto, exibia uma expressão canina nos lábios e um revólver na mão. Sem afastar os olhos do judeu, Fritz Hofmann empunhou a arma na sua direção, causando-lhe verdadeiro pânico. Ishmael procurou se manter firme, não queria, em hipótese alguma, demonstrar medo, mas seu esforço não foi o suficiente, contra a sua vontade, estremeceu.
 Fritz Hofmann empinou o queixo, riu, sarcástico e falou:
 — Está com tanto medo, judeu sovina, que é bem capaz de borrar as calças. Você, como todos da sua raça, não passa de um covarde.
 Ishmael ficou indiferente àquelas palavras, ácidas, conseguia apenas absorver a pressão gelada do cano do revólver afundado na sua bochecha e o cheiro de pólvora que vinha dela.
 — Eu sinto asco da sua raça. — rilhou Fritz Hofmann com ódio visceral.

Nisso, padre Miroslav Hitler* apareceu no altar. Diante da cena que se estendia bem diante dos seus olhos, o homem falou:
— Meu filho, por favor, abaixe essa arma. Você está dentro da casa do Senhor.
— Cale-se, padre. — rosnou Fritz Hofmann. — Faço isso exatamente em nome do Senhor. — O mundo será um lugar bem melhor quando não houver mais nenhum judeu sobre o planeta.
— Quem determina a vida não é o homem, meu filho. É Deus.
— Quem o senhor pensa que é?
— Sou um porta voz de Deus.
— O senhor não é nada.
— Se não sou, você também não é.
Fritz Hofmann prestou mais atenção ao padre e disse:
— V-você... Você também é alemão.
— Sim, meu filho. Um alemão como você.
— E tem coragem de proteger um judeu imundo?
— Não só coragem como orgulho, porque todos os seres humanos são iguais.
Fritz Hofmann riu, debochado, e disse:
— Eu não sou igual a um judeu. Sou um membro da raça ariana.
— Você, mesmo sendo da raça ariana, nasceu e vai morrer da mesma forma que um judeu. Da mesma forma que um oriental, um negro, um homossexual, um retardado, um cigano, uma Testemunha de Jeová, um árabe, um rico, um pobre, o que prova que somos todos iguais.
— Não somos iguais, nós, alemães, somos diferentes, todos nós!
— A divina providência, às vezes, tarda, mas vem. Já chegou e está revelando aos nazistas e ao mundo que a ambição nazista é equivocada. Pois os nazistas e os países que se aliaram a eles, a Itália e os Japoneses estão perdendo a guerra. A Alemanha está à beira da derrota final.
"Por favor, não faça nada contra esse homem. Se fizer estará cometendo o maior pecado dentre todos.

---
*O padre tinha o mesmo sobrenome de Adolf Hitler, mas um sobrenome não rotula a índole de uma pessoa. Ele era também alemão, só que completamente avesso as ideias e ideais nazistas, o que nos faz perceber que não devemos rotular um povo.

Fritz Hofmann, rindo, falou:

— Não tenho o que temer, padre. Pois depois é só pedir perdão a Deus que serei perdoado. Não é assim que devemos fazer para ser perdoado pelo Senhor? Admitir que está arrependido e ponto final, Deus me perdoará. É isso que ensina a Igreja, padre, não?

Padre Miroslav Hitler, engoliu em seco. De fato, era aquilo que se aprendia na Igreja, algo que a seu ver não era correto, pois se fosse verdade, que importância teria um homem de cometer o mal se uma vez pedindo perdão, assumindo estar arrependido diante do Senhor acabaria perdoado? Que justiça divina haveria no mundo, no universo para aqueles que foram mortos brutalmente?

Padre Miroslav Hitler lera a respeito de reencarnação, do carma, e para ele aquilo sim fazia total sentido, total justiça aos filhos de Deus. Se Deus não tivesse abençoado a humanidade com as reencarnações, que justiça haveria para os filhos que perdeu injustamente na guerra?

Só não podia falar a respeito, se quisesse continuar sendo um padre.

Fritz Hofmann cego de ira pressionou o cano da arma contra a bochecha de Ishmael ainda com mais força.

— Seu reinado agora acabou de vez, velho sovina.

Ishmael estava em pânico. De repente, o bico da arma parecia que lhe cortava a pele, mas ele não se atreveu sequer a piscar os olhos.

Ao ver sua própria imagem refletida nas pupilas do judeu que estava disposto a matar, que se arregalaram lentamente no compasso em que ele pressionava o bico da arma contra a sua face, Fritz Hofmann sentiu sua alma gelar.

Seus olhos então foram dar na face da imagem de Cristo, preso na cruz, com a cabeça sangrando por causa da coroa de espinhos. A visão mexeu com ele, ainda assim, ele continuou deixando ser dominado pela ira e pela ignorância.

Foi nesse momento, bem nesse exato momento, que algo, encarado depois pelo padre Miroslav Hitler como um milagre, aconteceu. O prego que segurava a imagem de Cristo pregado na cruz se soltou da parede levando a imagem ao chão.

O som da pancada foi tão forte que assustou não somente Ishmael e Fritz Hofmann, mas também todos que estavam nos fundos da igreja.

— O que houve? — perguntou o padre Leopold que havia corrido para lá para descobrir que estrondo fora aquele.

Ao avistar o alemão apontando o revólver contra Ishmael, o padre soltou um grunhido.

Fritz Hofmann, então, afrouxou o gatilho e baixou o revólver. A queda da imagem havia mexido com ele. Mexido, drasticamente. Levou quase um minuto até que ele pusesse para fora o que amargava tanto a sua garganta.

— Seria bondade demais da minha parte matá-lo agora. Você merece viver por pelo menos um mês no campo de concentração Auschwitz onde eu mesmo vou pô-lo para recolher os corpos dos judeus asfixiados nas câmaras de gás, para levá-los para as fogueiras feitas de corpos humanos.

Nisso, um outro padre entrou na igreja, dizendo em voz alta:

— Estamos livres!

Fritz Hofmann voltou-se para ele, com uma expressão de horror dominando sua face.

— Livres?! C-como assim?!

— As forças soviéticas acabam de libertar a Cracóvia*.

Fritz Hofmann, em pânico, saiu correndo da igreja, desesperado para obter informações. Foi apanhado, minutos depois pela guarda polonesa que havia retomado o posto. Por seus atos desumanos contra a humanidade foi enforcado dias depois juntamente com os comandantes dos campos de concentração e extermínio de Auschwitz.

Ishmael Baeck assistia os padres da paróquia a tirar os pedaços da imagem de Cristo que havia se desprendido da parede e se destroçado com a queda, quando ouviu passos atrás de si, ao voltar os olhos por sobre os ombros, avistou a filha.

— Papai...

— Filha? Você aqui, a essa hora?

---

*Os alemães evacuarem a Cracóvia em janeiro de 1945 com a chegada das forças soviéticas para libertar a Cracóvia. (N.A.)

— Tive um mau pressentimento, papai. Temi que estivesse em perigo.
— E estava, minha querida. Agora, não mais.
O pai foi até a filha e a beijou.
— C-como está, filha? Que bom revê-la.
Sarah olhou bem para o pai, deixando que seus olhos falassem por si. Entre lágrimas, disse:
— Acabou, papai. A perseguição aos judeus na Pôlonia, pelo menos, terminou.
Os olhos de Ishmael Baeck romperam-se em lágrimas.
— Oh, filha amada... A liberdade finalmente chegou, depois de quase seis anos completos.
Pai e filha se abraçaram, forte e calorosamente.
— Será que poderemos voltar à nossa vida normal, agora?
— Espero que sim, papai.
Ishmael abraçou a filha ainda mais. Quando se desprenderam do abraço, diante do olhar angustiado da filha, o pai perguntou:
— O que há?
— Estou preocupada com Viveck, papai. Se a Alemanha for derrotada ele será um prisioneiro de guerra.
— Ele terá o que merece, Sarah.
— Ele salvou as nossas vidas, papai. O senhor por acaso se esqueceu disso?
— Não, não me esqueci.
Um sorriso suave cobriu a face da jovem.
— Eu amo Viveck, papai. Amo tanto quanto ele me ama.
— Como você pode amar um nazista depois de tudo o que eles nos fizeram?
— Viveck foi um nazista diferente, papai.
— Para mim são todos iguais. Acho bom você se esquecer desse jovem e o mais rápido possível. Ele será julgado e, provavelmente, fuzilado como todos os demais do exército nazista. Além do mais, você está prometida para o filho do meu grande amigo Steven Worcman.
— Papai. — falou Sarah seriamente.
Ishmael olhou para a filha com mais atenção, só então ela disse com aparente tristeza e pesar:

107

— Papai, eles estão todos mortos.
— Steven e o filho, mortos?! Como assim, mortos?
— Tudo o que sei, papai, é o que se comenta por aí... Que milhares e milhares de judeus foram exterminados nos campos de concentração.
— Isso não pode ser verdade.
— Receio que seja, meu pai.
— E você ainda nutre sentimentos por um alemão nazista?!
— Viveck salvou a nossa vida, papai! Se não fosse por ele, estaríamos mortos a essa hora. Teríamos sido também exterminados nos campos de concentração.
— Não vou permitir jamais que o meu sangue se misture a de um alemão nazista.
— Desculpe, papai, mas eu vou me casar com Viveck assim que ele estiver livre para se casar comigo. O que espero que aconteça, o mais breve possível, porque ele merece a liberdade, porque foi bom. Foi muito bom para nós.

Nisso, o padre Miroslav Hitler chegou até eles e disse:
— Hoje é um dia de grande alegria para todos nós. A Polônia está livre. Resta a todos, agora, reconstruir o que a guerra destruiu. O que não será fácil, pois muitos cantos do país foram atacados sem misericórdia.

Ele olhou fundo para Ishmael e completou:
— Espero de coração que você, quando estiver longe daqui, lembre-se que nem todos são iguais. Que um líder lunático cruel e impiedoso não reflete a alma e o coração de todos que fazem parte da sua nação.

Ishmael, estufou o peito e disse com aparente rancor:
— Será muito difícil para mim pensar que isso possa ser verdade.
— Não guarde rancor em seu coração, Ishmael. Nem rancor, nem revolta, nem ódio.
— O senhor seria capaz de esquecer e perdoar àqueles que destruíram e, segundo dizem, assassinaram brutalmente milhares da sua raça, padre?

O homem baixou os olhos e disse, com sinceridade:
— Eu compreendo sua revolta. Compreendo, sim.

Reerguendo a cabeça, mirando fundo nos olhos de Ishmael Baeck, Miroslav Hitler, falou:

— Que você seja muito feliz ao lado da sua filha, nessa sua nova etapa de vida.

Ishmael nada respondeu, pediu licença a filha, foi até seu aposento buscar seus pertences e depois partiu, carregando sua mala, acompanhado da filha, pelo corredor central da igreja, a igreja que o acobertou durante aqueles terríveis cinco anos de guerra desumana e sanguinária.

O único "muito obrigado, por tudo" que o padre Miroslav Hitler ouviu foi de Sarah Baeck. Ela, realmente, estava agradecida por tudo que ele havia feito para o pai.

O padre voltou-se, então, para o fundo do altar onde estivera pregada a imagem de Cristo que caíra há pouco e pensou com seus botões: um judeu (Jesus) havia salvo um outro judeu (Ishmael Baeck), um homem que desconsiderava a grandeza de Cristo, o considerava um traidor de sua raça. Ainda assim, Jesus, na sua infinita bondade o ajudara, algo que pareceu para o padre Miroslav Hitler um milagre.

Parte 10

Ishmael Baeck assim que tomou o táxi, com a filha, rumo a casa em que eles sempre viveram, soltou um grande suspiro de alívio e alegria. Disse:
— Finalmente, filha. Vamos voltar para a nossa casa adorada.
— Se ela ainda estiver de pé, papai!
O comentário assustou o pai.
— Como assim se ainda estiver de pé?
— Houve bombardeios, papai, talvez...
— Esqueça o "talvez", filha. Pelo bom Deus esqueça o "talvez".
Ishmael estava ansioso para chegar a sua casa e usufruir do conforto que só o dinheiro pode dar às pessoas.
Ao se ver diante da casa, abandonada, saqueada e usada sem o menor cuidado pelos nazistas, o homem soltou as malas, caiu de joelhos e derramou-se num pranto agonizante.
— Malditos nazistas! — amaldiçou. — Veja só, filha, o estado em que deixaram a nossa casinha.
— Calma, papai. — pediu Sarah, com pena do pai, temendo que ele tivesse um enfarto, um derrame, qualquer coisa de grave diante da situação.
— Minha casa... minha linda casinha, destruída... — continuava a lamentar o pobre judeu. — Meu jardim, as flores que reguei com tanto carinho, tudo acabado.
— Por favor, papai, controle-se. — implorou Sarah, aflita.
O pai não lhe deu ouvidos, continuou choramingando feito uma criança mimada, enquanto apalpava as paredes sujas e mofadas, como se acariciasse o rosto de um filho amado.
— Meu dinheirinho... — lamentava —, meu pobre dinheirinho. O papel de parede, caríssimo que cobria as paredes da nossa casa, Sarah,

veja, todo destruído. Rasgado, mofado, sujo... Custou-me um dinheirão. Veja os lustres da nossa casa, filha, todos encardidos e arrebentados, custaram-me também outra grande fortuna. Tudo o que eu tinha aqui, Sarah, era tudo do bom e do melhor, você sabe... Olhe só o piso, havia acabado de passar sinteco novinho quando a guerra começou, agora, está todo riscado, imundo... Ai, que tristeza.

Ao descobrir que tudo que ele havia deixado na casa, louça, enxoval de cama, mesa e banho, haviam sido saqueados, o homem chorou ainda mais.

— Papai, o que importa é que você está vivo, que escapamos dos campos de concentração.

O pai não deu ouvidos a filha, continuou em ininterruptas reclamações.

— Vai custar-me uma fortuna arrumar tudo isso para deixar minha casa, adorada, linda como antes.

— Papai, há males bem piores do que esse.

— Você diz isso porque não foi com o seu dinheiro que você comprou esta casa, se tivesse sido, pensaria bem diferente. Estaria se debulhando em lágrimas, assim como eu.

O homem escorou-se contra uma parede e derramou-se novamente num pranto agonizante, como se tivesse perdido um ente querido.

— Eu quero tudo de volta, Sarah. Tudo o que aqueles malditos alemães me roubaram.

— Papai, não alimente esperanças, nada do que foi levado pelos nazistas nos será devolvido.

— Mas eu quero tudo de volta, tudinho. Tim tim por tim tim. O que é meu, é meu!

— Papai, o senhor ainda é jovem, pode recomeçar a vida, fazer muito mais dinheiro do que já conseguiu, já que dinheiro é tão importante para o senhor.

— É lógico que é, Sarah. O dinheiro é tudo nesse mundo. Tudo!

— Pai, veja o lado bom de tudo o que passamos. Nós sobrevivemos a esse holocausto da guerra e com a ajuda de pessoas que jamais pensamos que seriam capazes de nos ajudar.

O pai fez bico.

Sarah estava inconformada com o comportamento do pai. Com a falta de sensibilidade e consideração por tudo de bom que as pessoas,

111

três alemães, na verdade (Viveck, o padre Miroslav Hitler e a madre superiora Guerta Hundorf) fizeram por eles e pelo apego excessivo e doentio à matéria.

Quando o pai se acalmou, Sarah disse:

— Papai, se o senhor não se importar, quando a guerra acabar gostaria que fôssemos embora da Polônia.

— Embora?

— Sim. Para um outro país, uma cidade distante, bonita e alegre, onde possamos recomeçar a vida. Esquecer o que passamos aqui. Morando aqui estaremos constantemente em companhia da tragédia que nos separou por esses 5 anos.

O pai refletiu, segundos depois dava sinais de que havia gostado da sugestão.

— Está bem, sua sugestão me parece bastante pertinente. Quando a guerra acabar definitivamente, nos mudaremos daqui.

— Agora preciso voltar ao convento para trocar de roupa, apanhar as minhas coisas... O senhor me espera, aqui?

— Sim, filha.

— Trarei comigo uma surpresa. Prepare-se!

— Dinheiro?! – arriscou o pai, com olhos brilhantes de empolgação. – Prataria? Louça?

— Não, papai. Nada disso. Será uma surpresa realmente surpresa.

Ishmael Baeck ficou cismado desde então.

Chegara a hora de Sarah dizer adeus ao lugar que foi sua morada naqueles últimos 5 anos. Foi com lágrimas nos olhos que Sarah tirou o hábito, que a escondeu dos nazistas por todos aqueles anos, vestiu uma roupa habitual e foi se despedir de todas as freiras que se tornaram suas amigas durante aquele período negro para sua raça.

— Eu nem tenho palavras para agradecer tudo o que fizeram por mim, não tenho mesmo. – dizia ela com sinceridade. – Só posso dizer que sou muito grata, muito grata, mesmo, por tudo. Jamais me esquecerei de vocês, estarão sempre guardadas em meu coração.

Os abraços entre a jovem judia e as freiras foram fortes, em meio a muitas lágrimas.

— Que você seja muito feliz, Sarah, na sua nova fase de vida. — desejou a madre superiora Guerta Hundorf, com sinceridade. — Que o mundo todo seja feliz nessa nova fase de vida.

Chegou a vez, então, das Irmãs se despedirem do pequeno Michel. Aos 5 anos de idade, o garoto havia se tornado uma criança viçosa, de cabelos pretos, encaracolados, olhos castanhos escuros, cheios de vitalidade. Era tido por elas como um anjinho de carne e osso que havia caído do céu, ali, para lhes dar só alegrias.

Enquanto as Irmãs se despediam do menino, Sarah perguntou a Magda em particular:

— Irmã.

— Sim, Sarah.

— Diga-me a verdade, vocês realmente nunca mais souberam nada a respeito de Irmã Helena?

— Não, querida. Algumas Irmãs acham que ela voltou para a casa da mãe, eu duvido.

— Por quê?

— Porque a mãe, segundo ela me disse, era uma mulher muito austera. Quase uma militar. Não perdoaria à filha por ter ficado grávida, muito menos por ter abandonado o convento. A coitadinha da Helena só veio parar aqui porque a mãe exigiu que ela fosse freira.

— Pobre Helena, espero de coração que ela esteja bem.

— Você teme que ela a procure, não é Sarah? E que leve o menino com ela, não é mesmo?

— Confesso que sim, Irmã. Estou tão apegada a Michel que acho que não saberia mais viver sem tê-lo ao meu lado.

— É incrível como nos apegamos às coisas e às pessoas, não?

— Sim.

— Desapegar-se, acho que é a maior lição que Deus nos impõe. Desapegar-se, sem nos ferir, é lógico, porque queira ou não queira, seremos sempre obrigados ao longo da vida a nos desapegar de coisas e pessoas.

— Eu só espero ter forças para enfrentar o desapego quando for preciso me desapegar... Ai, não quero nem pensar nisso, agora. Adeus Irmã. Sugeri ao meu pai que mudássemos de país assim que a guerra acabar, para um lugar onde possamos recomeçar a vida e ele aceitou.

— E quanto a Viveck?

— Espero de coração que ele esteja bem. Não o vejo há quase um ano. Receio que se a Alemanha for derrotada ele se torne um prisioneiro de guerra. Mesmo que isso aconteça, aguardarei por ele até que seja solto.

— Que vocês sejam muito felizes. Vocês merecem. A história de vocês daria um lindo romance. Quem sabe, um dia você o escreve?

— Se eu tivesse o dom para transformar uma história real num romance, eu faria com certeza.

Sarah pegou as malas e seguiu para a porta acompanhada de algumas Irmãs. Antes de partir, voltou o olhar para o Cristo, pregado na cruz e pensou, mais uma vez: quem diria que ela um dia moraria num convento por quase seis anos. Quem diria também que o pai seria obrigado a viver dentro de uma igreja, ao lado de cristãos, tão solidários com um judeu preconceituoso e sovina que sempre encarou os cristãos com preconceito. Já ouvira dizer que a vida dá voltas, não imaginou que fossem tantas.

Quando Ismael viu a filha chegando a casa, carregando malas ao lado de Michel, seus olhos demonstraram grande espanto.

— De quem é essa criança, Sarah?

Sarah não respondeu, voltou-se para o pequenino e pediu a ele que aguardasse por ela, ali na sala, por um minutinho. A filha foi então dar as devidas explicações para o pai, na sala ao lado. Somente entre quatro paredes.

Quando Ishmael Baeck soube de toda a história em torno do pequeno Michel suas únicas palavras foram:

— Mais uma boca para alimentar, Sarah?!

E sua frase foi dita com grande pesar.

— Papai, por favor.

O pai não se conteve, pôs para fora toda a sua indignação com a filha.

— Como é que você pode ter prometido a uma freira, justo a uma freira, que cuidaria de seu filho, como? Nós somos judeus, Sarah! E somos, com muito orgulho. Não fica bem eu criando o filho de uma cristã.

— Papai, foram os cristãos que nos protegeram, digamos assim, das mãos dos nazistas. Se não fossem eles...

— Filha, só espero que não tenham feito nenhum tipo de lavagem cerebral em você naquele convento. Você é uma judia, deve honrar a religião judaica!

Os olhos da filha disseram mais do que palavras. Após uns minutos de introspecção, Ishmael acabou concordando:

— Está bem, essa criança fica conosco, mas assim que nos estabelecernos na nova cidade que vamos morar, esse menino será batizado na religião judaica e será um judeu com muito orgulho. Haverá também de passar pela *Brit Milah* (o Pacto da Aliança)*. Ainda que já tenha passado da idade, será submetido ao ritual. Explicaremos que a *Brit Milah* não pôde ser realizada devido a guerra.

Sarah concordou com a cabeça.

A seguir o pai acompanhou a filha de volta a sala onde Michel ficara aguardando por eles, pacientemente.

— Olá, mamãe. — disse o menino.

— Olá, filho — respondeu Sarah, curvando-se sobre o garoto e beijando-lhe a testa.

Os olhos do menino se encontraram então com os de Ishmael e ambos ficaram se encarando por alguns segundos, pensativos. Sarah fez, então, as devidas apresentações.

— Michel, esse é meu pai, Ishmael Baeck. Seu avô.

A palavra "avô" não foi bem aceita por Ishmael. Chegou a causar certo desconforto na sua pessoa. Mas foi temporário, os olhinhos vivos do menino logo comoveram e conquistaram o velho judeu.

— Olá, como vai? — cumprimentou Ishmael, enfim, num tom simpático.

O menino sorriu, contente por estar finalmente conhecendo o avô, de quem Sarah tanto lhe falava. Ishmael tentou, mas, não conseguiu manter por muito tempo a panca de sisudo. Seu coração era mole, principalmente com crianças. Logo estava a olhar para o menino com olhos de *menino*.

---

*Conforme está escrito na Torah, em Genesis, todos os pais judeus têm a obrigação de circuncisar seus filhos no oitavo dia após o seu nascimento, ou designar um representante para fazê-lo em seu nome. O Brit Milah é talvez o ritual mais importante do judaísmo. Uma cerimônia equivalente também existe para as meninas e é conhecida como Brit Bat. Por razões óbvias, o Brit Bat não envolve qualquer procedimento cirúrgico associado. (Fonte: comunidade judaica).

Parte 11

Enquanto isso, na Alemanha, Viveck Shmelzer continuava a cargo do programa T4, num campo de concentração, próximo de Berlin.

Dali ele e seus colegas de trabalho puderam ver, de longe, no dia 30 de abril de 1945, Berlin ser praticamente soterrada por um bombardeio impiedoso feito pelas forças soviéticas.

Foi nesse mesmo dia que Adolf Hitler se suicidou quando as tropas soviéticas estavam a exatamente dois quarteirões de seu bunker.

Em 7 de maio o seu sucessor, o almirante Dönitz, assina a capitulação alemã.

A notícia tirou lágrimas de Viveck, lágrimas de alegria, não de tristeza. Sim, ele estava feliz com o fim de tudo aquilo, para que a paz pudesse reinar entre todo o mundo novamente.

Viveck não fugiu como os demais nazistas fizeram assim que a derrota atingiu o país. Ele agora andava por entre os destroços do que foi a linda Berlin. Olhava para tudo com lástima e lágrimas nos olhos, por ver a cidade onde nasceu e cresceu transformada em pó.

Aquela que era para ser a grande nação do mundo, tornara-se ruínas. O sonho nazista deixou pelas ruas do país onde teve origem, rastros de sangue, ódio, decepção e revolta.

Foi dolorido para Viveck descobrir que seus pais haviam morrido numa dos bombardeios contra Berlin. Não só eles como amigos e parentes. Se ele não se mantivesse com o pensamento em Cristo, ele certamente já teria enlouquecido diante de toda aquela barbaridade.

Para ele, só havia restado Sarah em sua vida, talvez nem ela... Há um ano que eles não se falavam. Nem por carta, Viveck temeu que suas cartas fossem interceptadas. Deus quisesse, suplicava ele, que ela não tivesse se esquecido dele.

Nesse mesmo tempo, em Roma. Helena Giacommo achegou-se à sua mãe e disse com grande satisfação:
— Mamãe! O rádio acabou de noticiar que o almirante Dönitz, assinou a capitulação alemã. Só falta o Japão desistir da guerra.
Dagmara olhou friamente para a filha e, com ar enojado, disse:
— Você me parece feliz por isso.
— E estou mesmo, mamãe! Não era para estar?
— Não! — bramiu Dagmara, furiosa. — Nós é que merecíamos ter ganhado a guerra.
— Mesmo depois de tanta crueldade?
— Foi um mal necessário para purificar o mundo, Helena.
Helena sentiu vergonha da mãe, por ter valores tão deprimentes. Mas achou melhor ficar calada, para evitar confrontos. Foi até a sala onde se encontrava o filho e o abraçou calorosamente. Eduard era um sobrevivente do Holocausto, salvo por ela que, no íntimo, sentia muito orgulho disso.

Três meses depois, precisamente no dia 6 de agosto de 1945, a Força Aérea dos Estados Unidos da América, cumprindo a ordem do presidente americano Harry S. Truman, atacava o Império Japonês lançando sobre a a cidade de Hiroshima uma bomba atômica que matou cerca de 140 mil pessoas, fora as que morreram depois da radioatividade.
Três dias depois outra bomba era lançada sobre a cidade de Nagasaki, matando mais 80 mil pessoas e muitas mais depois, devido a radioatividade.
Foi um horror vivido tão intensamente quanto os civis chineses que foram enterrados vivos por soldados japoneses quando estes atacaram a China.
O acontecimento levou o Império do Japão à rendição incondicional em 15 de agosto de 1945, com a subsequente assinatura oficial do armistício em 2 de setembro na baía de Tóquio, finalizando assim a Segunda Guerra Mundial.

A guerra tinha chegado ao fim, entretanto o sangue ainda estava espalhado pela Terra, o cheiro de morte ainda estava espalhado pelo ar, mães e pais choravam a morte de seus filhos, filhos choravam a morte de seus pais. Esposas choravam a perda de seus maridos, combatentes de guerra... As sequelas da guerra ficariam ainda por muitos anos, atravessando gerações...

Haveria, agora, muito trabalho para reconstruir o que a guerra destruiu. Levaria meses, em certos casos, anos, para reerguer o mundo das cinzas, mas todos haveriam de colaborar.

Com o fim da guerra, Sarah lembrou o pai o que haviam se prometido meses atrás, em janeiro daquele ano. Mudarem-se para um outro país. Ishmael Baeck, àquela altura, já havia se esquecido do prometido, mas acabou concordando com a mudança.

— Para que país devemos nos mudar, filha?

— Eu estava pensando na Suíça, papai. O que o senhor acha? Que tal Berna? Dizem que é uma cidade muito bonita e acolhedora.

— Berna... Suíça... Está bem... Iremos para lá, se não nos adaptarmos, mudamo-nos para um outro local.

Sarah sorriu, contente. Ishmael Baeck, falou, a seguir, decidido:

— Mas antes de irmos embora, filha, tenho de vender a nossa casa.

A determinação do pai preocupou a filha.

— Papai, ninguém vai comprar essa casa assim de uma hora para outra. Ainda mais pagar um bom preço por ela. A guerra deixou todos sem dinheiro. — lembrou Sarah. — O mundo passará por uma recessão pós-guerra. Deixe a casa à venda, se aparecer alguém que a compre, o senhor vende, mas não fiquemos aqui esperando isso acontecer, quero partir daqui o quanto antes, esse lugar se tornou triste demais para viver depois de tudo o que passamos aqui com a guerra.

— Você tem razão, Sarah. Nesse ponto você tem toda razão. Farei o que me sugere.

— Vou agora mesmo comprar as passagens de trem. Quanto antes partirmos daqui, melhor.

Sarah não comentou com o pai, mas estava preocupada com Viveck, ansiosa por notícias suas, com saudade do seu carinho, do seu calor humano.

Estava em dúvida se deveria ir a Alemanha procurá-lo antes de se mudar para a Suíça ou procurá-lo somente depois que tivesse tudo acertado por lá, para lhe dar seu endereço definitivo em Berna. Sarah acabou optando pela segunda alternativa.

No dia marcado para a mudança, assim que o sol raiou, Ishmael acordou a filha e o neto.

— Ainda é cedo, papai. — disse Sarah, em meio a um bocejo. — O trem para Berna só parte à tarde.

— Antes, temos um servicinho para fazer, filha. — explicou o pai, parecendo ter acordado com energia redobrada.

— Servicinho? — estranhou Sarah. — Que tipo de servicinho?

O pai não respondeu. Fez a filha e o neto se vestirem e tomarem o café da manhã com ligeireza.

— Quer me explicar, agora, que servicinho é este, papai? — quis saber a filha, assim que terminou o dejejum.

— Você logo vai saber. Acompanhem-me.

— Papai...

— Shhhh....

Diante da pá que o pai carregava, Michel perguntou:

— Para que essa pá, vovô?

— Para cavarmos um tesouro, meu neto.

E foi mais ou menos o que Ishmael Baeck fez. No canteiro que ficava bem no fundo de sua casa, ele cavou, não um tesouro, mas os baús de madeira onde havia guardado as joias da esposa falecida, as que herdara de sua mãe e que ele a presenteou, uma bela quantia de dinheiro e boa parte da prataria que ele prezava tanto.

Quando Sarah viu tudo aquilo, ficou boquiaberta:

— Papai, o senhor...

— Eu mesmo, Sarah. Você acha que eu ia entregar todos os meus bens para aqueles nazistas imundos? Não mesmo! Assim que soube do que estava por vir, vim aqui, na calada da noite e, enterrei parte dos meus pertences. O que é meu, é meu, filha. Sempre! Para todo o sempre!

Ishmael, de fato, não negava a raça. Honrava, acima de tudo, o ditado: "um homem prevenido vale por dois." E não é que valeu mesmo?!

Naquela tarde, por volta das duas horas, o senhor Ishmael Baeck, sua filha Sarah e seu neto Michel, partiram de trem para Berna, na Suíça, a cidade que escolheram para recomeçar suas vidas.

Sarah seguiu a viagem toda pedindo a Deus que Viveck fosse libertado o quanto antes pelas autoridades e tivesse permissão de sair do país e ir ao seu encontro. Ela contava com Deus e também com Jesus, com quem passou a ver, depois dos anos escondida no convento, com novos olhos.

Nas semanas subsequentes, Viveck Shmelzer foi levado ao tribunal e foi sentenciado a cumprir 5 anos de prisão com trabalhos forçados. Sua perna nunca mais foi a mesma, a bala que o acertara deixara uma sequela eterna. Ele aprenderia a conviver com ela, arrastando-a, para onde quer que fosse.

Viveck ficou surpreso ao saber que tinha uma visita para ele na prisão. Mais surpreso ficou, ao saber que se tratava de Sarah Baeck.

— Sarah?! — exclamou com grande alegria. — Você aqui?! Que surpresa maravilhosa!

Agarrou a jovem e a abraçou forte e carinhosamente.

— Que saudade, meu amor. Que saudade.

Ela tentava falar, mas a emoção calava-lhe a voz. Ele, então, disse por ela:

— Não diga nada, não é preciso. Sua presença, seu abraço, seus olhos, seu silêncio já me dizem tudo. Eu, tolo, cheguei a pensar que você havia se esquecido de mim. Tive tanto medo de que isso fosse verdade.

— C-como eu poderia me esquecer de você, Viveck? — falou Sarah, finalmente. — Eu fiz questão de sobreviver a tudo isso por sua causa, para podermos ficar juntos.

— Suas palavras me comovem.

Ela recuou a cabeça de repente e beijou o alemão amado; seus lábios macios moviam-se sob os dele expressando todo o afeto que sentia por ele em sua alma. Viveck afastou o rosto, ofegante, e uma súbita expressão de ansiedade lhe deixou o rosto tenso. Tocando a face da jovem que tanto amava, tristemente, ele falou:

— Há ainda, infelizmente, uma barreira entre nós, Sarah. Eu agora sou um prisioneiro de guerra, fui condenado, a 5 anos de prisão com trabalhos forçados. Se não tivesse me entregado e fosse pego, seria condenado a muito mais tempo.

— Eu já esperei cinco anos por você, Viveck. Não me custa esperar por mais cinco.

Ele sorriu para ela, levou-lhe as mãos aos lábios e as beijou.

— Eu quero tanto fazê-la feliz, Sarah. Muito feliz.

— Eu espero por você. Espero o tempo que for necessário para ficarmos juntos.

— Você é uma mulher formidável, Sarah...

— Eu amo você, Viveck. Muito.

Ela apertou-se contra ele, novamente, e, mais uma vez, os dois ficaram fortemente enlaçados.

A promessa de Sarah era realmente verdadeira. Ela aguardaria o tempo que fosse por Viveck, pelo amor que sentia por ele, o mesmo que ia no coração do moço por ela.

Depois de deixar com Viveck seu endereço na Suíça, a jovem partiu esperançosa de que o tempo que eles novamente teriam de ficar afastados um do outro passasse rápido. Longe, bem longe da saudade que vivia a acompanhá-los.

Nos meses que se seguiram a Europa começou, com grande esforço a apagar as marcas do Holocausto, recuperar a esperança e a dignidade perdida. Fazer do amor, novamente, o propósito maior da vida de todos. Porque sem amor, ninguém no mundo nada seria... Nem a vida em si.

Informações históricas

Após a Segunda Guerra Mundial o termo Holocausto foi utilizado especificamente para se referir ao extermínio de milhões de pessoas que faziam parte de grupos politicamente indesejados pelo então regime nazista fundado por Adolf Hitler. Havia judeus, militantes comunistas, homossexuais, ciganos, eslavos, deficientes motores, deficientes mentais, prisioneiros de guerra soviéticos, membros da elite intelectual polaca, russa e de outros países do Leste Europeu, além de ativistas políticos, testemunhas de Jeová, alguns sacerdotes católicos, alguns membros mórmons e sindicalistas, pacientes psiquiátricos e criminosos de delito comum.

Morreram na segunda guerra mundial, aproximadamente, 17 milhões de soviéticos (sendo 9,5 milhões de civis); 6 milhões de judeus; 5,5 milhões de alemães (sendo 3 milhões de civis); 4 milhões de poloneses (sendo 3 milhões de civis); 2 milhões de chineses; 1,6 milhão de iugoslavos; 1,5 milhão de japoneses; 535 000 franceses (sendo 330 000 civis); 450 000 italianos (sendo 150 000 civis); 396 000 ingleses e 292 000 soldados norte-americanos.

Morreram também cerca de 70 mil doentes mentais por meio do programa T4. Cerca de 10000 a 25000 homossexuais, muitos destes capados nos campos de extermínio e aproximadamente 5000 Testemunhas de Jeová.

Um horror que serve para nos mostrar, mais uma vez, o quanto a guerra é capaz de destruir vidas, acrescentar nada, além da destruição, solos manchados de sangue e famílias destruídas.

Todos os objetivos que eram para ser conquistados com a guerra, resultaram em tragédia, terror para a humanidade. O sonho dos nazistas transformou-se em um pesadelo. Berlin foi massacrada por bombas, toda sua beleza arquitetônica construída ao longo de muitos anos, destruída. Tudo por um sonho de riqueza e poder que sempre leva todos a um tremendo nada. Sabemos disso, observando aqueles que lutaram pelo mesmo ao longo da história da humanidade.

Aqueles que dizem que a guerra é um mal necessário deveriam se pôr na guerra antes de opinarem.

Quando se soube, comprovadamente, que milhares de judeus foram mortos em camâras de gás, muitos cristãos conservadores, fanáticos religiosos, metidos a donos da verdade, acreditaram que o extermínio dos judeus era uma punição merecida por eles não serem cristãos. Porém, se essas pessoas, que se diziam cristãs fossem realmente cristãs saberiam que Jesus jamais compactuaria com algo desumano como o extermínio de pessoas de qualquer raça, cor, condição social, opção sexual e religião.

    A ignorância dessas pessoas não lhes permitia perceber que ninguém detém o direito de julgar e determinar quem deve ou não viver sobre a Terra, tampouco determinar o que Deus pensa, o que acha certo e o que é do Seu agrado.

    Não lhes permitia compreender que o preconceito, bem como o racismo, são contra os princípios de Deus, que qualquer preconceito e racismo é sinal de uma mente retrógrada, pertencente aos níveis mais baixos da evolução espiritual.

    Somente pessoas atoladas na ignorância não percebem que Deus ama todos por igual, que sobre todos paira o mesmo Deus, com sua infinita bondade e paciência.

    Mas o tempo, por graça de Deus, revela a todos, Deus no seu real. Quem se permite ver Deus no seu real liberta-se dos níveis mais baixos de evolução, da ignorância, permitindo assim um convívio de paz consigo mesmo e com o próximo jamais vivido, transformando o mundo num lugar em que Deus se orgulha de estar, orgulhoso de Sua criação.

    Apesar da destruição, das mortes e dos sofrimentos profundos que a segunda guerra trouxe para a humanidade, o amor sobreviveu ao Holocausto, e foi por amor que as pessoas traumatizadas com a guerra continuaram sua missão de vida.

Segunda Parte

O melhor médico é o tempo...
Provérbio Judaico

Parte 1

Enquanto o Japão reconstruía Hiroshima e Nagasaki, após a queda das bombas nucleares e a Europa reconstruía as cidades atingidas pela guerra. Os judeus, sobreviventes dos campos de concentração procuravam esquecer o horror que viveram nesses locais, se é que isso poderia ser realmente um dia esquecido.

Com o fim da guerra, Dagmara Giacommo não viu mais razão para a filha permanecer em sua casa, longe do convento. Diante da situação, Helena se viu obrigada a desabafar, em confissão, com o padre Verginio Delamea da paróquia que ela frequentava com a mãe e o filho, um padre que ela queria muito bem. Um homem simpático, de mente aberta, sempre disposto a ajudar as pessoas que precisavam de ajuda. De qualquer ajuda.

Durante a confissão, Helena contou tudo o que se passou com ela. Sua gravidez inesperada, o dia em que ela deixou seu filho com Sarah Baeck, o momento em que ela tirou o menino da pilha de mortos e o levou para a casa da mãe, inventando uma mentira.

O padre, na intenção de ajudar Helena, durante uma conversa com Dagmara falou sobre a moça. Diante do desespero da mãe, de mandar a filha de volta para o convento, ele aconselhou Dagmara:

— Sua filha recebeu uma missão divina, de Deus, minha senhora.

Dagmara, seca, revidou no mesmo instante:

— A missão de minha filha Helena é servir a Igreja, padre.

— Ela poderá continuar servindo a Deus, mas não agora, num futuro próximo.

— Por que num futuro próximo? A guerra terminou, ela deve voltar a ocupar seu posto no convento. Agora mesmo.

— Minha estimada senhora, sua filha Helena recebeu de Deus a incumbência de criar o pequeno Eduard. Deve permanecer ao seu lado até que ele tenha condições de se virar sozinho.

— Eu mesma posso cuidar muito bem do menino.

— Sem dúvida, mas não foi à senhora que Deus incumbiu essa missão, lembra-se? Foi à Helena.

— Eu não sei... O senhor acha mesmo que minha filha deve permanecer em casa, paparicando esse moleque, como se fosse seu próprio filho?

— Sim. Ele a chama de mãe, não?

— Sim. E daí?

— O sentimento que ele tem por sua filha é o de mãe, se esse elo entre os dois for rompido, haverá muito sofrimento para o pobrezinho.

— O sofrimento faz parte da vida, padre. É por meio do sofrimento e do sacrifício e renúncia que se chega a Deus.

O padre pensou em contestar a afirmação, expor o que realmente pensava sobre Deus, mas achou melhor deixar para outra hora. Sua opinião sincera sobre o Pai Celestial deixaria, certamente, Dagmara de cabelo em pé e revoltada com ele. Seria capaz, até mesmo, de pôr toda a cidade contra ele, até mesmo o Vaticano. Desse modo, ele não poderia ajudar Helena, a quem tanto queria bem.

Padre Verginio Delamea respirou fundo e prosseguiu em defesa da moça:

— Concordo plenamente com a senhora, mas o menino já foi sacrificado o bastante por uma vida. A mãe, sua verdadeira mãe, morreu daquela forma tão triste, Deus pôs sua filha no caminho dessa criança para ampará-la e dar-lhe uma boa educação. Digo mais, Deus pôs a senhora no caminho desse menino para que ele recebesse amparo e uma educação de primeira, especialmente católica.

As palavras deixaram Dagmara, tocada.

— Está bem, padre, vou ouvir seus conselhos. Permitirei que minha filha permaneça morando comigo, até que o garoto esteja maior e autossuficiente.

— É assim que se diz, dona Dagmara. Deus, tenho a certeza, está feliz por sua decisão.

Padre Verginio Delamea sorriu para si mesmo. Feliz por ter conseguido dobrar Dagmara Giacommo, uma das mulheres beatas, mais difíceis, teimosa, preconceituosa e racista que conheceu ao longo da vida.

Dagmara deixou a igreja, naquele dia, rememorando as palavras ditas há pouco por padre Verginio. Ao chegar em sua casa, entrou, como sempre, chamando por Eduard. Ela se mostrava durona com o menino na frente de qualquer um, até mesmo da filha, mas quando ficava a sós com ele, o tratava com extremo carinho e paciência.

O pequeno Eduard Giacommo realmente adorava a mulher que tinha como avó. Adorava quando ela lhe contava passagens da bíblia ou lia certos trechos para ele. Adorava quando ela rezava com ele antes de dormir, beijava-lhe a testa e ajeitava a coberta até a altura do seu pescoço.

Eduard aprendia tudo o que a avó lhe ensinava, demonstrando grande empenho e entusiasmo.

Para garantir rejeições futuras, Dagmara ensinou o menino, desde pequenino, que só a religião católica era a certa e aprovada por Deus. Que o budismo e o judaísmo eram religiões rejeitadas pelo Pai Celestial. E que um cristão que realmente se preze, deve se afastar de qualquer budista ou judeu que um dia, por ventura, queira alguma aproximação da sua pessoa.

— Compreendeu, Eduard? — perguntava Dagmara, seriamente, ao término da sua explicação.

— Sim, vovó, compreendi. — respondia o menino, submisso.

— Muito bom, meu bom garoto.

A avó, então, completava:

— Os negros africanos têm outra religião, sabia? Pois bem, eles também não são benquistos por Deus.* E você também deve se afastar deles.

— Deus também não os vê com bons olhos, vovó?

---

*Essa é uma opinião de um fanático religioso, que julga sua religião como sendo a única certa diante dos olhos de Deus. (N. A.)

127

— Não também. Deus, o verdadeiro Deus, só aceita em seu reino os católicos, meu querido, porque só essa religião é a certa, a que leva a Deus de verdade.

O menino assentiu com os olhos. Dagmara continuou, implacável:

— Há outras religiões cristãs além do catolicismo, mas nenhuma deve ser seguida, porque todas foram criadas por almas impuras. Há também doutrinas que se dizem cristãs, mas que na verdade, são frutos da loucura humana. Há uma que vem se difundindo muito recentemente, chamam-na de Espiritismo. Você deve ficar longe dela também, pois ela é fruto de alma impura.

— As pessoas que não são católicas vão direto para o inferno, vovó?

— Vão.

— Deus não tem pena deles?

— Não.

O menino mordeu os lábios, pensativo. Depois, perguntou:

— E a vida eterna, vovó, como é?

— É qualquer coisa de maravilhoso, meu neto.

Dagmara sentia-se feliz por ensinar ao neto o que acreditava ser correto para o seu crescimento pessoal e espiritual.

Mas desde quando alguém *cresce* aprendendo a ter preconceito e racismo?

Diante dos ensinamentos e conselhos preconceituosos e racistas da mãe, Helena, assim que teve uma oportunidade, falou a respeito com padre Verginio Delamea.

— O senhor acha mesmo, padre, que Deus só preza os católicos? Que os católicos devem desprezar os judeus, budistas, protestantes, espíritas, entre outras religiões?

— Não, minha filha, é lógico que não. Foi essa arrogância, esse tipo de preconceito e racismo, que levou o mundo mais uma vez à guerra. Como pode alguém acreditar que exista uma raça soberana se todos nascem e morrem da mesma forma? Como podem acreditar que só os cristãos merecem viver sobre o planeta se Deus abençoa a todos de qualquer religião com o mesmo sol, o mesmo ar, diariamente?

"Se Deus nos fez pretos e brancos, altos e baixos, homem e mulher, é porque aprecia as diferenças. Digo mais, é porque as diferenças têm muito a nos ensinar. Eu acredito piamente que a vida é uma escola. Estamos aqui para aprender e aprender a respeitar as diferenças, vivermos em harmonia com elas, é uma das lições mais importantes que a vida nos impõe porque ela nos eleva espiritualmente. Se você observar bem, todas as nossas indisposições com o próximo se dão por choque entre as diferenças de cada um, por não aceitarmos que o outro tem gosto e valores diferentes dos nossos. Quando se aceita, as rusgas se vão, o convivio é pacífico.

"Comento isso com você, Helena porque sei que tem uma mente mais aberta."

— Agora, padre. Ampliei minha mente nesses últimos anos, depois que meu caminho se cruzou com o de Eduard. Depois que tive o meu filho legítimo...

— Você nunca pensou em ir atrás dele? Digo, do seu filho legítimo?

— Não, padre. Hoje ele tem uma outra mãe e acredita piamente que ela é sua mãe. Minha aproximação só serviria para deixar a mente da criança embaralhada.

— Você tem razão. Mas um dia, se puder voltar a rever seu filho, não hesite em procurá-lo.

— Eu nem sei se ele ainda mora na Pôlonia, padre. Talvez ele e sua mãe adotiva tenham se mudado de lá depois de a guerra ter terminado.

Os lábios do padre contraíram-se por um instante num sorriso. Com alegria, ele previu:

— De repente, a vida pode uni-los, novamente.

— Já passou tanto tempo... Cinco anos... Quase seis...

— Ainda assim... Esteja preparada para quando isso acontecer.

Helena voltou para a casa, pensando no filho que deixara com Sarah Baeck. Como estaria? Grande com certeza, da mesma altura que Eduard... Estaria Sarah cuidando bem dele? Sim, certamente. Ela confiava nela. Estariam ainda morando na Pôlonia depois do final da guerra? Algo lhe dizia que não. Para ela, eles haviam se mudado de lá, para uma outra cidade, até quem sabe, para um outro país, para recomeçar a vida, esquecer o passado tenebroso. Mas para onde teriam ido realmente? De repente, Helena se viu curiosa para saber o destino que o filho havia tido.

Semanas depois, em Roma...

Os sinos da catedral soavam alto, anunciando as horas, quando Dagmara Giacommo terminou de rezar o terço. Toda tarde, àquela hora, ela se recolhia para fazer suas orações, para pedir a Deus que protegesse de todo mal os católicos e a igreja católica da qual fazia parte. Pedia também, com todas as letras, que todos os *não* católicos percebessem que só a religião católica era a certa, a que realmente estava conectada a Deus e se convertessem para o catolicismo. Dagmara acreditava piamente que só os católicos são benquistos pelo Pai Celestial e recebidos no paraíso após a morte.

A mulher havia acabado de se levantar do local onde estivera ajoelhada, com os joelhos em contato direto com o piso frio, porque acreditava que a dor era uma forma de remissão de seus pecados, quando a campainha manual de sua casa foi tocada. Dagmara, no seu vestido preto, fúnebre, pareceu aos olhos de quem estava à porta, um corvo assustador.

— Pois não? — perguntou, seriamente.

— Dona Dagmara Giacommo? — disse um jovenzinho.

— Eu mesma.

— Não lhe trago notícias boas, minha senhora.

A mulher franziu o cenho. Pensou imediatamente que algo havia acontecido a Eduard na escola. O garoto nessa ocasião já cursava o que viria a ser o pré-primário.

— É algo sobre Eduard, meu neto?

— Não, minha senhora. Trago notícias de sua comadre. Dona Albela Santoli.

Albela Santoli era madrinha de crisma de Helena. Mulher por quem Dagmara tivera muito respeito e carinho até ela se casar com um judeu.

Certamente que o convite para madrinha foi feito antes de Albela se interessar pelo judeu, se já estivessem juntos, Albela seria a última pessoa que Dagmara convidaria para ser a madrinha de sua menina. Ela, como já foi mencionado, literalmente abominava os judeus e todos aqueles que não fossem católicos. Para ela, judeus, budistas, espíritas, protestantes comungavam com o demônio. Os negros e suas religiões também faziam parte desse grupo. Os indígenas idem.

O garoto, após breve pausa, explicou:

— É a respeito da irmã de dona Albela, minha senhora. Dona Erika. A pobre mulher adoeceu gravemente. Dona Albela achou que a senhora gostaria de saber.

Um riso esquisito, de descaso, escapou pelo canto dos lábios finos e apertados de Dagmara Giacommo. O mensageiro estranhou a reação da mulher "corvo", mas furtou-se de qualquer comentário. Disse apenas:

— Dona Albela diz que a visita da senhora à dona Erika seria de grande importância para a sua melhora.

Dagmara cortou as palavras do garoto de forma brusca:

— O recado está dado.

Ela já ia fechando a porta quando o mensageiro lhe fez um pedido muito sério:

— Minha senhora, estou com muita sede. Poderia me arranjar um copo d'água?

O rosto de Dagmara Giacommo fechou-se ainda mais. No seu tom grave e seco respondeu:

— Sacrifícios fazem parte da vida, meu jovem. Passar horas sem beber água, aguentar a sede, é o mesmo que fazer um jejum completo, um sacrifício que abrirá caminhos para a sua alma no reino dos céus.

O mensageiro franziu o cenho, sem entender. Antes que pudesse dizer mais alguma coisa, a dona da casa fechou a porta. Seguiu imediatamente até o seu altar particular, pegou o terço, ajoelhou-se no chão frio e de mãos unidas dirigiu-se a Deus:

— Erika está tendo o que merece, meu Senhor. Onde já se viu ter abandonado a igreja católica para se tornar espírita? Pois que a doença a mate, o quanto antes, para que já possa ir se redimindo do seu maior pecado.

Em seguida, a mulher "corvo", desfiou o rosário em prol da salvação de Albela Santoli que se tornou madrinha de crisma de sua única filha.

Como podemos perceber, amigo leitor, havia na mesma época pessoas que pensavam da mesma forma que Adolf Hitler, pessoas de outras nacionalidades e que se diziam e pareciam extremamente religiosas.

Enquanto isso, na Suíça, na casa de Ishmael Baeck, Sarah cuidava do filho adotado com extremo cuidado e aguardava ansiosamente pela libertação de Viveck, rezando com fervor para que tudo acabasse bem para ele.

E assim se passaram mais cinco anos... E nesse periodo Sarah visitou Viveck na prisão sempre que podia. E os meninos cresciam belos e viçosos.Michel, no judaísmo, Eduard no catolicismo.

Parte 2

Berna, Suíça, junho de 1950

Sarah acordou nesse dia em especial, crente de que seria um dia como outro qualquer, em que passaria boa parte cuidando dos afazeres da casa e rezando pela volta de Viveck. O dia, no entanto, lhe reservou uma surpresa, uma emocionante surpresa. Por volta das quatro da tarde, ela ouviu alguém batendo à porta.

"Quem seria?", perguntou-se enquanto se dirigia para lá. "O pai tinha a chave da casa, o filho estava na escola". Algo se acendeu em seu peito, como uma tocha. Ela abriu a porta com mãos trêmulas. O queixo também tremia. Ela mal pôde se conter de alegria ao ver Viveck ali, diante dela, com um buquê de flores, entre as mãos.

Ela se jogou em seus braços no mesmo instante, agarrando-se a ele com paixão. Ele também a abraçava com paixão, sorrindo e, ao mesmo tempo, chorando de emoção pelo reencontro. Como era bom poder sentir a mulher amada em seus braços, o cheiro da sua pele, a quentura do seu corpo.

— Ah, meu amor, meu amor, meu amor... Quanta falta eu senti de você — murmurou Viveck, embargado de emoção.

Sarah recuou a cabeça e os dois se beijaram; os lábios macios dela moviam-se sob os dele, exteriorizando todo o afeto que sentia por ele, toda a alegria por tê-lo de volta. Quando ela afastou o rosto, ofegante, uma súbita expressão de ansiedade lhe deixou o rosto tenso. Com voz trépida ela desabafou:

— Ah, meu amor, tive tanto medo de que esse dia nunca chegasse.

— Mas chegou, Sarah. Finalmente estou aqui!

Ela se afastou e olhou para ele com maior atenção.

— Você perdeu muitos quilos, o que houve? Passou fome, não foi? Eles machucaram você?
— Não quero falar sobre isso, meu anjo. Nunca mais! Quero pôr um ponto final no passado. Quero, de agora em diante, começar uma nova vida, ao seu lado e ao lado de Michel. Por falar em Michel, como está ele?
— Michel?! Já é um meninão, lindo, de dez anos, logo, logo já será um homenzinho.
— E seu pai?
— Turrão como sempre. Apegado à matéria mais do que nunca. Mas, é um bom avô para Michel. Um excelente pai para mim. Um homem respeitado e querido pela comunidade judaica da qual fazemos parte agora, aqui.
— Estimo. Quero só ver a expressão no rosto de seu pai quando ele me vir aqui.
— Ele vai gostar de vê-lo, meu amor.
— Será mesmo?
— Vai, sim. Não vai admitir, mas no íntimo...
— Deus queira que sim, pois neste exato momento não tenho aonde cair morto. Levará um bom tempo até que eu consiga me estruturar financeiramente.
— Eu vou estar ao seu lado, Viveck, durante todo o processo. Dando-lhe apoio, força, coragem para superar todos os obstáculos que, por ventura, possam aparecer.
Viveck tornou a abraçar Sarah, externando todo o seu carinho.
— Ah, meu amor, como é bom estar ao seu lado novamente.
— E desta vez, para sempre, meu amor, para sempre.
— Obrigado por existir, Sarah. Por dar sentido a minha vida.
Os lábios dela contraíram-se por um instante num sorriso.

Já era noitinha quando Ishmael Baeck voltou para a casa. Ao encontrar Viveck Shmelzer em sua sala de estar, brincando com Michel, o homem não deixou de demonstrar espanto e desagrado pela presença do moço.
— Ah, já foi libertado, é?

Viveck pediu licença a Michel e foi cumprimentar o dono da casa.
— Como vai, senhor Ishmael?
— Já estive bem melhor. – respondeu o judeu com acidez. – O que a sua raça fez com a minha... Não tenho palavras para descrever o que penso a respeito.
— Eu sinto muito.
— Sentir muito não muda nada. Não devolve a vida a todos os judeus que sua gente, perversa e desumana assassinou.
— Compreendo a sua revolta, senhor Ishmael. O que os nazistas fizeram contra os judeus, não só contra os judeus, mas contra ciganos, homossexuais, doentes mentais, paraplégicos foi desumano. Entretanto, preciso lembrá-lo de que a mentalidade e os propósitos nazistas não expressam a mentalidade e os propósitos de todos os alemães. Muitos foram contra as ideias de Hitler, só não se manifestaram porque acabariam mortos. Houve até mesmo alemães unidos com o propósito de assassinar Hitler, destruir o nazismo.
— Você foi um nazista.
— E me envergonho muito por ter sido.
— De que vale a sua vergonha?
Nisso, Sarah entrou na sala.
— Papai, chegou?! Estava aguardando apenas o senhor chegar para servir o jantar.
A filha deu um beijo no pai, depois o neto beijou o avô. Após trocar algumas palavras com o menino, Ishmael Baeck abrandou seu modo de ser, tornou-se mais calmo e agradável. Isso sempre acontecia, assim que se via na companhia de Michel. O garoto tinha o poder de transformá-lo num homem paciente e carinhoso.
— Hanukkah* está se aproximando, meu neto. – falou Ishmael, com alegria. – Serão oito dias de grande celebração.
— Sim, vovô.
O avô abraçou o neto e se dirigiu com ele para a sala onde seria servido o jantar. A refeição foi feita em profundo silêncio, só era rompido pelo tilintar dos talheres nos pratos.

---

*Hanukkah é uma festa judaica, também conhecida como o Festival das luzes. A palavra significa "dedicação" ou "inauguração" e a festa é comemorada por oito dias. (Fonte: comunidade judaica).

Assim que teve a oportunidade de ficar a sós com o pai, Sarah foi pedir seu consentimento para se casar com Viveck.

— Você tem certeza de que esse moço realmente ama você, Sarah?

— Ora, papai, disso tenho certeza, só um louco de amor arriscaria a própria vida para salvar alguém como fez comigo e com o senhor.

— Está bem, se você ama realmente esse moço, e esse moço ama realmente você, você tem o meu consentimento para desposá-lo. Desde que ele se converta ao judaísmo. Essa é a minha condição para consentir o casamento de vocês dois.

— Eu acho, papai, que o senhor não deveria exigir mais nada de Viveck depois de tudo o que ele fez por nós. Ele salvou nossas vidas, lembra-se? Sem ele, estaríamos mortos a uma hora dessas. Viveck mostrou que nem todos os alemães compartilham dos ideais de Hitler. Mostrou-nos mais do que isso, que nem todos os soldados nazistas eram cruéis.

— Ainda assim só consinto a união de vocês se ele se converter ao judaísmo.

— Está bem, papai, conversarei com Viveck a respeito.

— Há uma outra coisa. Não quero contato com a família dele. Nunca, compreendeu?

— Papai, a família dele está morta. Todos morreram durante o ataque das tropas soviéticas a Berlin. É sempre bom lembrar que não foram somente judeus que morreram na guerra, milhares de alemães também morreram e de forma bastante estúpida.

O pai refletiu e disse:

— Faço uma outra exigência, que vocês morem comigo. Não vou suportar morar sozinho num casarão como este. Ainda mais longe do menino... Você sabe o quanto sou apegado a Michel.

— Está bem, papai. Acho que Viveck também não vai se importar com esse detalhe.

O pai pareceu satisfeito por ver suas ordens acatadas.

Para facilitar as coisas, evitar maiores complicações, Viveck aceitou de prontidão as exigências de Ishmael Baeck. Tudo o que ele mais queria, depois de todo o horror que viveu na guerra e na prisão era finalmente se casar com a mulher que tanto amava e ser feliz ao lado dela.

— Você é realmente um cara e tanto, Viveck. — elogiou Sarah quando o moço concordou em fazer tudo o que seu futuro sogro exigia.

— Há muito tempo, Sarah, desde que a conheci, tudo o que faço é por você, pensando em você, querendo o nosso melhor.

— Você é uma bênção na minha vida. O que teria sido de mim sem você diante dos nazistas? O que teria sido do meu pai?... Além de amá-lo sou eternamente grata a tudo o que você fez por nós. Sou grata também a Deus por ter cruzado os nossos destinos.

Os olhos azuis, bonitos e expressivos do alemão brilharam. Os olhos tão azuis quanto os dele, da moça judia, também. No segundo seguinte, Viveck Shmelzer envolveu Sarah Baeck em seus braços fortes, externando todo o afeto que tinha por ela, todo o seu amor sem limites, eterno.

Nas semanas que se seguiram, enquanto o casal se incumbia dos preparativos para o casamento, Viveck Shmelzer passava também pelos processos para fazer parte do judaísmo. (da religião judaica)

Ishmael ainda se sentia envergonhado diante dos demais judeus por ter consentido que a filha se casasse com um alemão. Ainda mais um nazista.

Após o Holocausto os alemães passaram a ser muito mal vistos pelas pessoas. A maioria rotulava a Alemanha inteira como nazista. O que não era verdade. Tanto que muitos alemães, até mesmo nazistas se juntaram no objetivo de eliminar Hitler e assim dar fim à guerra sanguinária.

Meses depois, Sarah e Viveck se casaram. O casamento aconteceu numa sexta-feira da primeira semana de novembro de 1950. Um dia que marcou para sempre a vida dos dois.

Casaram-se como dita a tradição do casamento judaico. No dia da cerimônia o casal ficou em jejum desde o nascer do sol até depois da cerimônia, só vieram a comer a sua primeira refeição juntos no fim da cerimônia nupcial.

Fizeram também oração, atos de bondade e reflexão espiritual ao longo do dia. Imergiram em águas cristalinas para uma purificação espiritual e para atrair as bênçãos divinas de paz e harmonia e tudo de bom no meio do lar e da família.

Sarah, como toda noiva judia, casou-se usando um vestido de cor clara, que indica pureza, e Viveck usando um kitel (manto branco), sobre seu terno.

A celebração do casamento iniciou-se com a Cabalat Panim, uma recepção na qual o noivo e a noiva são cumprimentados por parentes e amigos. Depois, Viveck colocou o véu sobre a cabeça da noiva, que ficou ladeada por duas senhoras representando as mães.

Então, Ishmael Baeck abençoou a filha, colocando por cima de sua cabeça suas mãos e proferindo uma bênção.

Em seguida todos se dirigiram para a chupá (seria o altar onde acontecem os casamentos católicos) erguida sob céu aberto, como manda a tradição judaica.

A chupá representa a casa que o novo casal irá estabelecer unido e reflete a esperança de que esta união será abençoada com muito brilho, como as estrelas que iluminam o céu.

A chupá também representa o conceito da harmonia conjugal, a qual só pode ser alcançada com amor e respeito e quando o casal se dedica a uma meta comum acima e além do seu próprio ser limitado; a uma meta Divina que os abrange, abraça, eleva e refina.

Segundo o judaísmo, a nossa alma original, quando veio para este mundo material, recebeu corpos físicos dentro dos quais a alma original se separou. A paixão que une o casal acontece para que essa alma se reencontre e se reúna. Isto explica a grande alegria de um casamento. Uma reunião após uma separação temporária é muito mais emocionante que a união de algo completamente novo.

Ao chegarem à chupá, Sarah, a noiva, Ishmael, seu pai e os que representavam os pais de Viveck circundaram o noivo sete vezes. As voltas são alusivas aos sete dias da Criação. Após terminar as sete voltas, Sarah ficou ao lado direito do noivo, como dita a tradição, em sinal que estará sempre a seu lado para qualquer ajuda.

Os acompanhantes ficaram à sua direita e à esquerda. A mão direita representa bondade e a esquerda, firmeza. Direita e esquerda simbolizam o relacionamento entre o casal que deve ser contrabalançado com amor e firmeza - saber dar e não procurar só receber.

As velas também, que levaram consigo, representam as almas dos entes queridos que partiram e que se reúnem ao casal nessa noite.

É costume que os noivos não levem nada nos bolsos, nem usem joias durante a cerimônia para indicar que cada um é aceito pelo outro por aquilo que é e não por causa das suas posses.

A seguir o noivo pôs a aliança no dedo indicador da mão mais forte da noiva recitando a seguinte frase:

– Com este anel, tu és consagrada a mim, conforme a lei de Moshê e Israel.

As testemunhas disseram a seguir:

– Está casada.

A aliança para o judaísmo simboliza o elo numa corrente, também um círculo sem fim, representando o ciclo da vida. O ato de dar o anel também simboliza a transferência de poder e autoridade. Assim o marido simbolicamente transfere à sua nova esposa a autoridade sobre seu lar e tudo que se encontra nele. A partir desse momento tudo em sua vida será repartido.

O anel também simboliza a proteção que o marido dá a sua esposa; assim como o anel envolve o dedo, também sua aura de proteção envolve a esposa. A aliança simboliza a confiança e lealdade que envolvem o casal pelo resto de sua vida.

Para encerrar, é lida em voz alta a ketubá para todos os presentes e são recitadas, Sheva Brachot, Sete Bênçãos aos noivos.

A cerimônia terminou com a quebra de um copo de vidro pelo *chatan,* lembrando a todos que mesmo na maior alegria pessoal devemos lembrar a destruição do Templo Sagrado de Jerusalém e continuar a almejar pela sua reconstrução.

Ao som do copo quebrado, a atmosfera solene foi rompida e substituída por danças e música. Todos os presentes, como pede a tradição judaica, tinham o dever, agora, de animar os noivos expressando a alegria e apoio ao casal que constituiu a partir deste momento, mais um elo na corrente de vida através da Torá.

A cerimônia teve ainda a dança das cadeiras, tradicional em casamentos judaicos.

Durante a recepção do casamento tudo mais transcorreu sem contratempos.

Quando ficou a sós com Sarah, Viveck segurou sua mão com extremo cuidado, como se pudesse quebrá-la e a beijou, olhando para aquela, que agora era sua esposa, com evidente admiração.

— Finalmente! - exclamou, emocionado. - Finalmente juntos, meu amor. Após quase 11 anos de espera.

Sarah sorriu, também emocionada, respondeu:

— Juntos, finalmente, porque o nosso amor resistiu ao tempo.

— Resistiu porque é amor de verdade. Amor raro de se ver.

— Devo toda a alegria que sinto agora a você, Viveck. Foi você quem insistiu e batalhou pela nossa união. Que se mostrou capaz de ir contra tudo e contra todos por ela. Quando digo que você é um homem admirável é porque é, realmente. Tenho de orgulho de ser sua esposa, de ser sua.

Um sorriso bonito floriu nos lábios lindos do alemão, que imediatamente abraçou a esposa, beijou-a e lhe fez juras de um amor eterno.

Enquanto Viveck não conseguiu um emprego, ele foi obrigado a trabalhar com o sogro que fazia questão de mostrar que não fazia questão alguma de ter o genro trabalhando com ele. Ainda assim, Viveck fez questão de olhar para Ishmael com olhos de bondade, cercar-se somente de pensamentos positivos ao seu respeito.

E assim se passaram mais quatro anos...

Parte 3

Roma, Itália, primavera de 1954

Helena, com 38 anos nessa época, voltava para casa quando avistou do outro lado da rua uma silhueta, cujo sexo não podia identificar à claridade sombria do crepúsculo. Piscou para focalizar os olhos, todavia, a luz do crepúsculo ainda mantinha a identidade da pessoa, incógnita. Demorou quase um minuto até que o dono daquela silhueta se movesse e caminhasse na sua direção, até se fazer visível a seus olhos.

Helena sentiu brotar em si uma bizarra alegria quando reconheceu o rosto de Desmond Rennie.

Desmond era um homem por volta de 40 anos de idade. Tinha aproximadamente um metro e oitenta. Costas largas, porte bonito. A face, tipicamente dos homens italianos. Cabelos pretos em abundância, olhos escuros sob grossas sobrancelhas, cílios longos destacando os olhos. Os lábios bonitos e carnudos destacavam-se no meio do cavanhaque devidamente aparado.

O moço a fitava como se não pudesse desviar os olhos e, naturalmente, isso acontecia com ela também. Literalmente, ambos ficaram com os olhos presos, um ao outro, pelo que deve ter sido mais de um minuto, enlevados por mútua concentração.

Voltou à lembrança dos dois a época em que ambos desejavam, ardentemente, tomar um ao outro nos braços, beijar, e dizer em uníssono: *"eu te amo".*

Uma época em que nada mais parecia existir no mundo além do amor que um sentia pelo outro, o qual crescia e explodia numa gloriosa alegria em seus corações.

— Helena. — disse Desmond, rompendo o silêncio com sua voz grave.

Os lábios dela tremiam quando pronunciaram o nome dele:

— Desmond...

Ele sorriu timidamente para ela e disse:

— Você por aqui... pensei que...

— Voltei para a casa da minha mãe depois do início da guerra. Voltei incumbida de um missão, uma missão ditada por Deus: proteger e cuidar de uma criança órfã.

Helena contou para Desmond a mesma mentira que contou a mãe.

— Que gesto bonito. Não poderia esperar outro senão um desses de sua parte. Sempre considerei você, a mulher mais humana dentre todas.

As palavras emocionaram Helena.

— E você, Desmond, como vai? Seu casamento, sua esposa, filhos...

A pergunta pareceu deixar o homem, sem graça. Sem muito entusiasmo, ele respondeu:

— Está bem, está tudo bem...

— Teve filhos?

— Sim. Um casal.

— Estimo. O que o traz à cidade? Segundo me lembro, você havia se mudado daqui com sua esposa.

— Mudei-me, de fato, mas sempre venho a Roma visitar o meu pai.

— Compreendo.

Ele mergulhou ainda mais fundo o olhar sobre ela e perguntou:

— Você é feliz, Helena? Digo, sendo freira?

A pergunta desarmou a moça. Ela voltou-se para ele e, com grande dificuldade, respondeu:

— Sou. Sou muito feliz, Desmond. Quem não seria, dedicando sua vida a Deus?

Ele engoliu em seco e disse:

— Eu sempre achei que você se arrependeria por ter se decidido ser freira. Sempre achei que se arrependeria por ter trocado o nosso amor pelo convento.

Este comentário deixou Helena trêmula e sem graça. Ela tremia, agora, por dentro e por fora. Com voz trepidante ela falou:

— Eu nunca me arrependi de nada, Desmond. Deus me quis freira, freira me tornei.

— Não sei. Sinceramente, não sei se foi realmente Deus quem quis isso para você, algo que afetou tão tristemente outro ser humano. Eu... Sua decisão me deixou muito infeliz, Helena. Você sabe... sei que sabe.

— Eu sinto muito, Desmond.

— Eu também sinto muito, por nós. Pois nós dois teríamos sido muito felizes juntos.

Desmond quis dizer mais alguma coisa, mas não conseguiu. Sentiu-se tão ineficiente como uma criança. Ficou irritado com sua fraqueza.

Houve mais uma pausa em que os dois continuaram se olhando sem desviar. Helena, receosa de que os transeuntes achassem aquele cena estranha e um deles fosse conhecido de sua mãe e acabasse comentando depois com ela, achou por bem partir. Disse, fugindo do olhar dele:

— Preciso ir, Desmond. Foi bom revê-lo.

Ele assentiu com a cabeça.

— Adeus. – despediu-se ela, com certa angústia.

— Adeus. – respondeu ele, com dificuldade.

Assim que Helena lhe deu as costas, a voz de Desmond, grave e bonita se fez ouvir novamente:

— Espero revê-la, um dia.

— Se Deus quiser.

Helena voltou para a casa, tentando esconder de si mesma, com grande esforço, o impacto que o reencontro com Desmond Rennie lhe causou. Desmond e ela haviam vivido uma grande e profunda história de amor no passado. Uma história que terminou em separação por causa das artimanhas de Dagmara Giacommo.

Sua mãe estava tão entretida nas suas orações quando a filha chegou à casa que nem se deu conta do estado em que ela se encontrava naquele momento.

Helena olhou para Eduard, nessa época com 14 anos, ajoelhado ao lado da avó, sobre o chão frio, com as mãos unidas em oração e procurou sorrir para ele. Mas Eduard não retribuiu o sorriso, quando rezava, rezava de verdade, não permitia que nada o desconcentrasse. Nem mesmo um sorriso da mãe, de quem tanto gostava.

Junto ao sorriso de Helena, vieram lágrimas e a saudade invadiu-lhe o peito. Saudade de tudo aquilo que viveu ao lado de Desmond Rennie e que teve de ser retaliado por causa da vontade de Deus.

Jamais, em momento algum, Helena pensou em reencontrar o homem que amou tanto no passado, na sua volta a casa. Teria sido melhor que jamais o tivesse reencontrado.

Voltando-se para o filho, ela disse em pensamento:

– Que você, Eduard, seja uma pessoa iluminada no amor. Que jamais sofra um décimo do que sofri.

E pensando em seu filho legítimo, o qual passou a se chamar Michel, algo que Helena desconhecia, repetiu o mesmo em silêncio.

Algo em torno da mãe, em seu semblante, propriamente dito, despertou a atenção de Eduard. Quando Helena percebeu que o menino olhava para ela, com atenção e profundidade, ela também olhou para ele. Foi então que, subitamente, ela avistou no fundo dos olhos do menino, os olhos do filho que deixara sob os cuidados de Sarah Baeck. A visão fez com que Helena sentisse seu peito se incendiar, num misto de amor e preocupação. A sensação de amor era bem clara para ela, ela amava o menino, mesmo à distância. A de preocupação, no entanto, fugia a sua compreensão. Por que havia de se preocupar com ele?

Naquele dia quando Desmond Rennie tomou o trem de volta para sua casa, um pensamento penetrou seu cérebro. A vida, misteriosa e surpreendentemente, o havia levado ao encontro de uma miraculosa oportunidade de ultrapassar o inferno que há muito tempo o perseguia. O inferno que se abriu quando Helena terminou tudo com ele para tornar-se freira. Para ele, a vida estava lhe dando novamente a oportunidade de viver o amor, o amor que ele tanto sonhou viver ao lado dela. Aquele amor que todo homem e toda mulher sonham viver. Um amor sincero, companheiro, fiel e eterno, porém, que poucos têm a sorte de encontrar..

De repente, a confiança de que a vida poderia ser tudo aquilo que ele sempre sonhou viver, uma confiança que parecia ter se evaporado no passado, renasceu em seu interior. Renasceu como uma flor num terreno destruído pela catástrofe de uma bomba lançada durante a segunda guerra mundial.

Meses depois...

Helena voltava da escola onde o filho estudava, uma escola católica, comandada por freiras e padres, a escola que sua mãe fez questão que o menino estudasse para ter uma boa formação. Nada como um bom colégio católico para fazer de um homem, um verdadeiro homem, perante a vida e perante Deus, dizia Dagmara.

Helena caminhava, pensativa, pela calçada, quando um carro começou a segui-la. Ao pereceber que era seguida, estugou os passos. Certa apreensão agora sombreava seu rosto. O veículo passou por ela e parou, um pouco adiante, no meio fio. Dele, para surpresa de Helena, desceu Desmond Rennie. Quando seus olhos avistaram o rapaz, um rubor subiu-lhe as faces. Já fazia meses desde que eles haviam se reencontrado.

— Olá, Helena, como vai? — cumprimentou ele, tirando o chapéu, encarando-a com muita simpatia.

Seus olhos escuros sob sobrancelhas grossas, olhavam agora para ela com grande atenção.

— Olá, Desmond. — saudou Helena, com os olhos indo e vindo dos dele.

— Você tem um minuto para mim? — perguntou ele, com sua voz grave, lindamente masculina.

— S-sim, Desmond. P-pode falar.

— Não aqui. O que tenho para lhe dizer, gostaria de dizer, num lugar mais calmo... Há uma pequena praça perto daqui, poderíamos ir até lá, se não se importar?

Deveria ou não?, questionou-se Helena, apreensiva. Se a mãe a visse na companhia de um homem, ainda mais de Desmond Rennie, ela seria capaz de matá-la.

Os labios bonitos e carnudos, no meio daquele cavanhaque bem aparado moveram-se lindamente para dizer:

— Por favor, Helena, é muito importante para mim.

145

Ainda que incerta quanto a aceitar ou não o convite, o coração de Helena falou mais alto e, dessa vez, pela primeira vez, ela ouviu e atendeu o que ele lhe pedia:

— Está bem.

Indicando seu carro, Desmond Rennie, disse:

— Por aqui, por favor.

Ela entrou no carro, seguido por ele e partiram.

Minutos depois o casal que tanto se amou no passado andava por uma praça, aprazível, cercada de árvores e arbustos.

Desmond se dirigia a ela, parecendo escolher cuidadosamente as palavras.

— Desde que reencontrei você, meses atrás, não mais consegui esquecer o momento. Vou ser sincero com você, Helena, o tempo passou, mas nós, eu, pelo menos, fiquei preso no passado, naquele ponto em que a gente sonhou viver lado a lado e nos sentíamos abençoados por Deus.

Helena sentiu que tinha de dizer alguma coisa, pelo menos para não parecer estúpida, porém, seu cérebro se recusava a funcionar. As palavras dele a seguir, um desabafo na verdade, causaram grande surpresa na moça.

— Sabe, Helena, com sinceridade... Eu não sou feliz no meu casamento, tampouco é minha esposa. Somos adultos suficientes para assumir tal fato. Mesmo que não quiséssemos, nossos corações não são hipócritas. Temos respeito um pelo outro, amor não. É por amor próprio que não transformamos nossas vidas num inferno ainda pior do que já vivemos.

Helena, meditativa, comentou:

— Eu jamais pensei que você...

— Fosse infeliz no casamento? — adiantou-se Desmond.

— Bem... sim...

Um sorriso dorido flutuou brevemente nos lábios carnudos do homem. Com a tenacidade de sempre, ele opinou:

— Ficamos tão presos a suposições que sempre nos esquecemos de verificar se são válidas ou não. Ficamos também muito presos as aparências, esquecemos que elas nem sempre refletem o que vai no íntimo das pessoas.

Prosseguiu falando com empenho.

— Dizem que a vida une e separa. Desperta paixões, libera sentimentos, depois os varre com o vento. Eu, durante muito tempo acreditei que a vida não tem consideração por nossos sentimentos, até perceber que não é a vida, somos nós mesmos. Nós é que desconsideramos o que vai fundo na nossa alma. Se considerássemos, encontraríamos, enfim, a felicidade afetiva tão almejada.

— Você diz tantas coisas bonitas, Desmond, chego a ficar encabulada...

Subitamente ele pegou as mãos dela. Foi algo tão repentino, que Helena só percebeu o que havia acontecido quando sentiu a pressão dos dedos dele sob suas mãos cálidas, apertadas suave e ternamente. Uma onda de aflição atingiu Helena no peito.

— Desmond, por favor. — pediu ela, a contragosto.

Desmond não se deixou intimidar. Quando percebeu que ela queria desprender suas mãos das dele, segurou ambas ainda com mais força e disse:

— Eu ainda amo você Helena, amo você mais do que tudo. Estou disposto a me divorciar para ficar com você.

Olhando esperançoso para ela, ele suspirou fundo e disse, com a voz que vem do coração:

— Um sábio, certa vez, disse: "Eu curo todos os ferimentos, exceto os do amor". "Quem cura então os ferimentos, o grande mestre?", perguntou alguém, e o mestre respondeu: "Só mesmo o próprio amor."

Helena sorriu e tomou consciência, uma vez mais, da secura de sua garganta. Estava nervosa, não podia negar, por estar ali, novamente, ao lado de Desmond Rennie, após tantos anos. Era como se de repente, o tempo não tivesse passado, que os anos de convento nunca tivessem existido, que a vida continuava sendo o que sempre fora no passado ao lado dele.

Ainda com os olhos cheios de esperança, Desmond insistiu:

— Vamos nos dar uma nova chance, Helena, para ficarmos juntos e, desta vez, para sempre.

— Você se esqueceu de que sou uma freira?

— Você não tem, nunca teve na verdade, aptidão para isso. Tornou-se freira por influência de sua mãe.

— Ela prometeu a Deus que eu seria freira quando eu ainda era uma menina.

— Foi ela quem prometeu, Helena, não você. Não é certo você pagar a promessa que uma outra pessoa fez, usando você como pagamento.

— Os filhos têm de acatar as exigências dos pais.

— Há um limite para isso, Helena. Não é porque seu pai diz que é para você pular no abismo que você é obrigada a pular. Os filhos devem, sim, respeito aos pais, mas, respeito, não sacrifícios.

— Minha mãe nunca vai aceitar a nossa união.

— Não é ela quem tem de aceitar, Helena. É você.

— Eu sempre ouvi os conselhos dela, segui suas orientações...

— Você deveria ouvir um pouco mais o que dita o seu coração, Helena. Seria mais feliz, bem mais feliz se o escutasse e fizesse o que ele manda.

— Esqueça, Desmond. Esqueça dessa loucura de ficarmos juntos. Por favor, eu lhe peço.

— Não esqueço. Vou lhe dar um tempo para pensar.

Desmond continuava olhando esperançoso para Helena. Com uma veemência súbita e quase desesperadora, ela soltou suas mãos das dele, fugiu do seu olhar e disse, com grande pesar:

— Há algo que você precisa saber a meu respeito, Desmond. Algo que poucos sabem. Só lhe direi porque confio em você. Algo de muito grave aconteceu comigo enquanto eu morava no convento. Eu fiquei grávida.

As sobrancelhas grossas de Desmond arquearam-se, expressivamente. Helena prosseguiu:

— Quem foi o homem que me deixou grávida? Por que me convenceu a deitar com ele? Bem, isso, não vem ao caso, agora. Não gosto de falar a respeito. Nunca falei e acho que nunca falarei.

"Sim. Cheguei a pensar em fazer um aborto, mas seria algo pior, diante dos olhos de Deus do que já havia feito. Depois de dar à luz ao bebê resolvi partir do convento, fugir para um lugar onde eu pudesse me esconder da minha vergonha. Não aguentava mais os olhos recriminadores das Irmãs sobre a minha pessoa. Para que isso fosse possível deixei o menino com uma moça que o recebeu e me prometeu cuidar dele como se fosse o seu próprio filho. Ela foi formidável."

— Sem dúvida.

— Na noite em que parti do convento cheguei a uma rua onde havia uma pilha de judeus mortos pelos nazistas. Ouvi, então, um choro de criança e descobri que vinha de um bebê, judeu, que sobrevivera à chacina. A bala não havia acertado a criança porque a mãe fez de seus braços um escudo para protegê-la. O bebê chorava de fome e de frio, peguei-a no mesmo instante e dei-lhe de mamar. Meus seios ainda davam bastante leite. Depois a aqueci entre os meus braços e a levei comigo. Acreditei e, ainda acredito, que Deus me pôs no caminho daquela criança para que eu a criasse e, assim, pudesse me redimir dos meus pecados.

— Quer dizer, então, que o menino que você e sua mãe criam não é o seu filho legítimo? Seu filho verdadeiro ficou com uma outra mulher, é isso?

— Sim.

— Surpreendente.

— Minha mãe nada sabe sobre a minha gravidez, tampouco que Eduard foi tirado de onde foi tirado, muito menos que ele é um judeu. Como lhe contei da outra vez. Ela pensa que o menino ficou comigo porque a mãe dele, uma cristã, que trabalhava no convento, pediu-me, em seu leito de morte, para eu cuidar dele. Mas é mentira. Isso nunca aconteceu. Foi uma mentira que eu tive de contar, se quisesse que minha mãe nos abrigasse em sua casa. Se tivesse lhe dito a verdade estaríamos os dois, até hoje, no olho da rua. Minha mãe abomina os judeus. Eles e todos que não são católicos.

Ela tomou ar e completou:

— Prometa-me que nunca vai contar a ninguém essa história, por favor.

— Eu prometo, Helena. Jamais faria algo para prejudicá-la.

Uma ponta de alívio transpareceu no semblante da moça.

— Estou surpreso com você, Helena. — disse Desmond em seguida.

— Decepcionado, você quer dizer?

— Surpreso mesmo, com a sua força diante de tudo o que lhe aconteceu. Com a sua compaixão pela criança judia. Não deve ter sido nada fácil para você enfrentar tudo isso. Mas você enfrentou e é digna de admiração.

149

Fez-se um breve silêncio até que Desmond dissesse:

— Nada do que me contou muda os meus sentimentos e planos em relação a você, Helena. Nada.

Os olhos bonitos da moça, encheram-se de água. Entre lágrimas ela falou:

— Se a minha mãe descobre que eu fiquei grávida, que fugi do convento, que trouxe uma criança judia para a casa dela, dizendo ser cristã, ela vai se decepcionar muito comigo e com a vida. É capaz até me expulsar da casa dela. Tenho medo até de que ela tenha um derrame. Se eu me caso com você, um divorciado, ela jamais vai me perdoar. Oh, Desmond, eu sou um tremendo fracassso, não sou nada do que minha mãe sonhou.

Ele pôde sentir a dor terrível na voz dela. Com tenacidade a aconselhou:

— Você é apenas você, Helena. Não cabe a você realizar os sonhos, planos e intenções de uma outra pessoa, cabe a você, apenas, realizar os seus.

— Eu quis tanto ser tudo aquilo que a minha mãe sonhou, mas...

— Você só pode ser aquilo que tem condições de ser, Helena. Ninguém pode exigir de si o que não tem condições, ainda, de se dar. E ninguém pode dar a alguém aquilo que ainda não pode dar a si próprio.

Desmond olhando ainda com paixão para ela, tornou a repetir:

— Nada do que me contou muda os meus sentimentos e planos em relação a você, Helena. Nada.

A aflição voltou a se estampar no semblante e na voz de Helena:

— Se eu me caso com você minha mãe nunca vai me perdoar.

— Não pense na sua mãe, Helena, pense em você, agora. No que dita o seu coração.

— Eu preciso de um tempo para pensar.

— Eu lhe darei um tempo, não uma vida inteira. A nossa união carece de urgência. Já ficamos tempos por demais separados.

Helena quedou pensativa. Estar na presença do homem que tanto amou, que na verdade ainda amava, como nos velhos tempos de adolescente era, a seu ver, uma loucura. Uma doce loucura. No íntimo, Helena, ainda era aquela adolescente, deslumbrada pelos primeiros toques da paixão. A paixão que Desmond Rennie despertou em seu coração no passado.

No dia seguinte, assim que Dagmara Giacommo voltou para casa e encontrou a filha, disse no seu tom áspero e desagradável de sempre:

— Uma amiga minha da igreja me disse que viu você ao lado de Desmond Rennie, ontem, à tarde, numa praça aqui perto...

Helena ia se manifestar, mas a mãe não permitiu. Continuou, em tom de indignação:

— Eu disse para essa minha amiga, no mesmo instante, que ela estava enganada, que minha filha jamais se atreveria a ficar de tete a tete com um homem. Ainda mais um homem casado, como Desmond Rennie. Minha filha não me daria esse desgosto, não mesmo. Sei muito bem a filha que criei, com respeito e um moral decente. Além do mais ela é uma freira... Mas essa minha amiga continuou insistindo que era você mesma quem ela viu ao lado de Desmond Rennie na bendita praça.

Dagmara Giacommo calou-se. Os olhos ficaram temporariamente presos num canto da sala até voltarem a encarar os da filha e perguntar:

— Quero ouvir de você, Helena, que é mentira, o que essa minha amiga me disse.

Helena engoliu em seco e respondeu com voz para dentro:

— Infelizmente é verdade, mamãe.

Dagmara arrepiou-se, inteira. Helena procurou se defender:

— A culpa não foi minha, mamãe. Encontrei Desmond pela rua, por acaso, ele me reconheceu e veio conversar comigo. Queria saber como eu estava...

— E você lhe deu atenção?!

— Minha boa educação diz que é para ser gentil com todos que me param para conversar. Além do mais, Desmond só quis ser gentil comigo...

A mãe juntou as duas mãos, em louvor a Deus, foi até o crucifixo e implorou:

— Eu não quero ter uma filha falada na cidade, não eu, meu Senhor. Não mereço uma coisa dessas. Não mereço!

O drama acabou em pranto.

— Mamãe, por favor. — suplicou Helena, também vertendo-se em lágrimas.

151

O drama de Dagmara chamou a atenção de Eduard que estava em seu quarto, estudando. Assim que o menino entrou na sala, perguntou a mãe:

— O que houve com a vovó?

Helena quis muito responder a pergunta, mas não soube como. Enquanto isso, Dagmara Giacommo, agora ajoelhada no chão frio, dramatizava ainda mais, a situação.

— Filha ingrata... filha ingrata, eu não mereço! Não mereço, meu Senhor. Proteja a decência e o moral desta casa!

O garoto foi até a mulher, pousou a mão no ombro dela e disse, carinhosamente:

— Vovó, acalme-se.

Havia lágrimas, agora, escorrendo pelo rosto rosado e bonito do adolescente. Dagmara, enfim, secou o pranto, levantou-se, voltou-se para a filha e, disse, num tom cortante:

— Você tome jeito, Helena. Se não tomar por bem, tomará por mal.

Sem mais, deixou o recinto, pisando duro. Eduard voltou-se para Helena e perguntou, imitando o mesmo tom da avó:

— O que você fez com ela?

— Você é muito criança para entender, Eduard.

O adolescente fechou ainda mais o cenho e correu atrás de Dagmara.

Helena ficou ali, pensativa, certa de que jamais poderia aceitar a proposta que Desmond Rennie havia lhe feito. No presente, assim como no passado, o amor dos dois continuava a ser algo impossível de se concretizar.

Enquanto isso, na Suíça, Michel conversava com Viveck Shmelzer, aquele que tinha como sendo seu verdadeiro pai. Michel também estava com 14 anos nessa época e Viveck com 37.

— Sabe, papai, eu gostaria de viver a experiência que o senhor viveu na guerra. De chegar tão perto da morte e sobreviver. O senhor não se sente diferente desde então?

— Nunca deseje isso para você, Michel. – falou Viveck com calma e determinação. – Nem por brincadeira. Nem da boca para fora. Que nunca você saiba o que é a guerra e o que ela causa nas pessoas. É horrível, simplesmente horrível. É uma carnificina pavorosa e desumana. É o próprio inferno na Terra.

— Desculpe, papai.

— Está desculpado. Às vezes, Michel, almejamos coisas para nós sem refletirmos devidamente se o que almejamos é bom para nós, correto, íntegro, se nos acrescentará algo de bom ou não. Dizem, que tudo o que queremos muito, acabamos atraindo, então, temos de prestar muita atenção ao que queremos para nós.

Michel refletiu sobre as palavras do pai e o elogiou:

— Admiro muito o senhor, papai.

— Eu também o admiro muito, meu filho.

— Papai, o senhor esteve lá, na guerra, fez parte do nazismo. Tudo aquilo que falam a respeito do nazismo é verdade, mesmo?

— Sabe, filho, a guerra é algo tão triste na vida de todos que passam por ela que deixar de falar a respeito é uma grande bênção para quem viveu os seus horrores. Por isso, desculpe-me se fujo do assunto toda vez que você me pergunta. É que falar sobre a guerra me faz reviver a dor que foi tudo aquilo, algo que quero muito esquecer.

— O senhor está certo, papai, em procurar esquecer o que tanto o feriu. Dizem que olhar para frente é a melhor forma de seguir em frente. Tornar nossa vida mais feliz, menos angustiada.

Viveck, sorrindo, respondeu:

— Pois quem disse isso, meu filho, está muito certo.

Sarah, nas proximidades, admirava mais uma vez o modo como Viveck e Michel se relacionavam, como se fossem pai e filho de verdade.

Semanas depois, em Roma...

Dagmara Giacommo chegava em sua casa, e enquanto tirava as luvas, mantinha sobre a filha um olhar arguto.

— Aconteceu alguma coisa? — preocupou-se Helena.

A mãe aprofundou seu olhar severo sobre a filha. Dagmara tinha os olhos injetados de sangue. Foi o que mais impressionou e assustou Helena.

153

— A senhora está passando bem? — afligiu-se Helena, indo na sua direção.

A mãe, cega de raiva, subitamente deu um tapa no rosto da filha, com toda força que dispunha. Depois deu outro, e mais outro... Só parou quando viu o sangue vazar das narinas da filha e sua boca ensaquentada.

— Ordinária! — bramiu Dagmara. — Vagabunda! Mentirosa! Fingida!

Dagmara pegou o chicote que pertencera ao marido, para atiçar os cavalos da carruagem e que mantinha guardado pendurado rente à porta e começou a açoitar a filha. Só parou ao perceber que, se continuasse, mataria Helena.

Dagmara suava pesado, com voz trepidante, falou:

— Você é uma vergonha. Uma imoral. Uma vadia. Eu já sei de tudo... sobre a sua fuga do convento, sua gravidez... Só de pensar que aquele menino que você trouxe para esta casa é filho de uma indecência.

Dagmara após saber da gravidez da filha deduziu que Eduard era seu filho legítimo. Ela continuou desconhecendo sua verdadeira origem, bem como o destino que Michel, seu neto biológico tinha levado.

Helena tremia por inteira, enquanto lágrimas se misturavam ao sangue que se esparramava por sua face.

Dagmara tomou um minuto para se acalmar, depois voltou seu olhar, enojado, para a filha e disse:

— Ainda que Eduard seja uma criança impura, filho de um pecado maior do que o que concebe todos nós, não vou permitir que ele seja poluído pela sua presença nesta casa. Não mesmo!

Por exigência da mãe, daquele dia em diante, Helena passou a ocupar um quarto escuro e frio que ficava nos fundos da casa. Dagmara pensou em expulsar a filha da casa, mas percebeu que o escândalo não seria bom para a sua reputação no bairro em que morava. Só serviria para confirmar o que as más línguas já vinham dizendo: que a filha fôra expulsa do convento por ter ficado grávida.

Desde então, a mãe havia decidido rebaixar a filha à condição de criada. Não permitiria mais que ela se sentasse à mesa para fazer as refeições com ela e Eduard, tampouco que dirigisse palavras que não fossem para resolver alguma questão de âmbito doméstico.

A paz, ainda que fingida, só reinaria entre as duas quando se viam na frente de outras pessoas. No mais, Dagmara permaneceria indiferente à presença da filha.

Desde o acontecido, a mulher parecia ter envelhecido dez anos.

Helena, em nenhum momento, contestou a reação da mãe. Acreditava que Deus havia tomado sua pessoa para descontar nela o que ela havia feito de errado, por ter transgredido o moral e os bons costumes do convento do qual fazia parte.

Parte 4

Uma semana depois... Outono de 1954

Havia um facho de luz lilás no céu na tarde em que Desmond Rennie reencontrou Helena Giacommo, por caso, na rua. Assustou-se ao ver o semblante entristecido e fragilizado de Helena.

— O que houve? — perguntou, sem esconder o espanto.

— Não foi nada. — mentiu Helena, sem conseguir encarar Desmond. — É apenas o frio. O frio que me racha a pele, a boca.

Desmond olhou mais atentamente para a moça e perguntou:

— E quanto a minha proposta? Já pensou nela. Eu ainda estou aguardando o seu "sim".

Helena ia responder a pergunta quando avistou a mãe do outro lado da rua, olhando firme e com desagrado para ela. No mesmo instante sua voz desapareceu. Por isso, ela tratou imediatamente de se despedir de Desmond e partir.

— Helena! — chamou Desmond.

Mas Helena fingiu não ouvi-lo. Continuou andando, apressada e ansiosa, de volta a casa onde morava com a mãe e o filho adotivo.

Desmond ficou no mesmo lugar olhando para ela, com profunda ruga barrando-lhe a testa.

Dias depois... Albela Santoli, madrinha de crisma de Helena, foi visitar a afilhada. Desde que Helena havia voltado para a casa da mãe, visitava a jovem pelo menos uma vez a cada seis meses.

— Helena, minha querida, como tem passado? — baixando a voz, completou: — Não deve estar sendo fácil para você voltar a viver sob o

mesmo teto com sua mãe, hein? Ela não é fácil, admitamos, ela não é fácil.
— Pobre mamãe, madrinha, não tenho o que reclamar dela... — mentiu Helena.
— Você é mesmo uma mulher muito polida, minha querida. Sempre tentando cobrir o sol com a peneira. Conheço bem Dagmara e sei que ela é osso duro de roer.
Prestando melhor atenção na afilhada, Albela Santoli, perguntou:
— O que a aflige, minha *bambina?* Percebo, pelo seu olhar, que algo anda perturbando-a. O que é?
— Perturbando a mim? — mentiu Helena, novamente, para disfarçar o embaraço.
Quando Helena procurou desconversar, Albela não permitiu. Comentou:
— Você está, sim, preocupada com alguma coisa. Por outro lado, vejo no fundo dos seus olhos um brilho diferente, um brilho da paixão.
Helena enrubesceu sem graça. Enfim, acabou contando sobre o reencontro com Desmond Rennie. Precisava desabafar com alguém e a madrinha foi a pessoa ideal. Albela não chegou a saber com detalhes a respeito do romance entre Helena e Desmond porque a relação dela com Dagmara, na época estava estremecida.
— Você ainda gosta dele, não? — perguntou Albela, olhando com ternura para a afilhada.
Helena travou o maxilar, incerta quanto ao que responder.
— Você não precisa me responder. — acudiu Albela. — Pelo seu estado já sei que sim, você ainda gosta muito dele.
Helena corou ainda mais. Albela, sorrindo disse, satisfeita:
— Se ele ainda gosta de você e você dele...
— De que adianta gostar, madrinha, sou uma freira, minha vida...
Albela a interrompeu, delicadamente:
— Segundo me lembro e, minha memória é boa, você jamais cogitou a ideia de tornar-se freira. Isso foi ideia da sua mãe, não?
— Sim, foi. Mamãe disse que Deus apareceu para ela num sonho e lhe pediu que eu fosse freira.
Albela mordiscou os lábios. Refletiu por instantes, como que se estivesse escolhendo as palavras certas para expressar seus pensamentos. Enfim, disse:

— Afilhada, querida. Esperei tempo demais para lhe dizer o que vou lhe dizer, mas sinto que é preciso, pelo seu próprio bem. O papel de uma madrinha é fazer o bem a seu afilhado ou qualquer coisa parecida com isso, não é mesmo? Portanto, ouça-me bem, *bambina*. Não perca a chance que a vida está lhe dando para se unir novamente ao homem que tanto ama. Sua felicidade já foi corrompida por tempo demais. Está na hora de você ser feliz. Viver o grande amor que não pôde viver no passado, o amor que toda mulher sonha viver.

— Madrinha...

— Shhh... Deixe-me falar. Preste bem atenção ao que lhe digo. Melhor, preste bem atenção ao que diz o seu coração. Torno a repetir: você merece ser feliz, minha afilhada. Muito feliz.

Uma sombra de intranquilidade cobriu a face de Helena, a seguir. Num tom determinado, Albela acrescentou:

— Helena, bambina, você não tem mais nada a ver com a vida de freira. Você se distanciou do convento já faz anos, não vejo, sinceramente, motivos para você voltar para lá.

— Deus não me perdoaria se eu não voltasse.

— Minha querida, o que Deus quer, o que Ele mais quer é nos ver felizes. E sua felicidade, pelo que sinto, é ao lado de Desmond e não num convento.

— Mamãe nunca permitiria a minha união com Desmond.

— Sua mãe vai ter de aceitar. Se ela realmente quer a sua felicidade ela terá de aceitar. Pense bem nos conselhos que lhe dei.

Helena suspirou, pensativa. Após breve pausa, Albela perguntou a afilhada:

— Como é mesmo o sobrenome desse rapaz chamado Desmond?

Helena se espantou com a pergunta.

— O sobrenome de Desmond?

— Por favor, querida. Diga-me, qual é mesmo o sobrenome dele?

— Rennie.

— Rennie... — repetiu Albela, com cautela. — Sim. É o mesmo sobrenome.

— O que tem ele, madrinha?

— Nada não, querida.

Albela ficou reflexiva por alguns segundos, depois perguntou:

— Você vai buscar o Eduard no colégio, daqui há pouco, não vai? Pois bem, importa-se de ir agora? Quero falar com sua mãe em particular.

Helena acabou concordando.

Assim que Helena deixou a casa, Albela chamou a comadre para ter uma conversa muito séria com ela.

— Preciso falar com você, Dagmara. Preciso falar-lhe, seriamente.

Dagmara olhou para a comadre de soslaio e respondeu secamente:

— Não temos nada para conversar.

— Temos sim. — atalhou Albela, decidida.

Seu tom assustou Dagmara.

— Acabo de saber, por meio de Helena, numa conversa casual, que o sobrenome do rapaz que ela chegou a namorar na adolescência é Rennie.

— E daí?!

— E daí que sei agora por que você incutiu na cabeça de Helena que ela deveria ser freira.

Os olhos negros de Dagmara Giacommo abriram-se um pouco mais. Num tom desafiador, ela questionou:

— Sabe? Então me diga.

— Quer mesmo que eu diga, é necessário?

— Eu determinei que minha filha fosse freira porque essa foi a vontade de Deus.

— Mentira!

— Olhe como fala comigo, Albela!

— Você pode assustar qualquer pessoa com esse seu modo ríspido de tratar os outros, a mim você não assusta. Você...

Dagmara cortou a comadre, rispidamente:

— Cuidado com suas palavras, Albela.

Albela não se deixou intimidar pela comadre, continuou:

— Como era mesmo o nome do grande amor da sua vida?

O sangue subiu a face de Dagmara. Diante de seu silêncio, Albela repetiu:

— Eu lhe fiz uma pergunta, Dagmara.

159

— Você sabe muito bem que o nome do pai de Helena era Ermenegildo...
— Estou falando do grande amor da sua vida. Ermegildo foi o homem com quem você se casou, mas ele não foi o grande amor da sua vida.
— Cale essa boca, Albela!
— Rennie era o sobrenome dele, não é mesmo?
— Albela, não me provoque.
— O rapaz por quem Helena se apaixonou no passado era filho do homem que você tanto amou no passado, não é? Por isso você fez a cabeça da sua filha para que ela fosse freira. A ideia de vê-la casada com o filho desse Rennie deve ter doído demais em você. Ferido o seu ego, violentamente. Então, para impedir que essa situação dolorosa e vergonhosa se estendesse ao longo de sua vida, você resolveu convencer sua filha a servir a Deus. Dessa forma acabaria ferindo o tal Rennie, sabendo que ferindo seu filho, por impedi-lo de se casar com Helena, a quem tanto amava, estaria ferindo também seu pai. Foi isso que se passou pela sua cabeça, não foi?
— Se você não calar essa boca...
— O que você pretende fazer? Dar-me uma surra? Pedir a Deus que me jogue uma praga, como pessoas fanáticas como você costumam fazer?

Enquanto Dagmara fuzilava a comadre com os olhos, Albela acrescentou de maneira fria e inquestionável:
— Você não suportou, não é mesmo, Dagmara? Não suportou saber que sua filha havia se apaixonado pelo filho do homem que você tanto amou e que, por algum motivo, não quis ficar com você.
— Albela não me provoque... Cale essa boca!
— Não calo! Você vai ouvir o que eu tenho a lhe dizer até o fim. Já faz tempo que você precisa ouvir umas poucas e boas.
— Quem você pensa que é?
— Além de amiga, sua comadre.

Dagmara estava possessa. Num tom ácido, defendeu-se:
— Tudo o que você diz não tem o menor cabimento. Tudo não passa de um delírio seu, Albela, provocado por sua mente fantasiosa. Foi em nome de Deus, por Deus, que eu quis que minha filha se tornasse freira. Minha função é servir minha religião, a da minha filha tal e qual.

— Você não serve sua religião, Dagmara, você se esconde da vida dentro dela. Esconde-se de tudo aquilo que não quer encarar. Daquilo que precisa transcender, aprender e evoluir. Você não serve a Deus, você usa Ele para encobrir suas desilusões, suas decepções e frustrações com a vida. Você usa Deus, a Igreja, para se esconder de suas próprias fraquezas... Revolta... Inveja!

— Eu sou uma religiosa.

— Sim, é, ninguém tem dúvida disso. Só que ser religiosa é uma coisa completamente diferente de estar em Deus. Não é porque uma pessoa frequenta a igreja que ela está em Deus, está sendo verdadeiramente espiritual.

— E que espiritualidade tem você, Albela? Que casou com um judeu. Um judeu que renegou Cristo. Um casamento que envergonhou toda a sua família e amigos. Sua sorte, Albela foi seu marido ter morrido cedo e não ter lhe deixado filho algum. Se eu soubesse que você acabaria se casando com um judeu, jamais teria dado minha filha para você crismá-la.

— Como pode você, Dagmara, julgar-se tão religiosa, tão em Deus, se é tão preconceituosa e racista? Quem está em Deus, verdadeiramente em Deus, aceita tudo e a todos como são porque já compreendeu que não importa casta, raça ou religião, somos todos, no fundo, irmãos.

— Sinto asco pelos judeus, sim, não só por eles terem renegado Cristo, mas por terem aquele ar de superioridade, aquela arrogância à flor da pele... Não suporto o modo como eles desprezam os católicos...

— Todos os judeus agem assim? Por acaso não há católicos, protestantes, budistas e sei lá mais o que, que também são arrogantes, preconceituosos com outras religiões?

Dagmara não respondeu, partiu para o ataque:

— Os nazistas estavam certos em querer exterminar da face da Terra os judeus. Todos sabem que eles estavam certos, mas não têm coragem de admitir em público. É evidente que o mundo seria um lugar bem melhor sem a raça judia.

— Dagmara, suas palavras me causam náusea. Cuidado, Dagmara, muito cuidado. A vida é cheia de lições, umas mais suaves que as outras, mas sempre cheia de lições. As mais árduas vão para aqueles que são mais árduos com a vida.

— Você se engana, estou com Deus, na religião que representa os seus mais profundos mandamentos.

— Cuidado, com o que pensa, Dagmara, seus pensamentos podem ser completamente avessos à realidade da vida. Como foi a inquisição no passado, a qual, a propósito, matou, em nome de Deus, um falso deus, milhares e milhares de pessoas inocentes.

— A minha religião jamais cometeu uma falta grave ao longo da história da humanidade.

— Nossa! — ironizou Albela. — Imagine se tivesse cometido.

As duas ficaram se encarando por alguns segundos, cada qual sendo açoitada por um pensamento. Foi Albela que quebrou o silêncio, impregnado de ódio.

— Sabe qual é o seu problema, comadre? Você se tornou muito amarga com a vida.

— E você, comadre... — revidou Dagmara, no mesmo instante. — Fez pacto com o demônio. Há quantos anos abandonou a igreja? Sem igreja não há Deus no coração.

Albela foi também rápida em dar a resposta.

— Eu não preciso frequentar cultos religiosos para estar com Deus. Eu não sirvo a Deus, estou em Deus! Deus está acima de tudo, sobre qualquer religião. A meu ver não existe uma religião certa, nem uma completamente errada, o que existe é o ego e a vaidade das pessoas brigando para provar que a sua religião está mais certa que a do outro. As pessoas estão mais preocupadas com isso do que propriamente com Deus e com o seu lado espiritual. Por isso que afirmo que frequentar uma religião não é estar em Deus.

Albela bufou, riu e completou:

— Acho que nos desviamos completamente do assunto que mais importa: Helena. A felicidade de Helena. Dagmara, se tiver um pingo de dignidade, conte a verdade a sua filha. O que a fez incutir na cabeça dela que ela deveria ser uma freira. Só assim ela se sentirá menos culpada para abandonar de uma vez por todas o hábito. Permita que ela seja feliz ao lado do homem que tanto amou, finalmente, antes que seja tarde demais!

Ele quer reatar com ela o relacionamento interrompido no passado. Helena se recusa a aceitar sua proposta por sua causa. Para não decepcioná-la.

— Ele quer reatar com ela o namoro?! — estranhou Dagmara.

— Ele quer bem mais do que isso, Dagmara. Ele quer se casar com ela.

— Mas ele já é casado!

— Não é mais. Divorciou-se há pouco. Contou a Helena que não era feliz ao lado da esposa nem ela ao lado dele. O reencontro com Helena lhe deu forças para tomar uma decisão quanto ao seu casamento infeliz.

— Esse moço é um pecador. Todos sabem que feliz ou não dentro de um casamento, o casamento é para uma vida inteira. Deus desaprova totalmente o divórcio.

— Deus quer a nossa felicidade, Dagmara.

— Chega! — gritou Dagmara, saltando da cadeira onde estava sentada. Empinando o rosto para trás, a mulher arrogante falou, com determinação:

— Agora, vá embora desta casa, Albela. Fora antes que polua ainda mais o ar com essa sua mentalidade perniciosa, com esses seus valores indecorosos. E, por favor, nunca mais pise aqui outra vez.

— Eu vou. — respondeu Albela, firmemente. — Mas saiba que se você não contar a verdade a Helena, conto eu.

Dagmara chocou-se com a ameaça da comadre. Indignada, perguntou:

— Você está me ameaçando?!

— Estou.

— Sua alma foi realmente dominada pelo demônio depois que se casou com aquele judeu sovina. Pois se quiser dizer toda essa bobageira para Helena, diga. Você não tem provas, ela jamais vai acreditar em você.

— Você é má... Deus meu como você é má.

— Sou é uma protetora do moral e dos bons costumes. Agora, chega! Fora dessa casa, nunca mais ponha os pés aqui! Sua devassa, pecadora, imoral!

Albela achou melhor atender o pedido, depois de se despedir, partiu, sentindo-se mais aliviada. Não fora covarde, como das outras vezes, em dizer umas verdades para Dagmara. Verdades que, a seu ver, poderiam libertar Helena daquela vida amargurada e infeliz. Uma vida que amargurava e prejudicava também Dagmara. Só ela não percebia.

Dagmara ficou na casa, escorando-se contra a porta, respirando ofegante, com um ódio crescente pela mulher que acabara de deixar sua casa. Tinha a sensação de que o chão sumia debaixo dos seus pés.

— Maldita... — resmungou Dagmara, referindo-se à comadre. — Ela tinha de se lembrar do sobrenome daquele desgraçado? Tinha?...

Toda a suposição de Albela era a mais pura verdade, bem sabia Dagmara, mas ela estava disposta a fazer de tudo para que a verdade continuasse escondida de todos. Ver Helena casada com Desmond, filho de Eutaschio Rennie, o homem que ela tanto amou no passado, ainda era, como sempre foi, ultrajante para ela.

Quando Helena chegou em casa na companhia de Eduard, encontrou Dagmara ajoelhada sobre pedras, no chão frio, orando fervorosamente. Ela mal se dirigiu ao neto naquele dia. Algo atípico da sua pessoa.

Enquanto isso em Berna na Suíça...

Ishmael trouxe uma grande novidade para casa quando chegou do trabalho.

— Comprei uma loja, filha. Em Roma. Uma loja muito maior e muito mais lucrativa que a que tinha até então. E comprei por uma pechincha, o que é mais importante! Meus negócios vão se expandir muito por lá.

— O senhor quer dizer que vamos nos mudar daqui para Roma?

— Sim. Não é maravilhoso?

— Justo agora que Viveck arranjou um emprego bom, papai?

— Ele que fique.

— Papai!

— Vou precisar de alguém me ajudando na loja, contrato ele até que ele consiga um novo emprego, digno, não essa porcaria que ele tem agora. Que paga uma miséria.

— Paga muito melhor do que o senhor pagava para ele quando ele o ajudava na loja.

— Não desvie de assunto, filha. Falemos do que importa, agora, para nós. Minha nova loja, nossa mudança para Roma, Itália.

Sarah achou melhor não dizer mais nada.

Parte 5

Roma, Itália, 1955

Certa tarde, enquanto Eduard, com quase 15 anos completos, fazia lição de casa, Dagmara chegou de mansinho nele e perguntou:

— Sobre o que é o seu trabalho escolar, Eduard?

— É sobre o nazismo, vovó.

— Nazismo? — repetiu ela, articulando bem as sílabas. — É uma pena que o mundo não tenha compreendido o que eles tentaram fazer. O mundo seria um lugar bem melhor se todos os judeus houvessem, de fato, sido varridos da Terra.

O menino ergueu as sobrancelhas, deveras surpreso com o comentário daquela que tinha por avó.

— A senhora acha mesmo? — perguntou com assombro.

— Sim, Eduard. Os judeus não consideram Cristo como sendo o filho de Deus. E quem renega Jesus só serve para poluir o ambiente.

O menino mordeu a ponta do lápis, reflexivo, depois comentou:

— Entrou um novo aluno na minha classe, vovó. É um judeu, pelo que sei. O nome dele é Michel Baeck.

— Afaste-se dele, Eduard. Dele e de qualquer outro judeu que se ponha no seu caminho. Antes que eles poluam a sua alma. Compreendeu?

O menino, sempre disposto a agradar a avó, respondeu:

— Compreendi.

Dias depois, Dagmara Giacommo foi chamada à escola onde Eduard estudava, pela diretora. Quando chegou lá, a mulher foi direto ao assunto:

— Houve um problema com Eduard, dona Dagmara.
— Pois não?
— Ele se atracou com um colega de classe durante o recreio. Bateram boca, esmurrou o garoto...
— Que atitude mais inapropriada por parte de Eduard. Vou repreender seu gesto ainda hoje.
— Seria bom. Não é certo que ele continue achincalhando o colega de classe, como vem fazendo, desde que o garoto se matriculou nessa escola. Trata-se de um aluno novo, de família judia e...
— Judia?
— Sim.
Dagmara soltou um risinho, cínico e opinou:
— Então não há porque reaprender, Eduard. Vocês aqui é que devem ser repreendidos. Por permitirem que judeus estudem nesse local. Aqui é uma escola com base católica, não é?
— Sim, dona Dagmara. Mas depois da guerra, não fica bem nós recusarmos uma criança judia.
— Por que não?
A mulher perdeu as palavras. Dagmara aproveitou-se da sua fraqueza para dizer:
— Invente uma desculpa qualquer e ponha esse adolescente judeu para fora deste colégio, o quanto antes.
As palavras ainda se perdiam na garganta da diretora.
— Eu entendo a senhora, mas...
— Nem mais nem menos.
Dagmara levantou-se da cadeira, e encerrou sua visita com um "Passar bem, minha senhora". A diretora continuou sem palavras.
Dagmara Giacommo ia deixando o colégio quando avistou Sarah Baeck sentada em um banco, no mínimo aguardando para falar com a diretora. Dagmara mediu a mulher de cima a baixo, sem esconder o descaso. Pelo jeito de Sarah ela percebeu que ela era uma judia.
— Judeus... — murmurou, entredentes. — Hitler foi mesmo um energúmeno. Se tivesse sido competente teria dominado o mundo todo e posto essa raça desditosa, de uma vez por todas, no quinto dos infernos.

Viveck havia chegado do trabalho quando encontrou a esposa na sala, sentada no sofá, cabisbaixa. Ele foi até ela e a beijou.

— O que há? — perguntou, baixinho, ao pé do seu ouvido. — Você me parece aborrecida, o que houve?

— Estou preocupada com Michel. Ele anda tendo problemas na escola.

— Que tipo de problema?

— Um menino da sua classe vem debochando dele por ele ser judeu.

— Converse com a diretora do colégio, ela saberá como agir.

— Já conversei. O garoto pelo que sei é criado pela avó, uma católica fervorosa; que abomina todos que pertencem a outra religião e, especialmente, os judeus. Por isso, ela acha que seu neto está certo no que faz contra Michel, que não deve chamar sua atenção, que a escola é que deveria pôr para fora Michel por ele ser judeu.

— Que absurdo! — indignou-se Viveck. — Vou ter uma conversa séria com essa mulher.

— É melhor, não, meu amor. Vamos tentar contornar as coisas de um modo civilizado. Sem provocar a ira de ninguém.

— Você tem razão. Mas se for preciso direi umas poucas e boas para essa desalmada.

Dias depois, Dagmara era chamada novamente a escola pela diretora. Sarah estava presente à reunião.

— Boa-tarde, dona Dagmara. — cumprimentou a diretora. — Queira se sentar, por favor. Essa é Sarah Baeck, mãe do aluno Michel.

Dagmara limitou-se a apenas lançar um olhar de soslaio para a moça. A diretora prosseguiu:

— Chamei a senhora aqui para conversamos novamente a respeito do seu neto e do filho de dona Sarah Baeck.

Dagmara cortou ao meio o que a mulher pretendia dizer.

— Não acredito que a senhora esteja me aborrecendo novamente com essa história. Já lhe apresentei a solução, o que está esperando para pô-la em prática?

— E qual é essa solução, dona Dagmara, posso saber? — indagou Sarah, com delicadeza.

Dagmara, sem olhar para a moça, respondeu com acidez:
— Que seu filho seja posto para fora deste colégio.
Sarah branqueou, não esperava por uma resposta tão incisiva e cruel como aquela.
— A senhora não pode estar falando sério!
— Não sou mulher de desperdiçar palavras com bobagens.
— Meu filho é um amor de criança, o problema não é ele, é seu neto! Ele não para de ofender a minha família, a minha religião.
— É para ofender mesmo! Por que não facilita as coisas para nós, minha senhora? Transfira seu filho para um outro colégio antes que as coisas se agravem.
— Por que a senhora não transfere o seu neto para uma outra escola?
— Porque não é ele que está no lugar errado, é seu filho. Esse é um colégio cristão, louvamos a Deus e a Cristo, o bem, o que é digno.
— Nós judeus também louvamos a Deus.
Dagmara riu, com ironia falou:
— Deus deve sentir é muita vergonha de vocês. Vergonha e pena.
— A senhora é desumana. — explodiu Sarah. — Como pôde chegar ao ponto de...
— Sou a favor, minha senhora, do moral e dos bons costumes.
— O Deus que paira sobre todos os povos é o mesmo.
— Exceto sobre a cabeça do seu povo! Deus não pode pairar sobre almas que voltaram suas costas para Cristo.
Sarah levantou-se, estava trêmula. Dagmara foi drástica, mais uma vez, com a moça:
— Saiba que eu vou fazer um abaixo-assinado para expulsar o seu filhinho querido deste colégio.
Voltando-se para a diretora que assistia a tudo, boquiaberta, Dagmara completou:
— O abaixo-assinado estará sobre a mesa da senhora em menos de uma semana. Não se espante, se eu conseguir a assinatura de todos que têm filho matriculado neste colégio a favor da expulsão do garoto judeu.
A diretora estava atônita.
— Passar bem. — concluiu, Dagmara Giacommo, deixando a diretoria.

Sarah e a diretora se entreolharam, atônitas.

Assim que Helena soube que a mãe estava fazendo um abaixo-assinado para expulsar o menino judeu do colégio, ela foi falar com Dagmara.

— Mamãe. — disse Helena, com certo receio.
— Não me chame de mãe. — respondeu Dagmara com secura. — Não quero lembrar, nunca mais, que sou mãe de alguém que me envergonhou tanto.
— Eu só queria falar sobre Eduard. Soube que...
— Dele tomo conta, eu. Não se preocupe.
— É que...

Dagmara deixou a filha falando sozinha, sem a menor cerimônia

Helena decidiu saber mais sobre o acontecimento envolvendo Eduard e o menino judeu, na escola. Achou por bem, procurar a mãe do garoto para pedir-lhe desculpas. Explicar-lhe o porquê a mãe agia daquela forma. Com muito custo, conseguiu o endereço da casa do garoto. Chegou a rua, mas não conseguiu localizar o número da casa, por estar, certamente, sem número. Foi preciso pedir informações.

— Sabe onde fica a casa de número 80? — perguntou Helena a um senhor que cuidava do jardim de uma grande casa.
— Logo ali, minha senhora. — respondeu o idoso, com grande desembaraço. — A família mudou se para cá há pouco tempo.

Helena agradeceu ao senhor e foi até lá. Parou em frente ao portão e ficou olhando para a casa de boa aparência, na sua opinião.

Foi, então, que uma voz atravessou seus pensamentos. Era a voz de um adolescente. Helena estava tão absorta que nem o havia notado, parado ali, rente à grade, no pequeno jardim que separava o portão da casa. Era um garoto de catorze, quinze anos de idade. Bonito. Olhos escuros parecidos com os seus.

— Desculpe — falou Helena, um tanto sem graça —, não havia visto você. Aqui é a casa do senhor Ishmael Baeck.
— Sim. Ele é meu avô. Meu nome é Michel.

— Ah, como vai? Se possível eu gostaria muito de falar com sua mãe. Ela está?

Ele concordou com a cabeça:

— Vou chamá-la.

Michel saiu correndo para dentro da casa. Um minuto depois, voltava para o jardim, dizendo:

— Ela já vem.

Um sorriso bonito tornou a florir no seu rostinho bonito. Um sorriso que despertou um calor agradável em Helena. No mesmo instante, o menino voltou para dentro da casa.

Helena estava um tanto dispersa quando Sarah Baeck apareceu para atendê-la.

— Pois não? — perguntou, olhando com atenção para a visitante.

Helena estremeceu ao ver que a mãe de Michel era, nada mais nada menos, que Sarah.

Sarah também estremeceu.

— Helena?!

— Sarah?! Meu Deus... Eu jamais pensei que fosse você. Juro!

Juntando-se a ela, no portão, Sarah explicou:

— Depois da guerra nos mudamos da Polônia para a Suíça, na esperança de deixar o passado para trás. E agora acabamos vindo parar aqui. (em Roma).

— Que surpresa!

— Nem fale.

De repente todas as emoções de Helena desapareceram como apagadas por uma esponja e, voltando-se para Sarah, ela perguntou em tom emocionado:

— Quer dizer que Michel é...

— Sim, Helena. Mudei seu nome porque achei que Michel seria um nome melhor para ele. Desculpe-me.

— Que nada... Como ele está bonito, forte, sadio...

Sarah, temerosa e ansiosa perguntou o que tanto a afligia:

— Você quer ele de volta, não quer, Helena? É por isso que veio me procurar, não foi? Por favor, eu lhe imploro. Não o leve de mim. Não depois de todos esses anos. Eu tenho Michel como meu filho, meu próprio filho.

O rosto de Helena espelhou a ingênua perplexidade de uma criança.

— Fique tranquila, Sarah, eu não voltarei atrás na minha palavra. Venho aqui por outro motivo. Algo mais sério.

A judia franziu ligeiramente a testa. Helena explicou:

— O adolescente que brigou com Michel na escola, bem, ele é meu filho. Um filho adotivo.

Sarah ficou sem palavras diante da revelação.

— Aquela senhora que foi ao colégio, que fez todo o protesto, aquela mulher é minha mãe.

— Sua mãe?! Mas ela é tão diferente de você.

— Sim. Peço a você que lhe perdoe.

— Perdoar?

— Sim, Sarah, por favor.

— É tão difícil perdoar a alguém como ela, alguém que pisa no filho da gente. Humilha... Se ela soubesse, se ela soubesse que o menino é na verdade neto dela...

— Ela nunca vai saber. — adiantou-se Helena, seriamente. — Pelo bem de todos. Especialmente de Michel.

— Você tem razão, será melhor assim.

Ela balançou a cabeça, assentindo com veemência.

— O preconceito já fez tanto estrago na vida das pessoas.

Nisso, Michel reapareceu no jardim. Havia saído pela porta do fundo e contornado a casa. Helena voltou os olhos para o menino e ficou olhando para ele com admiração.

— Ele é tão bonito. — comentou emocionada.

— É, não é? — confirmou Sarah, em tom de mãe.

O garoto olhou para Helena com notável interesse. Ela sorriu para ele, ele sorriu para ela e, algo acendeu-se dentro dos dois. Assim que ele se distanciou das duas mulheres, Helena disse:

— Você cuidou muito bem dele, Sarah. Cuidou direitinho...

— Ainda cuido. E com muito amor e carinho, Helena. Como lhe prometi.

— Obrigada pelo que fez por mim, por ele...

Sarah anuiu com um movimento de cabeça. Helena, após breve pausa, perguntou:

171

— Você se casou com Viveck, não se casou? Por que não tiveram filhos?

— Temos tentado, mas toda vez que engravido eu perco o bebê logo em seguida. Já procurei tratamento, mas até agora de nada adiantou.

— Que pena...

— Mas eu me realizo como mãe de Michel. O carinho com que ele me trata... É como se ele fosse realmente meu... você sabe.

— Sim, eu sei.

Nisso, Michel reapareceu, achegou-se a Sarah e disse:

— Mamãe, quando será mesmo Hanukkah?

Sarah respondeu a pergunta com muito tato. Satisfeito, o menino voltou para dentro da casa.

— Curioso, não? — comentou Helena, pensativa. — Michel sendo criado no judaísmo e...

Helena interrompeu o que ia dizer, achou melhor deixar Sarah por fora da verdadeira origem de Eduard. Para evitar problemas futuros. Ela poderia, num acesso de fúria e revolta contar a verdade para sua mãe, o que seria desastroso para Eduard.

— É melhor eu ir. — prosseguiu, Helena. — Mais uma vez, mil desculpas pelo que meu filho adotivo e minha mãe têm feito contra Michel. Prometo que vou dar um jeito nisso. Não sei como, mas darei. E rápido, pois ela está prestes a terminar o abaixo-assinado.

— Eu sei e é isso que me preocupa.

— Adeus, Sarah.

— Adeus, Helena.

Antes de deixar a casa, Helena olhou mais uma vez com admiração para Michel. A visão do filho, aos quase 15 anos completos, a deixou emocionada. Nunca pensou que um dia haveria de vê-lo naquela idade, lindo e forte. Que bom que ela não fez o aborto, tampouco se matou como chegou a cogitar. Somente viva para poder encher os olhos com tanta alegria.

Helena partiu, tentando esconder de si mesma a vontade pungente de abraçar e beijar o filho que gerou em seu ventre. Seria melhor nunca mais vê-lo, para não sofrer. Todavia, com ele morando agora tão perto dela...

Helena seguiu todo o caminho de volta a casa onde morava com sua mãe e o filho adotado, cabisbaixa, com lágrimas escorrendo de seus olhos. Michel, ainda mantinha-se no seu pensamento. Lindo, sorridente...

Assim que Helena partiu, Sarah agarrou-se a Michel. Agarrou-se firme a ele como se sua vida dependesse daquele apoio.

– Oh, meu querido. Meu querido... – dizia ela enquanto cobria o garoto de beijos. – Mamãe o ama, o ama muito. Nunca se esqueça disso.

– Eu também amo a senhora, mamãe. Amo muito a senhora, o papai e o vovô.

– Eu sei, meu adorado, eu sei. E nunca, nada, há de nos separar, nada!

Naquela mesma tarde Dagmara Giacommo voltou para casa com uma lista cheia de assinaturas a favor da expulsão de Michel do colégio. Sentia-se vitoriosa, contente. Com uma amiga, confidenciou:

– Estão todos assinando o abaixo assinado porque Deus está ao meu lado, porque Deus sabe a má influência que aquele garoto judeu é para um berço católico.

Ao chegar em casa, ajoelhou-se diante do crucifixo e, de mãos unidas, agradeceu ao Senhor:

– Obrigada, meu Senhor, por estar comigo nessa missão de expulsar aquele judeuzinho do meio de nossos filhos e netos católicos, cristãos. Muito obrigada.

Dagmara ainda se encontrava ajoelhada, rezando, quando Helena voltou para a casa. A filha não fez ideia do tempo que ficou ali, encarando a mãe até que finalmente conseguisse falar em defesa de Michel. Talvez fossem apenas segundos, mas dera-lhe a impressão de horas. Seu estômago contorcia-se em nós ardentes quando ela disse:

– O que a senhora está fazendo contra o adolescente judeu, mamãe, é errado. Totalmente errado!

A mãe, sem piedade, interrompeu a filha, justamente quando ela lhe dizia as palavras que nunca pensou em dizer à mãe em toda a vida.

– Cala essa boca! Sua pecadora, imoral...

— Por favor, minha mãe, deixe o garoto judeu em paz. Eu lhe imploro.

— Nunca! Não permitirei que nenhum judeu mesquinho e desprezível se infiltre entre as nossas crianças católicas. O judeu que fizer isso só fará se passar, primeiramente, sobre o meu cadáver.

Helena, cansada de tanto suplicar, achou melhor não prolongar o assunto. A mãe era impossivel, não havia jeito, nada faria com que ela mudasse de ideia. Nada.

O pequeno Eduard que ouvira a discussão entre Helena e Dagmara, assim que a avó se recolheu em seu aposento, foi até lá, dar a sua opinião sobre aquilo, à Helena.

— Você está errada, Helena. — opinou, com ares de adulto.

— Errada, eu?!

— Sim, você mesma.

Helena suspirou pesadamente e disse:

— Você deveria parar de aborrecer o menino judeu, Eduard.

— Não enquanto ele continuar estudando no meu colégio. Como a senhora pode defender um judeu? C-como?! A senhora é mesmo uma vergonha para a minha avó. Eu também sinto muita vergonha de você! Muita vergonha... A mesma que você tem dado a minha avó durante todos esses anos.

— Eduard, não se esqueça que você deve a sua vida a mim.

— Não! Eu devo a minha vida a minha avó! — atalhou o menino, convicto. — O dinheiro para me sustentar vem dela. Todo dela. Os ensinamentos vêm dela. Você... você não tem caráter suficiente, Deus no coração, para me dar bons ensinamentos. Se sou um menino de caráter, hoje, é por causa dela. Só dela.

Helena sentiu um aperto na garganta. Como se duas mãos estivessem ali prontas para a apertá-la até estrangulá-la se ela não dissesse a verdade para Eduard, que ele, na verdade, era o judeu e não Michel. Algo que poderia fazê-lo perder aquela arrogância que lhe cobria a alma, que atravessava os olhos.

— V-você... Eduard... — gaguejou Helena, com todas as palavras devidas e indevidas na ponta da língua, prontas para serem ditas.

Mas ela não teve coragem de prosseguir. Eduard, como um adulto, insistiu:

— Fale, vamos, o que estava prestes a dizer.

— Um dia, quem sabe, Eduard. Deixe-me só, agora, por favor.

— Deixo sim, mas antes lhe aviso: se algo acontecer a minha avó, a culpa é sua, entendeu? Toda sua!

Sem mais, o adolescente deixou o aposento, pisando duro, levemente irado.

Helena permaneceu ali, olhando para a imagem de Cristo preso na cruz, querendo imensamente o Seu amparo.

Minutos depois, Dagmara voltava ao local. Dirigindo um olhar furioso e inojado para a filha, disse:

— O demônio é mesmo esperto. Persuasivo e audacioso. Apossou-se da sua alma para tentar poluir essa casa abençoada por Deus. Mas eu não vou permitir que ele vença, não, jamais! Porque Deus está ao meu lado. E com Ele vou expulsar o demônio do meu lar.

Nem bem Dagmara terminou a frase, deixou o aposento a passos decididos rumo ao quarto dos fundos da casa que acolhera a filha durante os últimos meses. Abriu seu guarda-roupa e começou a tirar tudo que ele continha, arremessando tudo ao chão. Depois catou a pilha de roupas e levou até o quintal da casa.

— O que está fazendo? — perguntou Helena, aflita, diante do que a mãe estava fazendo com suas coisas.

A mãe não respondeu. Continuou juntando todos os pertences da filha naquele monte que crescia cada vez mais. Por fim, abriu uma garrafa de álcool e jogou sobre as roupas, para total espanto e horror de Helena. Sem mais, riscou um fósforo e ateou fogo em tudo que estava ali.

— A senhora não pode... — murmurou Helena, atônita.

Dagmara ficou olhando fixamente para o fogo que consumia as roupas com o rosto cada vez mais prisioneiro do descaso.

Helena assistia à cena, chocada, quase que petrificada, rompendo-se em lágrimas.

Quando havia somente uma chama pequena a se apagar, Dagmara voltou-se para a filha, olhando-a com grande frieza e disse:

— Não quero mais um traço seu nessa casa! Nada mais que polua o meu lar, que afronte o meu Deus.

Helena continuava a olhar atônita para a mãe, com o queixo a tremer, com um nó, cada vez mais forte, a lhe apertar a garganta.

— Vá embora da minha casa, sua imoral! — continuou Dagmara, gravemente. — Não quero nunca mais olhar nos seus olhos. Se eu pudesse, se Deus me concedesse essa graça, eu a recolheria à escuridão do meu ventre, de onde você nunca deveria ter saído.

— Eduard... — balbuciou Helena.

— Ele fica! Não permitirei que corrompa sua alma, seu caráter que tanto me esforcei para construir.

— Cuidado, minha mãe...

— Nunca mais me chame de mãe! Sinto nojo só de pensar que abriguei você durante nove meses no meu ventre.

Helena suspirou pesadamente, entristecida com a dor repentina que aquelas palavras lhe causaram.

— Mamãe, por favor. — insistiu a moça, arrasada.

Dagmara foi novamente impiedosa:

— Vou fazer com você o que já deveria ter feito há muito tempo. Pô-la para fora desta casa. Fora da minha vida!

— Não, mamãe, por favor. Sabe que eu não tenho para onde ir.

— Volte para o convento, o lugar de onde você nunca deveria ter saído.

— Mamãe, por favor!

— Fora daqui, sua imoral, ingrata!

Vendo que a mãe não mudaria de ideia, Helena deixou a casa. Nem sequer se despediu do filho, no estado em que se encontrava, seria capaz de se recusar a se despedir dela.

— O que fazer? Para onde ir... — perguntou-se Helena, assim que ganhou a rua.

O caminho a levou até a igreja, onde ela entrou e se ajoelhou. Queria muito falar com Deus, e quem sabe, ali, no silêncio da igreja espairecer a mente.

Naquele mesmo dia, à noite, assim que Viveck voltou para a casa, Sarah desabafou:

— A verdadeira mãe do Michel esteve aqui, hoje, Viveck.

As louras sobrancelhas de Viveck se arquearam expressivamente.

– A freira?! O que ela queria?

Sarah explicou.

– Que coincidência, não?

– Sim. Mas ela me prometeu fazer alguma coisa para impedir que a mãe dela consiga expulsar o nosso filho da escola.

– Expulsar, na verdade – corrigiu Viveck –, o neto dela da escola!

– Sim, mas isso ela não pode saber, nunca, Viveck!

Viveck abraçou a esposa procurando transmitir-lhe algum conforto. Sarah, com voz angustiada falou:

– Helena me garantiu que não vai descumprir o que me prometeu, ou seja, reaver Michel. Mas eu não a quero perto dele, Viveck, não quero. Não me sentirei bem, entende?

– Deve ter sido muito difícil para ela ver o filho após tantos anos, não?

– Michel não é mais filho dela, Viveck. Ele é meu filho. Deixou de ser filho dela no exato momento em que me pediu para criá-lo, jurando nunca mais voltar a vê-lo.

– Eu sei, meu bem, eu sei.

– Michel é meu filho, Viveck. Fui eu que o criei desde bebezinho. Não vou suportar vê-lo longe de mim, por nada deste mundo.

Viveck espantou-se com a dor repentina e aguda que aquela profunda declaração lhe causou.

– Sabe de uma coisa, Viveck? Será melhor que Michel deixe aquela escola. Não o quero próximo de Helena, nem do filho dela, muito menos daquela mulher detestável que, na verdade, é sua avó. Amanhã mesmo procurarei uma outra escola para matricular meu filho. Eles terão de aceitá-lo diante da situação delicada que ele se encontra no colégio em que atualmente está matriculado.

– Se você acha que essa é a melhor solução para ele, meu amor, faça isso.

– Farei.

Naquela mesma noite, na casa de Dagmara Giacommo, Eduard aproximou-se da avó, pousou a mão no ombro dela e aguardou que ela dissesse alguma coisa. O que de fato ela fez, em seguida.

— O mal não mais reside nessa casa, Eduard. Helena, sua mãe, está dominada pelo demônio. Insiste em defender o garoto judeu, Eduard. Onde já se viu defender um judeu? Por isso expulsei-a de casa. Helena não me merece como mãe, eu não a mereço como filha. Você também não a merece como mãe.

O adolescente ajoelhou-se ao lado da mulher, olhou firme em seus olhos e disse:

— A senhora fez o que é certo, vovó. Muito certo.

Dagmara, olhando com ternura para os olhos do garoto, respondeu:

— Eu sei. E fiz, pensando em você, meu querido. Pelo seu próprio bem.

— Deus está vendo, vovó, e a recompensará por isso.

— Eu sei.

Enquanto isso Helena permanecia na Igreja, ajoelhada, de olhos fechados. Ao perceber que o local estava sendo fechado, ela se viu obrigada a se retirar do local. Seguiu até um dos bancos da praça, sentou-se e deixou sua mente vagar sem destino certo. Sem perceber adormeceu, ao relento.

Parte 6

Helena dormiu aquela noite ao relento. Despertou assim que os primeiros raios de sol tocaram sua face. Estava tão chocada com tudo que havia lhe acontecido que levou alguns segundos para se lembrar do por que estava deitada sobre um banco da praça.

O que ela deveria fazer, agora? Para onde ir? A quem pedir ajuda?, eram perguntas que se encavalavam umas as outras, em sua mente.

Seu estômago roncou, despertando sua atenção. Só agora, Helena se lembrava que não havia comido nada desde o almoço do dia anterior, ao se levantar do banco uma forte vertigem a fez se sentar novamente. Estava fraca, mas ela precisava ser forte para tomar uma providência quanto a sua situação.

Helena só veio a despertar dos seus pensamentos quando uma voz bonita, ressoante de garoto, perguntou:

— A senhora está bem?

Quando os olhos de Helena encontraram-se com os do garoto, a surpresa tomou conta da sua face. Diante dela estava Michel Baeck.

Enquanto Sarah Baeck saíra em busca de uma nova escola para o filho, Michel foi inspirado a ir até a praça perto de sua casa.

Helena procurou sorrir e disse, em meio a um sorriso tímido e trêmulo:

— Sim, está tudo bem.

— Eu me lembro da senhora. Esteve lá em casa, falando com a minha mãe, ontem. Qual é mesmo o seu nome?

— Helena.

O menino permaneceu olhando para ela, olhando fundo nos seus olhos, embaçado de lágrimas.

— Sinceramente, a senhora não me parece nada bem.

— Sei que pareço que não. Mas é apenas uma passagem, uma travessia...

— Minha mãe também diz isso. Que em certos momentos da vida, vivemos travessias. É como atravessar um oceano a nado, sem saber ao certo se haverá um lugar para chegar. Sem saber ao certo se conseguiremos chegar a esse lugar.

— Você parece gostar muito da sua mãe.

— Que filho que não gosta da mãe?

A pergunta surpreendeu Helena. Aquilo era uma verdade intransponível. De fato, apesar de tudo o que sua mãe, Dagmara, havia lhe feito, ela ainda a amava. Seria capaz de perdoar tudo o que fez num piscar de olhos. Por isso ela foi condizente com a opinião do adolescente:

— Tem razão. Não há filho que não gosta dos pais.

Nisso o estômago de Helena roncou, numa altura suficiente para que o garoto ouvisse.

— Você parece estar com fome.

Ela enrubesceu, sem graça, explicou:

— Sim. Não comi nada desde o almoço.

— Venha até minha casa, lá lhe darei algo para comer.

— Eu agradeço, mas...

— Por favor, eu insisto.

— Eu realmente agradeço a sua gentileza, mas não obrigada, não precisa se preocupar.

— Já que a senhora tem vergonha de ir até lá em casa, eu mesmo vou pegar algo para senhora comer.

— Não é preciso.

Mas Michel não deu mais ouvidos a Helena. Enquanto corria em direção a sua casa, voltou o rosto para trás e gritou:

— Espere aí!

Ela acenou que sim.

Minutos depois, o garoto voltava até o local trazendo um pedaço de pão com manteiga, outro com geleia e numa garrafinha térmica, leite com café. Helena comeu e bebeu tudo com muito gosto. Ao fim, agradeceu ao adolescente mais uma vez e o elogiou:

— Você é um garoto e tanto.

— A senhora é, com certeza, uma grande senhora. Seus filhos devem sentir muito orgulho da senhora.
— Devem.

Os dois ficaram ali conversando sobre amenidades como se fossem dois velhos e bons amigos por um longo tempo. Foi um momento muito especial para ambos, especialmente para Helena. Uma oportunidade que ela muito quis ter, mas jamais achou que teria.

Depois que Michel partiu, Helena se perguntou novamente:
— E agora, para onde ir?

Foi então que o padre Verginio Delamea a viu ali e foi falar com ela. Helena acabou contando-lhe tudo o que havia acontecido. Penalizado, ele convidou a jovem para se abrigar na casa paroquial até que ela conseguisse um lugar para ficar.
— Será muito incômodo, padre.
— Que nada, filha. A casa de Deus deve ser um lugar para abrigar quem muito precisa como você agora. Logo após instalá-la, vou bater na casa de alguns fiéis para pedir-lhes roupas usadas que mais tarde darei a você.
— O senhor está sendo, como sempre, tão bom para mim.
— E esse não é o papel do padre, filha?

Helena sorriu e o acompanhou. Num cantinho do seu cérebro resplandecia a imagem do padre que despertou nela aquela paixão avassaladora que resultou no nascimento do filho. Seu nome: Luigi Santoli. Onde estaria? Continuaria morando na Polônia? Ainda se lembraria dela? Teria sabido por uma das Irmãs do convento que ela ficara grávida e tinha dado à luz a um menino? Desconfiaria ele que esse menino era seu filho? De repente, Helena estava curiosa para saber.

Assim que Sarah voltou para casa, percebeu que o filho estava diferente, pensativo e cabisbaixo. Quis saber, imediatamente, o que havia acontecido:
— O que foi, meu filho? Você me parece triste e preocupado. Aconteceu alguma coisa?
— Fiquei com pena, mamãe... Muita pena, na verdade, de uma senhora, que encontrei esta manhã na praça. A senhora a conhece...

— Conheço?!

— Sim. O nome dela é Helena. Ela esteve aqui em casa, ontem, falando com a senhora, lembra?

— Helena...?!

Sarah largou o corpo na cadeira, rente à mesa, enquanto uma expressão de desespero sombreava a sua face. Michel continuou falando:

— Encontrei-a esta manhã, quando fui brincar na praça aqui perto de casa. Ela parecia tomada de desespero. Seus olhos revelavam tristeza e desespero.

— O que ela lhe disse?

— Disse apenas que estava passando por um processo, uma travessia... É curioso, sabe...

— O que é curioso, filho?

— O fato de eu tê-la encontrado. Foi como se eu tivesse sido guiado até ela. Não pretendia ir brincar na praça esta manhã, mas, uma voz, uma voz na minha cabeça me convenceu a ir até lá.

"Eu insisti para ela vir aqui em casa, comer alguma coisa, mas ela se recusou, então eu vim buscar algo para ela comer. Fiz mal, mamãe?

— Não, filho.

— Essa voz, mãe, essa voz que surge na nossa cabeça, vez ou outra, que fala conosco... De onde ela vem? A quem pertence? Minha, não é, com certeza, pois ela conversa comigo, como quando alguém conversa conosco, nos levando a tirar conclusões sobre a vida, nos dando conselhos.

— Deve ser a voz de Deus, filho.

— Já pensei nisso.

— É estranho, mãe... Senti vontade de proteger aquela mulher. De acolhê-la em meus braços. Como um pai acolhe seu filho.

Sarah ponderou sobre o comentário. O encontro espontâneo entre Helena e Michel a deixou, mais uma vez, surpresa. O destino parecia continuar querendo unir os dois. E aquilo lhe era preocupante, pois o que ela menos queria, na vida, era que os dois se unissem, pois essa união, na sua concepção, poderia afastar Michel, que ela tanto amava, dela.

Sarah ficou tão aturdida com o novo encontro, espontâneo, entre Michel e Helena, que acabou esquecendo de contar ao menino que havia encontrado uma nova escola para ele.

Maldito o dia em que nos mudamos para Roma, lamentou Sarah, com seus botões. Se não tivéssemos mudado para cá, nada disso estaria acontecendo...

Assim que Viveck chegou do trabalho naquela noite, Sarah lhe pôs a par dos últimos acontecimentos. Viveck ficou tão espantado quanto a esposa.

— Tem-se a impressão de que o destino está querendo uni-los... — comentou ele, pensativo.

Sarah mal dormiu aquela noite de preocupação.

Dagmara quando soube que o adolescente judeu havia deixado a escola, sentiu-se realizada e, ao mesmo tempo, chateada por não ter podido esfregar na face dos judeus o abaixo assinado e vê-los deixando o colégio sob total humilhação.

Dias depois, quando a mulher tomou conhecimento de que o padre Verginio Delamea estava acolhendo uma mulher na casa paroquial foi ter uma conversa muito séria com ele.

— Fiquei sabendo que o senhor está acolhendo uma mulher na casa paroquial, é verdade?

— É verdade sim, dona Dagmara. Por quê? Não vejo problema algum nisso.

— O senhor pode ser acusado de assédio sexual, sabia?

— Conheço muito bem a mulher, tem índole e caráter, jamais faria algo desse tipo.

— Soube que está até mesmo arrecadando roupas usadas para vestir essa mulher. O que é isso? Desde quando a casa paroquial é abrigo para pobres e miseráveis? Ou o senhor põe essa mulher na rua, ainda hoje ou...

— Ou?

— Eu o denuncio ao Vaticano.

— Então me denuncie. Pois eu não vou desabrigar essa mulher porque a senhora acha que não devemos abrigá-la.

— O senhor tornou-se mesmo um descarado. Pois vou começar agora mesmo a fazer um abaixo-assinado para enviar ao vaticano. Eles precisam saber que espécie de homem é o senhor, antes que deteriore a imagem da nossa Igreja.

Dagmara Giacommo já ia se retirando quando o padre Verginio Delamea disse:

— Dona Dagmara.

A mulher parou, voltou o olhar por sobre o ombro, olhar de quem diz: diga!

— Essa mulher que estou abrigando na casa paroquial é sua filha Helena.

Dagmara não demonstrou nenhum sinal de espanto.

— As roupas que estou pedindo para ela é porque ela ficou sem nenhuma após a senhora ter ateado fogo em todas que ela tinha.

Dagmara, fuzilando o homem com os olhos, falou:

— Isso não muda nada. Acolhendo uma mulher na casa paroquial continua sendo uma pouca vergonha e uma afronta ao moral e aos bons costumes católicos.

Sem mais, Dagmara partiu, pisando duro, empinando a cabeça para o alto, olhando reto, porém, atenta a tudo que se passava a sua volta.

Naquela mesma tarde, ela começou a fazer o abaixo assinado. Não sossegaria enquanto não expulsasse padre Verginio Delamea da paróquia por tê-la enfrentado. Felicidade maior para ela seria se ele fosse excomungado pelo Vaticano.

Padre Verginio Delamea preferiu deixar Helena por fora do abaixo assinado que Dagmara Giacommo estava fazendo contra ele, para expulsá-lo da igreja. Sabia que aquilo seria extremamente aborrecedor para a moça.

Dias depois, Helena, lembrou-se que poderia pedir ajuda à madrinha: Albela Santoli.

— Por que não me lembrei dela, antes? — comentou com Verginio Delamea. — Se o senhor me emprestar o dinheiro para a passagem até a cidade onde ela mora, eu poderei ir lá falar com ela. Pedir abrigo em sua casa até que eu consiga um trabalho para me sustentar.

— Empresto, minha querida. Mas não precisa ter pressa.

Helena sorriu e agradeceu ao padre mais uma vez:

— O senhor é formidável.

Horas depois, Helena chegava a casa da madrinha. Albela recebeu a afilhada com grande alegria e entristeceu-se ao saber do que Dagmara havia feito com a filha.

— Você deveria ter me procurado muito antes, *bambina*.

— Eu estava com a cabeça tão atrapalhada, madrinha.

— Não é para menos. Mas Dagmara dessa vez foi longe demais.

— Pobre mamãe. Às vezes penso que ela não está bem da cabeça.

— Minha querida, você ficará morando aqui comigo até quando quiser. Seja muito bem vinda.

— Tem certeza, madrinha, que não vou atrapalhar a senhora?

— Que nada, Bambina.

E foi assim que Helena se mudou para a casa de Albela Santoli. Enquanto isso, Dagmara continuava colhendo as assinaturas para o abaixo assinado para expulsar o padre Verginio Delamea da paróquia.

Dias depois, Albela falou com a afilhada sobre Desmond Rennie.

— Você não tem mais nada a perder, minha querida *bambina*. Você não aceitou se unir a Desmond, antes, por causa da sua mãe. Pois bem, ela, agora, a expulsou de sua casa. Para ela você não deve mais nada, além de respeito. E respeito não é nem nunca foi demonstrado por uma filha, sacrificando a sua felicidade própria. Vá procurar Desmond, meu anjo. E seja muito feliz com ele. Você merece. Vocês merecem.

— A senhora acha mesmo que devo?

— Acho. Se você não procurá-lo eu o procurarei em seu nome.

Helena enrubesceu. Num tom inseguro, afirmou:

— Preciso de mais um tempo para refletir, madrinha.

— Mais tempo?! Você já ficou tempo demais longe dele, evitando esse amor bonito e sincero que existe entre vocês dois. Não adie mais. Amanhã pode ser tarde demais. Por isso é que dizem que deve se amar como se não houvesse amanhã, porque o amanhã pode nunca chegar.

Helena gostou do que ouviu, as palavras da madrinha lhe deram forças para finalmente aceitar a proposta de Desmond Rennie.

Desmond ficou demasiado absorto por ver Helena na sua frente, parecendo ansiosa por lhe falar. Ela permaneceu em silêncio. Olhando fixamente para ele parecendo buscar pelas palavras certas para se expressar. Ele, então, segurou a mão dela entre as suas pelo maior tempo que pôde. Para sentir o calor que seu corpo emanava. O aperto de mão, tranquilizou e confortou Helena, dando-lhe finalmente a coragem necessária para expressar seus sentimentos.

— Eu vim aqui, Desmond, para lhe dizer que se você ainda me quer, eu serei sua.

A musicalidade com que ela falou aquelas palavras comoveu o homem.

Ele a puxou para si, delicadamente e a beijou. O encontro dos lábios macios de ambos e seus dedos engalfinhando-se em seus cabelos desligou os dois da realidade que os cercava. O amor vencera finalmente, todas as barreiras, após quase 20 anos de separação.

Foi na própria casa da família Rennie que aconteceu a festa para celebrar a união de Helena e Desmond. Sob a bênção do padre Verginio Delamea que estava muito feliz por ver Helena, finalmente, feliz.

Albela era só sorrisos. Sentia-se realizada por ter ajudado a afilhada a se encontrar na vida, honrar com soberania o título de madrinha.

O pai de Desmond, o senhor Eutaschio Rennie também parecia muito contente com a união do filho a Helena. Sabia o quanto ele a amava, na mesma intensidade que ele amou Dagamara Giacommo no passado.

Foi uma recepção para ser guardada para sempre na memória. Quando a sós, Desmond enlaçou a esposa e disse com orgulho:

— Finalmente juntos, meu amor. Depois de quase 20 anos, finalmente juntos. Dizem que só o amor verdadeiro resiste ao tempo, o nosso, portanto, é real, pois jamais morreu dentro de nós.

Helena opinou beijando carinhosamente o homem que tanto amava, cuja mãe, Dagmara, os separou no passado para não ter seu ego ferido.

Dias depois, quando o padre Verginio Delamea estava prestes a começar a missa, Dagmara Giacommo se levantou de onde estava sentada e mostrou a todos os presentes a lista com o abaixo-assinado para expulsão do padre da paróquia.

— Nós não podemos permitir que a imoralidade se alastre por nossa igreja, que corrompa a nossa dignidade. — disse em alto e bom tom.

A mulher foi aplaudida por muitos fiéis, de pé. Quando se fez silêncio, padre Verginio Delamea pediu licença para falar em sua defesa.

— Eu vou me embora daqui, infelizmente. Digo infelizmente porque amo este lugar. Minha vontade era ficar exercendo a minha função de padre aqui até o fim da minha vida. Mas... Vai ser sim, muito doloroso para mim, partir daqui, porque gosto muito de todos que frequentam esta igreja, todavia, aceito o meu novo destino.

"Antes, porém, de partir tenho algo a perguntar a todos vocês, para que reflitam... Quando uma mulher precisa de ajuda, eu como padre devo deixar de ajudá-la só porque ela é uma mulher? Devo deixá-la ao relento porque diante dos olhos dos maliciosos não fica bem abrigar uma mulher na casa paroquial? É essa a atitude que Jesus teria diante de uma mulher ao relento? Só quem já compreendeu Jesus realmente na alma pode saber que Ele jamais deixaria de ajudar quem tanto precisa por causa dos olhos dos maliciosos que se dizem defensores da moral e dos bons costumes.

"Jesus, diante da prostituta que estava para ser apedrejada, perguntou: quem não tiver pecado que atire a primeira pedra. A mesma pergunta todos devem fazer diariamente antes de julgar uma pessoa, um ato, até mesmo a si próprio.

"Ninguém ouve a alma que diz o que é certo, porque a arrogância, o orgulho ferido falam mais alto do que ela."

Dagmara levantou-se e deixou a igreja seguida por um séquito de beatos e beatas.

Ficaram apenas meia dúzia de pessoas no interior da igreja, somente aqueles que já haviam compreendido que Jesus jamais deixaria de ajudar quem tanto precisa por causa dos olhos dos maliciosos que se dizem defensores do moral e dos bons costumes.

No dia seguinte, enquanto padre Verginio fazia as malas, Helena chegou.

187

— Por que o senhor não me contou a respeito do abaixo assinado, de mais essa maldade de minha mãe?

— Às vezes o melhor a se fazer é pôr panos quentes sobre as situações.

— O que minha mãe está fazendo com o senhor é uma injustiça.

— Eu sei, filha. Mas a maioria dos que frequentam esta igreja concordam com ela. Se não concordassem não teriam assinado o abaixo assinado.

— Mas todos se dizem e se mostram tão religiosos.

— E desde quando frequentar uma igreja é sinal de que se tem realmente Deus no coração que age e pensa como Cristo nos ensinou?

Eles se abraçaram. Logo, Verginio Delamea estava chorando no ombro de Helena. Em meio ao abraço, ela desabafou:

— Eu nunca vou esquecer o que o senhor fez por mim. Os conselhos que me deu quando mais precisei.

Quando ele afastou o rosto havia uma expressão de plenitude tomando conta da sua face. Ele sorriu para ela, encantadoramente e muito emocionado e disse:

— Você é uma mulher maravilhosa, Helena. Deus sente orgulho de você. Você realmente está em Deus. Porque é por meio das atitudes de um ser humano que se reconhece sua fé e sua ligação com o Criador.

— Se o senhor precisar de mim, para o que o for, não hesite em me procurar. Aqui está o meu endereço.

— Obrigado.

Verginio Delamea a acompanhou até a porta central da edificação. Quando lá, tornou a abraçar Helena.

Nesse momento, tanto Eduard quanto Dagmara ainda estavam na praça, no meio de uma roda de beatas, falando mal do padre Verginio Delamea. Eduard indignou-se ao ver a mãe trocando um abraço caloroso com o padre em questão em frente à igreja. Michel que também estava na praça, só que do lado oposto, encarou a cena entre Helena e o Verginio Delamea com outros olhos, olhos de compaixão.

Quando os olhares dos dois adolescentes se encontraram, o tempo pareceu se perder entre eles. Algo se agitou dentro de ambos, em Eduard ódio, em Michel, compaixão.

Parte 7

Quatro anos depois... 1958

Eduard Giacommo, com quase 19 anos completos, nessa data, chegou pontualmente para a entrevista de emprego no escritório do senhor Ferdinando Arteche, no centro da cidade. Era ali que o senhor Ferdinando concentrava a administração de seus negócios espalhados pelo país.

Ferdinando, italiano nato, era um homem de feições solenes e angulosas. Não havia qualquer indício de humor em sua fisionomia. Tornara-se conhecido de Dagmara Giacommo por frequentar a mesma paróquia que ela e também por pensar como ela. Inclusive, foi ela mesma quem lhe pediu para arranjar um emprego para o neto. Ainda que ela explicasse que o garoto não tinha experiência, que levaria um tempo para ele aprender a fazer de tudo com facilidade e determinação, o pedido foi aceito no mesmo instante e, com muito gosto, pelo italiano. Para Ferdinando não havia nada melhor que contratar um rapaz que nunca trabalhou antes para treiná-lo e deixá-lo a seu modo. Além do mais, há tempos que ele precisava de um outro funcionário para fazer os serviços de banco, entregas e etc.

Ferdinando Arteche recebeu Eduard para a entrevista com grande alegria e entusiasmo. Seu aperto de mão era assustador, comprimiu a mão de Eduard com muito mais força que o necessário, como se quisesse, com isto, mostrar superioridade.

O candidato a vaga, surpreendeu Ferdinando Arteche durante a entrevista. Sua inteligência, seu modo de falar e olhar nos olhos do interlocutor deixaram o italiano, encantado.

Ao fim da entrevista, Ferdinando disse, com grande satisfação:

— O emprego é seu, meu rapaz.

— Muito obrigado pela oportunidade, meu senhor. — agradeceu Eduard, extremamente polido. — Prometo não decepcioná-lo.

— Você não me decepcionará, meu jovem, tenho a certeza disso.

Eduard sorriu, agradecido.

Ao contar para a avó sobre a sua contratação, Dagmara mal podia se conter de tanta felicidade. Chegou até a chorar de emoção.

Nos meses que se seguiram, Eduard Giacommo se revelou um rapaz surpreendente. Sua facilidade para resolver problemas que geralmente apareciam no escritório era admirável. O carisma que tinha para receber as pessoas logo o fez ser admirado por todos e valeu-lhe o apelido de "Menino de ouro". O senhor Ferdinando Arteche apegou-se tanto ao rapaz que passou a convidá-lo para almoçar em sua casa, aos domingos, pelo menos uma vez por mês.

Foi num desses almoços que Eduard conheceu Natalie, a neta de Ferdinando Arteche. Natalie havia ido morar com o avô após a morte do pai durante a segunda guerra mundial. Ferdinando Arteche acolheu a neta e a nora, no momento em que mais precisavam, com grande satisfação. Logo, Natalie tornou-se a menina dos olhos do avô, tudo o que fazia era pensando nela, no seu bem estar, no seu futuro.

Não quer dizer que Ferdinando Arteche fosse um homem amável o tempo todo, não era. Era um homem rígido e, muitas vezes, ríspido. Tudo a sua volta tinha de ser e estar como ele apreciava, tudo o que fugia a essa regra tirava-o do sério. Era também um homem intolerante quanto a diferenças. Abominava judeus, budistas, espíritas, todos que não fizessem parte da religião católica a qual era devotado até a alma.

Não tinha vergonha de dizer que concordava com os propósitos malignos de Hitller de deixar sobre a Terra somente a raça ariana, da qual fazia parte, se não fizesse, ele certamente se oporia, mas...

Durante um almoço, o senhor Ferdinando tomou alguns segundos para prestar atenção no modo como Eduard conversava com Natalie. Sempre gentil e educado, olhando com grande interesse para ela. O interesse do menino pela neta deixou o rico e poderoso italiano, encantado. A seu ver, não seria má ideia ter a neta casada com o rapaz, de boa família, cristão fervoroso, exímio trabalhador, um jovem raro, um rapaz de ouro.

Assim que se viu a sós com Bettina, sua nora, o sogro perguntou:

— É impressão minha ou Natalie está interessada no Eduard?
A nora, sempre preocupada em agradar o sogro, perguntou:
— Interessada, em Eduard, bem, eu...
— Seria muito bom que ela, realmente, estivesse interessada no rapaz. Eles formam um belo par. O par ideal na minha opinião.
— O senhor também achou? Pensei que só eu havia notado esse detalhe.
O que Bettina quis dizer na verdade foi: "Se o senhor achou que eles formam um belo par, eu também acho!".
A verdade é que, Natalie realmente se via interessada em Eduard Giacommo, tanto quanto ele por ela. Podia se dizer que foi amor a primeira vista, pelo menos por parte dele. Ela levou mais tempo para se perceber gostando do rapaz. Quem não gostaria? Eduard havia se tornado um rapaz robusto, de olhos vivos e brilhantes, lindos. Uma pele reluzente, um rosto encantador. Um rapaz, realmente, de ouro.

Houve um dia em que Ferdinando Arteche chegou furioso ao escritório, parecendo disposto a quebrar todos os móveis a ponta-pés. Chegou a dizer os piores palavrões em cima de palavrões, quando se acalmou, pediu desculpas a Deus e se disse arrependido do que fez, porque aprendera no catolicismo que basta pedir perdão a Deus que Ele perdoa, por isso o italiano, logo ficou com a consciência leve pelo escândalo que havia dado.
— O que houve, meu senhor? — quis saber Eduard, assim que achou o momento conveniente.
— Quer saber, com todas as palavras, pois direi numa só: judeus! Não suporto essa raça! Meu pai não suportava, meu avô não suportava e estou certo de que meu tataravô também não suportava. Quem é que suporta essa gente, na verdade? Ninguém! Deveriam ter sido todos banidos da Terra...
Eduard concordou com o patrão e disse:
— Vovó sempre me falou do quanto a raça judia é detestável.
— Por isso que considero muito a sua avó, meu rapaz. E você por ser neto dela.
O homem, bufando, falou:

191

— Há um maldito judeu chamado Ishmael Baeck, um homem mesquinho e ordinário que me dá vontade de esganar com as minhas próprias mãos. Tenho até nojo de pronunciar seu nome. Não suporto a sua arrogância, anda como se tivesse o rei na barriga, como todos que têm sangue judeu correndo nas veias. Ai se eu pudesse mandar jogar uma bomba na casa desse demônio. Faria sem titubear.

Eduard estava admirado, mais uma vez, com o patrão. Jamais pensou que haveria alguém tão semelhante a sua avó como ele se revelava agora.

❧

Numa tarde linda e inspiradora para se dar um passeio, Eduard convidou Natalie para irem a Villa Doria Pamphili. Os dois caminhavam pelo local quando ouviu-se um estalo, como se fosse o estampido de um revólver. Natalie estremeceu e gelou, na mesma hora.

— O que foi? Você ficou pálida. — preocupou-se Eduard.

— O estampido. — explicou a jovem, pensativa.

— Deve ter sido de uma espingarda ou de um rojão...

— Toda vez que ouço um barulho parecido, estremeço. Penso imediatamente em meu pai, lutando naquela guerra desumana e sanguinária. É como se fosse o estampido do disparo da arma que o matou. Sinto até a bala perfurando seu corpo, tirando-lhe a vida.

Eduard olhava com pena agora para Natalie Arteche.

Então, ela lhe fez um pedido, um pedido que o surpreendeu, imensamente:

— Abrace-me, por favor, Eduard.

Ele atendeu o pedido, no mesmo instante. Abraçou-a forte e carinhosamente. Em seus braços a jovem desabafou:

— Oh, Eduard, quando eu penso em todos que morreram naquela guerra estúpida fico revoltada. Quando penso no tanto de judeus que morreram naqueles campos de concentração...

— Os judeus tiveram o que sempre mereceram na vida, Natalie. — opinou o rapaz.

A jovem recuou o rosto e disse, olhando direto para os olhos azuis de seu acompanhante:

— Não diga isso, Eduard. É desumano. Ninguém tem o direito de julgar quem deve viver no planeta. Se você fosse judeu, Eduard, não pensaria assim. Veria tudo por um outro prisma.

— Graças a Deus não sou judeu. Seria uma vergonha para mim se eu fosse um.

— Você pensa assim por causa do preconceito que há contra os judeus. Mas se você consultar a sua alma, pensar com a alma, verá que ela aceita a todos: brancos, pretos, católicos, judeus, ricos, pobres, todos por igual.

— Você pensa muito diferente de seu avô, Natalie.

— Penso mesmo. Isso não quer dizer que eu não o ame. Amo-o muito, você sabe. Mas não é porque o amo que vou compactuar com os seus pensamentos sem refletir. Só posso concordar com valores que, a meu ver, são justos, humanos e espirituais.

Eduard nem bem prestou atenção as últimas palavras da jovem, pois estava com o pensamento longe, perguntando a si mesmo se aquele não era o momento ideal para ele se declarar para ela.

O passeio terminou como sempre com ele adiando para uma próxima vez a declaração que há tempos queria lhe fazer.

Dias depois, num grande clube da cidade acontecia um baile muito pomposo, ao som de uma grande e virtuosa orquestra. Michel Baeck chegou ao local por volta das vinte e uma horas. O salão, àquela hora já estava lotado de pessoas, a maioria, jovens como ele. Todos elegantemente bem vestidos, com cabelos impecavelmente penteados, movendo-se pelo salão com a elegância dos nobres, tirando as moças para dançar da forma mais polida que havia na época.

Casais e casais dançavam, olhos nos olhos, paixão à flor da pele, pelo lindo salão, iluminado por um lustre enorme, feito de inúmeros medalhões de vidro, uma peça de beleza exuberante.

Súbito, Michel se viu encantado por uma moça de vestido azul. Quando os olhos dela se encontraram com os dele. Michel sorriu, embora idiotamente. Ele, num todo, ficou meio idiota, tanto que perdeu a jovem de vista no meio do salão. Ela parecia ter evaporado como orvalho. Quem seria?, perguntou-se disposto a descobrir quem era, a todo custo.

Natalie Arteche encontrava-se agora parada num dos cantos do salão, ao lado de amigas, assistida de longe por Eduard Giacommo. O rapaz, apaixonado, a vigiava de longe, discretamente, pronto para afastar qualquer rapaz galanteador que se aproximasse da jovem.

Natalie era dele, ela ainda não sabia, mas ele já havia decidido isso intimamente. Havia até mesmo projetado, nos mínimos detalhes, a vida que ela teria ao seu lado. Pouco importava, para ele, saber se ela o amava reciprocamente. Para Eduard, o que ele traçava, estava traçado e, ponto final.

Michel Baeck relaxou ao avistar novamente a moça de vestido azul que tanto o encantara. Ela cruzava o salão, movendo-se com infinita graciosidade, vindo na direção em que ele se encontrava.

A visão despertou no rapaz uma nova onda de calor em seu interior.

Michel estava tão abobado que nem se deu conta de que estava bloqueando a porta em arco que levava para o terraço florido por onde a jovem pretendia passar.

A moça de vestido azul parou diante dele, encarou-o, esperando que ele lhe desse passagem. Visto que ele não percebia o que fazia, ela fez um gesto com a mão. Só então Michel se deu conta do que estava acontecendo. De forma desajeitada, recuou o corpo para que a jovem pudesse passar. Avermelhou-se até a raiz dos cabelos por tamanha falta de modos.

— Obrigada. — agradeceu ela, mas evitando seus olhos.

Um traço do seu perfume de alfazema ficou no ar, quando ela atravessou a porta. Michel inspirou o ar para se deliciar com a fragrância.

Assim que ela parou de frente para o beiral do terraço, voltou-se na direção do rapaz e, olhares intensos entre os dois foram trocados.

Michel, então, tomou coragem para ir até a jovem trocar uma palavra com ela.

— Olá... — mas sua voz vacilou. Era a voz de um adolescente inexperiente no amor, inseguro com a paixão.

Ela esperou que ele dissesse mais alguma coisa, percebendo que não faria se não tivesse uma ajuda, ela disse:

— As palavras sempre se perdem na sua boca?

Ele riu. Seu riso suave refletia uma certa angústia.

— Olá. — adiantou-se ela, com um sorriso bonito florindo nos lábios.

— Olá, meu nome é Michel... Michel...

— Michel Michel?

— Não, só Michel.

Ela riu e se apresentou:

— Chamo-me Natalie.

— Olá, Natalie... A moça de vestido azul... Eu já a havia apelidado com esse nome. Por causa do vestido, você sabe...

— Um apelido um pouco comprido, não?

— Sim, mas... Eu vou sempre me lembrar de você assim.

Os dois riram novamente. O silêncio se fez presente a seguir, enquanto o coração dos dois parecia bater mais forte. Michel, segundos depois, falou:

— Quem dera pudéssemos registrar o tempo exato do nascimento de uma grande paixão. O minuto em que ela brota, nasce, explode dentro da gente e nos arrasta como uma febre contente pelos anos subsequentes.

— Não se pode registrar esse momento porque ele é menos do que um segundo, do que um milésimo de segundo... A paixão chega sem aviso, já está em nós há muito tempo, quando percebemos que estamos apaixonados.

Ele concordou. Houve uma nova pausa até que Natalie dissesse:

— Todos querem saber qual é o objetivo da vida, mas o objetivo é muito claro, se você observar bem. O objetivo é amar. Pois todos são despertados pelo amor, cedo ou tarde, em suas vidas e esse amor é o que dá sentido e direção as nossas vidas e o que mais nos ensina ao longo dela.

— Você tem razão.

O sorriso suave de Natalie refletia agora uma certa angústia.

— O que foi?

— Nada. — mentiu ela, olhando com certa aflição ao redor.

— Você parece que ficou tensa de repente.

Ela suspirou. Procurou sorrir, mas o sorriso ainda refletia certa angústia.

— Disse algo que não devia?

— Não. Pelo contrário. Tudo o que disse soou tão certo aos meus ouvidos.

— Quero muito rever você, Natalie. Num outro local, em que possamos conversar sem atropelos.

Ela mordeu os lábios, incerta quanto ao que responder, mas, acabou concordando:
— Sim. Um dia, quem sabe...
Um dia? Pensou ele, desolado. Como assim um dia? Começando a acreditar que ela não o via pelo mesmo halo de fascínio com o qual ele a via.
— Preciso ir. — acrescentou Natalie, seriamente.
— Já? Por quê?
— Bem...
Ela parou de falar quando seus olhos avistaram os olhos de Eduard, olhando seriamente na sua direção. Michel olhou para lá e estremeceu ao avistar seu velho conhecido Eduard, vindo na direção deles.
Eduard chegou ao local de olhos cerrados, rosto fechado, as mãos se abrindo e fechando de nervoso.
A fim de quebrar o gelo, Natalie sorriu para ele e disse:
— Pensei que tinha se esquecido de mim. O que houve?
Eduard não respondeu. Mediu Michel de cima a baixo e, depois, lançou-lhe um profundo olhar de descaso.
— Deixe-me apresentá-los. — disse Natalie, polidamente. — Este é...
Mas ela não foi além disso. O tom cortante e afiado de Eduard cortou-lhe as palavras ao meio:
— Eu sei muito bem que é esse... — ele não completou o que ia dizer, seria melhor, previu seu bom senso.
— Ah, vocês já se conhecem?! — surpreendeu-se Natalie, sem esconder o embaraço.
— Sim. — murmurou Eduard com asco. — Quem não conhece o neto do judeu sovina?
A palavra "judeu" bateu forte dentro de Natalie. Como se fosse um pecado dizê-la e de fato era, crescera num lar católico, ouvindo desde menina maledicências a respeito da raça judia, especialmente, por parte do avô. Homem autoritário, ditador dos bons costumes e da moral.
Natalie ia dizer mais alguma coisa, quando foi interrompida por um forte puxão no braço. Eduard arrastou-a dali, sem o menor tato.
— O que deu em você? — perguntou ele, enfurecido. — Onde já se viu ficar conversando com aquele pagão?! Se seu avô descobre...

— E-eu não sabia, Eduard. — defendeu-se a jovem. — Não sabia que ele era judeu.

— Mas é.

— Como eu poderia saber se no fundo todo mundo é igual?

— Não deveria ficar conversando com qualquer um, Natalie. Deveria ser mais recatada.

O rapaz bufou e mudou de tom:

— Vamos esquecer esse episódio desagradável para que a nossa noite não seja uma ruína?

— Sim, é melhor mesmo esquecermos...

Durante todo o baile, Michel Baeck não conseguiu mais tirar os olhos de Natalie Arteche, nem ela tampouco dele. Volta e meia, os olhares de ambos se cruzavam, discretamente por parte dela, escancaradamente por parte dele. Algo ainda continuava se incendiando dentro deles. Algo indefinido, algo que só a alma podia compreender.

Parte 8

O sábado seguinte amanheceu com nuvens fugindo do céu. Um dia propício para um passeio no Jardim Botânico de Roma. Era por volta das catorze horas quando Natalie Arteche chegou ao parque para uma caminhada. O local estava cheio de jovens, crianças, mamães e babás. Havia também muitos casais enamorados, cavalheiros elegantemente vestidos, flertando com moças também elegantemente vestidas. O cenário ao ar livre era propício para diversas atividades.

Natalie Arteche não se importava de ir só ao passeio. Sabia que suas amigas teriam a mesma ideia e, portanto, logo encontraria companhia para caminhar. Mal sabia Natalie que o destino havia lhe reservado uma surpresa, uma pessoa bem diferente de suas amigas para lhe fazer companhia durante o passeio. Essa pessoa era Michel Baeck. Eles se encontraram por acaso. Quando se viram, a surpresa e a emoção provocada pelo reencontro saltou-lhes a vista. Michel ficou momentaneamente sem ação, só se dirigiu a Natalie depois de pedir licença ao amigo que o acompanhava.

O rapaz aproximou-se da jovem, tirou a boina que cobria o seu cabelo bem aparado, devidamente repartido, e sorriu.

— Como vai? Que bom que a encontrei. Desde que a vi naquele baile quis muito que isso acontecesse.

O reencontro com o belo e elegante rapaz pareceu ter deixado a moça sem graça, mas não era esse o sentimento que agitava o seu interior, a emoção do reencontro é que a deixara daquele jeito.

— O clima está realmente propício para uma caminhada, não? — comentou Michel. — Importa-se de eu caminhar com você?

Natalie não objetou.

Os dois seguiram, lado a lado, enquanto Michel procurava preencher o silêncio, falando de amenidades. Os dois logo chegaram ao ponto do parque conhecido como Bosco Romano, de onde se tinha uma vista panorâmica da cidade de Roma. Sem notarem, o casal foi se embrenhando pela vegetação luxuriante e agradável e, minutos depois, chegavam a Fontana Dei Tritoni (Fonte dos Tritões).

Michel continuava soltando sua voz bonita, grave, enquanto Natalie Arteche parecia ouvir tudo com muito interesse.

O rapaz, então, parou. Olhou para o céu azul e viu à distância, nuvens brancas sendo empurradas pelo vento para o norte. Comentou:

— Os dias se manterão firmes de agora em diante.

Diante do silêncio da jovem, Michel voltou-se para ela e falou:

— Você não disse uma palavra até agora. Começo a achar que sou uma companhia desagradável e indesejada.

— Não diga, isso. Você é uma excelente companhia. Falo sério.

— Mesmo?

— Sim. É que sou geralmente mais ouvidos do que boca.

— Dizem que nascemos com dois ouvidos e apenas uma boca que é para ouvirmos mais do que falarmos.

— Dizem... Será verdade? Falam tantas coisas sem fundamento, se você for pensar bem, para mim, muito do que dizem, não tem o menor fundamento, mas as pessoas acreditam porque nunca param para refletir a respeito. Acreditam em tudo que ouvem sem contestar.

Michel sorriu para ela, demonstrando grande apreciação e interesse por sua observação. O tempo pareceu congelar-se a seguir, o par de olhos dela, lindos, ficou preso ao par de olhos dele, também lindos. A respiração de ambos estava anelante, tanto como as batidas do coração.

— Gostei de você, Natalie. — murmurou ele, com sinceridade. — Desde a primeira vez em que a vi no baile, dentro daquele vestido azul.

Michel suspirou e completou com sinceridade:

— É bem mais do que gostar, Natalie. Estou apaixonado por você.

A declaração despertou a jovem do encantamento.

— Não diga isso, você mal me conhece.

199

— Já sou grande o suficiente para saber que ninguém precisa conhecer o outro a fundo para se apaixonar.

Natalie calou-se diante daquela verdade incontestável.

— Eu gostaria muito de poder...

Ela o interrompeu, com sua voz doce e terna:

— Você é judeu, não é?

— Sou, por quê?

— Eu, sinceramente, não tenho nada contra os judeus, mas...

— Mas...

— Meu avô tem. Tem, desculpe o termo, aversão à raça. É um católico fervoroso que não aceita nada nem ninguém que pertença a outra religião. Especialmente que não seja cristão.

— O que tem o seu avô a ver conosco, Natalie?

— Tem e muito, Michel. Ele é como um pai para mim. Depois que meu pai morreu na guerra, ele acolheu a mim e a minha mãe em sua casa, assumiu todos os compromissos que cabiam a meu pai. Devo respeito a ele...

— Você não acha que está se precipitando nas suas conclusões? Você ainda nem falou com seu avô a meu respeito. Ele nem sequer me conhece, quando me conhecer vai ver que sou diferente...

— Para o meu avô, todos os judeus são iguais. Ele não vai mudar quando o conhecer, o conheço bem, muito bem para saber que ele é teimoso e imutável.

— Quer dizer que é assim, nossa história termina aqui, sem nem sequer ter começado? Tudo por causa de um preconceito bobo?

— Eu não quero sofrer, Michel. Nem quero que você sofra.

— Por que tem de ser assim?

— Eu não sei... Mas é... A história da humanidade está cercada de amores impossíveis.

— Um lugar deve existir em algum canto do universo onde os nossos sonhos serão reais, onde amores impossíveis podem ser possíveis sempre... Onde a realidade seja avessa a desse mundo, onde as pessoas possam ser mais românticas, viver sob a luz do romantismo, um lugar em que tudo pode ser melhor, em paz, sem guerra, sem doenças, sem preconceito.

Michel, reflexivo, perguntou:

— Você concorda com seu avô, digo, a respeito do que ele pensa a respeito de nós, judeus?

— Não sei ao certo o que penso, se o que penso, é realmente o que sinto ou se é, na verdade, imposto pelo que meu avô, minha família, o que muitos cristãos pensam. Se é que me fiz clara.

— Eu entendo.

— Há um fato irrefutável em tudo isso, Michel. Quem renega Cristo...

— Mas nós não renegamos Cristo. Temos uma visão diferente da realidade que o cerca. Se você tiver tempo, vou contar-lhe o que se passou com a minha mãe e meu avô na guerra.

Natalie assentiu e se fez toda ouvidos. Ao término da narrativa, comentou:

— É uma história tão marcante, tão emocionante...

— É, não é? Pois bem, minha mãe me teve enquanto ela vivia no convento. E veja que, apesar de todo o preconceito que existe entre católicos, judeus e outras raças e religiões, esse convento não deixou de nos acolher num momento tão difícil, mostrando que ajudar o próximo é mais importante que qualquer rixa entre religiões.

— Eu concordo com o que você diz, faz todo o sentido. Antes o mundo pudesse ver isso. Ver que somos todos iguais, que o preconceito e o racismo só levam caos aos seres humanos.

Os dois conversaram por mais quase trinta minutos.

— Preciso ir, Michel... — disse Natalie Arteche, então.

Diante do carro da família, com chofer, a jovem despediu-se:

— Adeus!

— Adeus é muito tempo. — corrigiu Michel, com bom humor.

Natalie não disse mais nada, apenas endereçou ao jovem um olhar afetuoso, enquanto se ajeitava no assento do carro. Michel permaneceu ali, olhando para ela até o carro se afastar.

— Isso não vai ficar assim, não pode, não é certo. — desabafou o rapaz consigo mesmo.

Michel Baeck voltou para a casa determinado a lutar pelo amor de Natalie Arteche. As religiões existem, essa era a sua opinião, para ligar o homem a Deus, não para separar quem se ama. O amor é tudo na vida, é o que dá sentido a tudo, é o que move o mundo. Por isso era o "bem" mais precioso da vida, pelo qual todos deveriam lutar, não deixar que nada o destruísse, ou os separasse por conceitos limitados. Todos deveriam lembrar, sempre, que o mundo e as pessoas, sem amor, nada seriam...

Quando Michel voltou para casa, Viveck quis ter uma palavrinha com o filho.

— E aí, meu rapaz, o que há? Tenho notado que anda com a mente longe, o coração opresso. Isto está me cheirando a paixão. Fiquei do mesmo jeito quando me descobri apaixonado por sua mãe.

— É mesmo?

— Sim. Agora me diga, quem é ela? A garota que está deixando você com essa cara de bobo?

— O nome dela é Natalie. Gosto tanto dela, pai, mas o fato de eu ser um judeu torna o nosso amor mpossível.

— Por quê?

— Porque o avô dela é um daqueles católicos fanáticos que não aceita ninguém na sua família que não seja católico.

— O nosso amor, digo, o meu e de sua mãe também enfrentou muitos obstáculos no passado, Michel. Mas com perseverança, o amor foi mais forte e venceu todos os obstáculos.

— O senhor acha que eu devo insistir nesse amor? Que eu tenho alguma chance?

— Faça o que o seu coração mandar, meu filho.

Mais tarde, Viveck contou à esposa o que se passava com Michel. Depois comentou:

— Se Michel soubesse que, na verdade, não é um judeu...

Sarah objetou no mesmo instante:

— Ele nunca pode saber, Viveck. A revelação prejudicaria todos nós, acredite-me. Prometa-me, por favor, que não vai dizer a ele nada a respeito.

— Calma, meu amor. Eu prometo.

Sarah pareceu mais aliviada, Viveck, entretanto, agora estava preocupado.

Helena Giacommo estava mais uma vez na casa do sogro, fazendo uma visita. Há semanas que o pobre homem estava doente.

Eutaschio Rennie não fazia segredo de ninguém o quanto gostava da nora. A certa altura da visita, quando os dois ficaram a sós na sala, o senhor de setenta e cinco anos aproveitou para dizer a Helena o que há muito ansiava por lhe dizer:

— Você, sim, Helena, é a mulher ideal para o meu filho.

Helena ficou comovida com o elogio.

— Não se constranja diante do elogio. Elogios devem ser apreciados.

Helena sorriu, Eutaschio Rennie continuou, com voz pausada:

— Fui sempre um homem contra o divórcio. Sempre achei que deveríamos seguir à risca os mandamentos da Igreja: o que Deus uniu, ninguém jamais separa. Mas o tempo me fez perceber que não se pode manter unido o que se desune constantemente, um cônjuge que não se esforça nem um pouco para se manter casado. Foi o caso do meu filho e da primeira esposa dele. Ambos se queriam até um ponto, depois, não mais. Viviam de aparências, fingindo ser um casal perfeito quando, na verdade, não tinham interesse algum pelo outro. Isto não está certo...

O homem fez uma pausa para tomar ar e prosseguiu:

— Com você, Helena, meu amado Desmond é feliz.

— Eu também sou muito feliz ao lado dele, senhor Eutaschio.

— Eu sei.

Nova pausa e, num tom um pouco mais compenetrado, o homem declarou:

— Eu amei minha esposa, Helena, amei muito, sim. Nos dávamos bem, tínhamos uma vida feliz lado a lado. Antes dela, porém, houve uma outra mulher que também amei muito. Mas o destino nos afastou, até hoje me pergunto o porquê. Essa mulher, Helena, bem... Essa mulher foi sua mãe.

Os olhos de Helena se mostraram perplexos diante da revelação.

— Acho que você nunca soube disso, não?

— Sinceramente, não. Jamais faria ideia que...

— Eu e sua mãe vivemos uma grande história de amor. Mas, então, de uma hora para outra Dagmara desistiu do nosso relacionamento.

— Por quê?

— Nunca soube a razão. Pensei que havia outro homem, mas não, não havia ninguém. Tanto que ela se casou com seu pai muito tempo depois de ter desistido de mim, quase oito anos depois do nosso rompimento, época em que eu já tinha os meus dois filhos. Desmond já estava com quatro anos nessa ocasião.

— Minha mãe nunca contou ao senhor o verdadeiro motivo que a levou a romper o relacionamento com o senhor?

— Não. Quis muito saber, tanto que quando estive em sua casa, há mais de 20 anos atrás, para pedir a ela que permitisse o seu namoro com Desmond, eu pretendia também desvendar o mistério, mas ela se recusou, mais uma vez, a tocar no assunto, da mesma forma que se recusou a permitir que você e Desmond namorassem.

— Estou surpresa com tudo isso, Sr. Eutaschio. Nunca soube que o senhor havia estado em minha casa para tal.

— Estive sim. Queria muito a felicidade do meu filho e a sua felicidade. Sabia que ela só estava mandando você para o convento para afastá-la de Desmond. Ferir a ele por ser meu filho e, consequentemente, a mim por ser seu pai.

— Meu Deus...

— Há muito que queria lhe contar a respeito, Helena. Só hoje é que tive coragem.

— O senhor fez muito bem em me contar. Fez sim.

Ele apertou a mão de Helena, carinhosamente, e comentou:

— Veja como a vida é interessante. Por mais que sua mãe tenha feito de tudo para afastar você de Desmond, vocês acabaram juntos. O que prova que quando o amor fala mais alto... as forças do Além se unem a favor daqueles que se amam.

Helena partiu da casa do sogro, naquela tarde, pasma com a descoberta que havia feito. Decidiu seguir de lá, direto para a casa da mãe, para tirar aquela história a limpo, ouvir a sua versão sobre os fatos, olhando nos olhos dela, sem desviar. Iria sozinha, seria melhor. Por isso, Desmond voltou para a casa dos dois, só.

Helena entrou no jardim da casa da mãe, procurando disfarçar a apreensão. Qualquer um podia ver que estava trêmula e ligeiramente pálida, com aquela palidez que só os tensos adquirem. Deu três toques na porta da frente da casa, com força suficiente para ser ouvida. Torceu para que Eduard não estivesse lá, seria melhor ter aquela conversa com a mãe longe dele. Entretanto, se estivesse, que ouvisse tudo que elas tinham a conversar para que ele, também, começasse a conhecer Dagmara Giacommo, no íntimo. Para que soubesse quem era ela por baixo da carcaça de católica fervorosa e defensora do moral e dos bons costumes.

A porta se abriu de supetão, filha e mãe estavam novamente face a face, olhos nos olhos, depois de muito tempo. Desde que Helena havia sido expulsa daquela casa.

— Mamãe... — gaguejou Helena. — Posso entrar? O que eu tenho a dizer a senhora é do seu interesse.

Dagmara estava prestes a bater a porta na cara da filha quando a voz de Albela soou atrás dela.

— Dê passagem para a sua filha entrar, Dagmara.

A mulher havia ido visitar a comadre que a recebeu em sua casa, como sempre, a contragosto.

— Cale-se, Albela.

Num gesto até que bruto, Albela Santoli pegou a maçaneta da porta e a escancarou.

— Entre Helena, por favor. — disse com sua habitual candura.

A voz de Dagmara tornou a soar no recinto, alta e aguda, quase histérica.

— Que essa "mulher" não ouse pôr os pés em minha casa!

Albela fez um sinal, com a mão e com a cabeça para a afilhada. Helena achou melhor fazer o que a madrinha lhe pedia. Ao ver a filha entrando, Dagmara deu dois passos para trás e voltou o rosto para a parede. Arrepiou-se quando Albela, carinhosamente, cumprimentou a afilhada.

— Querida, quanto tempo! — confessou a senhora, enquanto abraçava a afilhada. — Estava com saudade de você, meu anjo.

— Eu também, madrinha.

Albela admirou por alguns segundos o rosto de Helena e, voltando-se para Dagmara, disse:
— Vou deixá-las a sós para conversarem. Será melhor.
Sem mais, deixou a sala e seguiu na direção dos fundos da casa. Assim que ela se foi, Helena respirou fundo, por diversas vezes, enquanto tentava encontrar um tema para dar início à conversa. Apenas duas palavras acudiram. Eram absurdas, mas ela as pronunciou assim mesmo:
— A senhora é feliz, mamãe? Responda-me. Sou sua filha e não sua inimiga. Sou seu braço direito para o que der e vier, devo minha vida à senhora e, por isso, devo-lhe amparo, carinho, afeição e compreensão.
Dagmara voltou-se para a filha e, com os olhos espumando de ódio, respondeu:
— Eu não tenho mais filha. Filhos devem respeito e obediência a seus pais. Tudo o que você nunca soube me dar. Por isso eu a renego.
"Você deveria ter morrido no meu ventre. Se tivesse, teria me poupado de toda a vergonha que me causou. Eu entreguei você a Deus, mas nem Ele o quis por lá. Porque repele todos aqueles que são filhos do demônio."
Helena resolveu ir direto ao que vinha:
— Foi porque a senhora e o senhor Eutaschio Rennie não se casaram que a senhora não quis que eu me casasse com Desmond Rennie, não foi? Porque a senhora amava o senhor Rennie, sempre o amou, ainda o ama e receia que toda sua devoção desmedida à Igreja é para encobrir seus sentimentos por ele.
Dagmara estava com a mão no ar, pronta para dar um tapa no rosto da filha quando Helena a segurou.
— Não, mamãe! Não mais! Nunca mais a senhora vai descontar em mim a sua infelicidade.
Helena sacudiu a cabeça e acrescentou, em tom pesaroso:
— Eu tenho pena da senhora, minha mãe, muita pena. Não sinto raiva, nem ódio nem rancor pelo que me fez, apenas pena, por não ter sido feliz como tanto quis. Por ter impedido que eu fosse feliz para não ferir seu ego, seu orgulho ferido.

"Mas sabe, mamãe, hoje sei que Deus quer a nossa felicidade, e a maior prova disso é a realidade que estou vivendo agora. Porque agora sou feliz, muito feliz!".

O silêncio, fúnebre, ressurgiu na sala. Diante da quietude da mãe, Helena achou por bem encerrar a visita ali. Enxugou as lágrimas num lenço, ajeitou os cabelos atrás das orelhas e antes de partir, disse:

— Adeus, mamãe. Fique com Deus.

Assim que Dagmara se viu só na sala, seus olhos que até então faiscavam de ódio e revolta, transpareciam, agora, muita tristeza. Sem perceber, sentou-se na poltrona. Seu olhar pousou no tapete com estampa florida que cobria parte do chão do aposento e desligou-se do mundo.

Voltaram a sua lembrança as vezes em que ela chorara em silêncio para que ninguém, nem mesmo Deus visse seu lamento. Mas se Deus tudo vê, tudo sabe, por isso, Ele logo ficou a par da sua fraqueza. A fraqueza que ela fez o possível e o impossível para esconder de si mesma e tentar esquecer. O amor que sentia por Eutaschio Rennie. Aquele amor que ela considerava errado. Aquele amor inacabado. O desejo ardente por ele, que tantas vezes, ela necessitou acalmar por meio de banhos frios visto que as orações intermináveis não conseguiam mais controlá-lo.

Se as pessoas que a conhecem, soubessem que foi um alívio para ela quando o marido faleceu, que apesar de rezar, dia e noite, noite e dia, pela sua recuperação, ela queria, no íntimo, que a morte o levasse.

Só Deus, por poder atravessar seus pensamentos, sabia que ela só se casou com ele para cumprir o mandamento de Deus: casai-vos e multiplicai-vos; que nunca o amara, apenas o tolerara durante os poucos anos em que ficaram casados.

Dagmara Giacommo não sabia que o marido não sofria somente pela doença, mas por ter descoberto que a esposa só se casara com ele para agradar a Deus; que nunca o amou como ele quis tanto ser amado. O baque que levou com a descoberta, o levou à doença.

Mas ela não se sentia culpada por isto, pois aprendera na sua religião que Deus tudo perdoa e, portanto, haveria de perdoar-lhe. Bastava dizer que estava arrependida e rezar um pai-nosso e três ave-marias. Será mesmo que é tão simples assim?

Dagmara só despertou de seus pensamentos quando Albela voltou à sala. Havia até se esquecido da presença dela na casa. Quando seus olhos encontraram os da comadre, Albela disse:

— Não pude deixar de ouvir a conversa entre você e Helena, Dagmara. Se quer a minha opinião, foi melhor assim. Acredite-me.

— Eu não pedi a sua opinião.

— Só estou querendo ajudá-la.

— Ajudar-me? Quem você pensa que é? Só Deus pode me ajudar. Só Jesus. Ninguém mais tem esse direito. Ainda mais você que, assim como Helena, só me trouxe vergonha e decepção.

Albela achou melhor encerrar o assunto ali. Partiu, dizendo apenas "Boa-noite".

Dagmara permaneceu calada, com os olhos cada vez mais vermelhos, com apenas um fio de lágrima escorrendo por sua face.

Helena durante todo o trajeto de volta a casa onde vivia com o marido, refletiu sobre tudo o que havia descoberto. Ainda lhe era assustador saber que a mãe, para evitar ferir seu ego e sua vaidade, por vingança, a fez pensar, sem consideração alguma pelos seus sentimentos, que ela tinha de ser freira. Ela a usou como um marionete sem ter consideração alguma pela sua felicidade. Só pensou no próprio umbigo. No incômodo que seria para ela ver a filha casada com o filho do homem que tanto amou no passado. A mãe havia sido cruel com ela, e ainda se dizia uma defensora do moral e dos bons costumes, uma serva fiel de Deus.

A mãe era como muitos que frequentam a igreja: só aparências, nada mais. Na igreja se mostravam santos, fora, demônios.

Naquela noite, assim que chegou a casa, Helena contou toda a verdade a Desmond. Ao fim da narrativa o marido abraçou a esposa e disse, com voz embargada:

— O importante é que acabamos juntos, meu amor. Que o amor foi mais forte que tudo, venceu todas as barreiras, a nosso favor.

Parte 9

A tarde caía bonita em Roma, ao longo dos Jardins do Pincio, famosos por sua frondosa vegetação, conhecida desde a época da Roma Antiga, Natalie e duas amigas, elegantemente vestidas, caminhavam, jogando conversa fora, admirando os rapazes. De repente, uma das amigas se agitou toda por causa de um jovem que caminhava ao lado de um amigo, conversando animadamente, não muito longe de onde elas estavam.

Ao notar os olhos da jovem, voltados para ele, admirando-o com certa discrição, o rapaz a fitou com simpatia.

— Ah! — suspirou Juliet. — Ele também está me olhando, e com aqueles olhos... Vejo de imediato que se trata de um rapaz fino e educado. Um, dentre poucos, que se afina com a nossa condição social, nossa estirpe, nosso sangue azul.

— Desde quando você tem sangue azul, Juliet? — questionou Ilze, olhando de soslaio para a amiga.

— Para mim, Ilze, todos que nascem numa família de classe alta, como a nossa, têm sangue azul correndo nas veias.

— Nunca tinha ouvido uma asneira dessas. Boa teoria.

Juliet defendeu-se:

— Posso muito bem ser descendente da realeza, sim, por que não? Sou fruto de muitas uniões, meu tataravô pode muito bem ser filho bastardo de um dos filhos da rainha da Inglaterra. Vai saber...

A suposição da amiga provocou risos em Ilze e Natalie. Segundos depois, Natalie, pensativa, comentou:

— Juliet, você falou algo para se refletir...

— É? — espantou-se, Juliet.

— É, sim. Quando você disse que somos frutos de varias uniões, você tem razão. Quantas e quantas pessoas o amor uniu para que nós nascêssemos? Milhares. Somos frutos de casamentos, com ou sem papel, em cima de casamentos e casamentos... Quem será que foram nossos avós, bisavós, tataravós, tatatataravós e, assim por diante? Como viviam, como se apaixonaram, como morreram? O que faziam, qual era a personalidade deles? Foram felizes no casamento? Na vida? Podemos ter até sangue judeu e não sabemos. Muita gente que abomina judeu pode ter ascendência judia, e vice versa. Muito judeu que abomina outras raças e religiões pode ter ascendência católica. Pode ser filho de índio e até de negros.

— De negros?! — barbarizou-se Juliet, evidentemente enojada com a ideia.

— É. Como você sabe que não tem sangue de negro, ou de egípcio, ou de judeu, ou de indiano, ou de oriental correndo nas suas veias? Não temos como saber quem foram os nossos ancestrais, ao menos por enquanto.

"Quando percebemos que somos frutos de diversas uniões ao longo dos séculos e milênios, todo e qualquer preconceito e racismo se torna ridículo. Uma profunda estupidez.

"Quando percebemos que nascemos de uniões percebemos, também, que sem amor nada seríamos porque é o amor que nos une. Que dá sequência a nossa existência.

"Outro dia li um artigo sobre Espiritismo. Um artigo muito interessante. Segundo a doutrina Espírita nós reencarnamos muitas vezes na Terra. Se isso for realmente verdade, vá saber se nossos antepassados não somos nós mesmos em vidas passadas?

— Se seu avô ouve você falando sobre Espiritismo, Natalie.

— Não precisa nem ouvi-la falar — interpelou Ilze —, basta pegá-la lendo algo sobre o assunto. Ele a deserda.

— Sou uma mulher de opinião, minhas amigas, não é porque amo meu avô e ele pensa de uma forma, que eu vou pensar igual.

O assunto se interrompeu quando Juliet se pavoneou toda:

— Ai, ai, ai o rapaz lindo e charmoso está vindo para cá. Acho que estou ficando sem ar.

Ela se referia ao rapaz com que flertou há pouco:

— Acalme-se, Juliet — acudiu Ilze. — Não vá fazer feio na frente do moço.

Os dois rapazes, elegantemente vestidos, de porte esbelto caminhavam de fato na direção das três. Quando Natalie olhou para eles, surpreendeu-se ao reconhecer Michel.

— Senhoritas. — disseram os dois, em uníssono.

— Rapazes. — agitou-se Juliet.

Mesmo com seus cabelos em desalinho, por causa do vento que agitava as árvores Natalie se mantinha linda. Majestosamente linda. Observava Michel enquanto dialogava com a moça.

Eduard cujo prazer maior era seguir Natalie de longe, chocou-se ao vê-la novamente na companhia de Michel Baeck. Ficou imóvel, com os lábios duramente comprimidos, de raiva e também para impedir que tremessem. Só um pensamento atravessava seu cérebro naquele instante, um só: esmurrar Michel Baeck, afastá-lo de Natalie a ponta pés. Não era à toa que sua avó o ensinara a se afastar de judeus, eles eram realmente a seu ver, insuportáveis.

Eduard começou a andar desassossegadamente de um lado para o outro, levantando as folhas marrons e douradas deixadas pelos últimos dias do inverno. Espalmou as mãos em sinal de exasperação. Queria porque queria ir até Michel, tirar satisfação do rapaz. Encontrou então uma solução melhor para o caso, o que o fez ir embora dali, cuspindo ódio e respirando aceleradamente pela boca. O vento frio que subitamente começara a congelar o lugar tornou-se imperceptível para ele, só uma coisa o incomodava, o ciúme queimando sua alma.

Ao voltar para casa, Michel encontrou o pai sentado à sala na presença do avô, em meio a um silêncio desconfortável e sepulcral. Ao vê-lo, Ishmael largou o jornal e o recebeu com grande alegria. Ishmael Baeck tornava-se outra pessoa quando se via na presença do neto. Ficava mais leve, mais jovial. Quando restaram somente pai e filho no aposento, Viveck comentou assim que o silêncio se prolongou:

— Pela sua aparência, vejo que algo de bom aconteceu. Aposto que se encontrou com a tal jovem, não?
— Sim. E foi ótimo desta vez, papai. Bem melhor do que o nosso último encontro. Alimentou minhas esperanças.
— É o amor, outra vez, chegando sem avisar. — opinou Viveck, em tom de poesia.
Pai e filho sorriram um para o outro.

Natalie, assim que chegou em sua casa, foi beijada pelo avô, com floreios exagerados, com a mesma alegria com que Ishmael Baeck recebera o neto.
— Onde estava? — quis saber o avô, acreditando que ela havia saído com Eduard para passear em Piazza del Popolo, visitar as igrejas gêmeas da Santa Maria dei Marcoli e a igreja do Montesanto.
— Por aí... — respondeu Natalie, prontamente.
— Pelo seu semblante percebo que estava muito bem acompanhada.
Natalie foi até o espelhou e se olhou. Disse:
— Não vejo nada diferente em mim, vovô, são seus olhos.
Sorrindo, ela beijou novamente o avô e seguiu para o seu quarto. Ferdinando Arteche sorriu para si mesmo e voltou a se concentrar no jogo de paciência.
Eduard, por sua vez, chegou em sua casa, cuspindo fogo pelas ventas. Estava tão transtornado que quem o conhecesse não o reconheceria. Aproximou-se às pressas de uma cômoda, despejou numa bacia um pouco de água de um jarro, mergulhou nela as mãos e depois lavou às faces ruborizadas, queimando de ciúme. Enquanto enxugava o rosto, ouviu sua mente dizer-lhe:
— Tenho de afastar aquele judeuzinho safado de Natalie, de uma vez por todas, e já sei como fazer isso.

No dia seguinte, assim que Eduard encontrou uma brecha no trabalho foi até o patrão e pediu-lhe um minutinho de sua atenção.
— Meu senhor, eu...
A voz de Ferdinando Arteche retornou antes da dele.

— Diga, meu rapaz, o que houve?
— Não quero parecer fofoqueiro, mas...
— Desembuche logo, Eduard, não gosto de rodeios.
— É a respeito de Natalie, meu senhor.
— Natalie?! O que tem ela, vamos, fale, Eduard, por favor.
— Ela tem sido vista na companhia do neto do senhor Ishmael Baeck.
— O judeu sovina?
— O próprio, meu senhor.
— Você tem certeza?
— Já haviam me dito, mas só acreditei quando os vi juntos com os meus próprios olhos. Ontem, por exemplo, ficaram em longa palestra enquanto caminhavam pelos Jardins do Pincio.

A voz de Ferdinando Arteche elevou-se em protesto:
— Natalie e o neto daquele judeu muquirana, juntos em Jardins do Pincio?! Não posso acreditar... Recuso-me a acreditar. Você fez bem em ter me contado, Eduard, vou falar com Natalie assim que chegar em casa. Preciso cortar o mal pela raiz, melhor ainda quando esse mal ainda é só raiz.

Pegando firme no ombro de Eduard Giacommo, Ferdinando Arteche falou, seriamente:
— É bom saber que posso contar com você em todos os sentidos, Eduard. Você é um rapaz e tanto. Ficarei muito contente se demonstrar maior interesse pela minha neta.

Os olhos de Eduard brilharam diante do desejo do homem a quem estimava como um pai.
— Eu já tenho grande interesse por sua neta, meu senhor.
— Eu sei. Ela também tem por você. Quero apenas que você, a partir de hoje, demonstre mais esse interesse por ela, ficarei muito feliz se um dia você entrar para a minha família.
— Sentirei muito orgulho, meu senhor, se um dia isso acontecer.

Naquele fim de dia, Eduard Giacommo voltou para sua casa com a mente nas nuvens. Receber o consentimento para namorar Natalie Arteche, que tanto amava, foi para ele o acontecimento máximo do ano. Desde que a conheceu, ele soube de imediato que ela era a mulher da sua vida, disso ele não tinha dúvidas, jamais teria. Só faltava agora

213

ela aceitar o seu pedido de namoro o qual faria na primeira oportunidade que aparecesse.

Naquele dia, assim que Ferdinando Arteche entrou na sua casa, chamou a neta para ter uma conversa muito séria.

— Onde já se viu, minha neta, que crio com tanto amor e dedicação, de trela com um judeu imundo? Perdeu o juízo? O que as pessoas vão pensar? Está por acaso querendo denegrir a imagem da nossa família?

— Eu não sabia que Michel era judeu, vovô. — mentiu Natalie. — Como poderia?

— Você é muito inexperiente com a vida, Natalie. Há muito que aprender sobre ela. Um judeu se sente pelo faro. Experimente inspirar o ar quando estiver perto de um e veja o que acontece. Suas narinas logo estarão ardendo, pois o ar que fica ao redor deles é corrosivo. Que isso nunca mais se repita, Natalie. Nunca mais!

O avô encheu os pulmões de ar e acrescentou:

— Você vai se casar com Eduard, Natalie.

— Eduard?!

Os olhos da mocinha se abriram, chocados.

— Sim, Natalie. Eduard Giacommo. Sei que ele está interessado em você há muito tempo. Acho que desde a primeira vez em que a viu. Qualquer um pode perceber que o rapaz muda quando está ao seu lado.

— Eduard é realmente um encanto de rapaz, vovô, mas eu, sou tão jovem para me envolver com alguém...

— É jovem, sim, não resta dúvida. Mas quando se sentir preparada para assumir um namoro com um rapaz, que esse rapaz seja Eduard Giacommo, Natalie. Isso me dará muito gosto.

— Está bem, vovô, não me esquecerei. Se isso lhe agrada tanto...

— Agrada-me, muito, minha neta. Não faz ideia o quanto. Vejo em Eduard o filho que a guerra me roubou. Seu pai...

Um choro repentino calou a voz de Ferdinando Arteche.

Natalie foi até o avô e pousou a mão no seu antebraço, procurando lhe transmitir algum conforto.

— Eu também sinto muito a falta do papai, vovô. Impossível não sentir.

— Já faz tanto tempo que ele se foi... — lembrou o homem, entre lágrimas. — Maldita guerra.

Houve um breve silêncio, em que se ouvia apenas a respiração pesada de ambos. Nesse período, a jovem teve sua mente invadida pela lembrança dos poucos, mais significativos momentos que passou ao lado de Michel Baeck. Seus olhos escuros, vivos, seus lábios rosados, bonitos... Sua pele macia... Aquilo tudo que parecia fazer parte dela, de certo modo, ser uma extensão da sua alma. Novamente ela sentiu pena, pena por vê-lo interessado nela e não poder tê-la jamais, e pena de si mesma pela mesma razão.

Quando Natalie saiu da sala, encontrou a mãe parada rente à porta. Parara ali, certamente, para ouvir a conversa entre a filha e o avô. Assim que Natalie a viu, Bettina pôs o dedo indicador sobre os lábios como quem faz para pedir silêncio. Mãe e filha só conversaram quando se trancaram no quarto de Natalie, no andar superior da casa.

— Ouvi a sugestão de seu avô para que se case com Eduard.

— Mamãe, eu não devo me casar com um rapaz só porque o vovô quer. — explicou Natalie, com lógica. — Não posso viver conforme as determinações do vovô. Tenho de pensar na minha felicidade ainda que ela não seja aprovada pelo vovô.

— Eu sei, filha...

— Eu gosto de Eduard, mamãe. Gosto dele desde o primeiro instante em que o vi. Acho-o bonito e elegante, charmoso. Um homem de verdade. Adoro o seu jeito tímido e toda vez que fica vermelho quando o toco ou lhe beijo a face. Estava certa de que iria me casar com ele...

— Mesmo?!

— Sim. Foi o que pensei até conhecer Michel Baeck.

— Michel Baeck. Quem é esse?

— Conheci-o num baile. É um rapaz tão lindo quanto Eduard. Só há um problema: ele é judeu.

— Então, minha filha, é um problema e tanto, pois seu avô nunca consentirá que você se case com um judeu.

— Eu sei, entretanto, se o amo e ele me ama e acharmos que devemos nos casar, vovô terá de aceitar o que eu decidir por bem ou por mal.

215

Bettina mordeu os lábios. A determinação da filha a deixou apreensiva. Ela temia aborrecer o sogro e, com isso, perder sua guarda.

A pergunta de Natalie a seguir pegou a mãe desprevenida:

— E a senhora, mamãe? Não pretende se casar novamente? Papai faleceu já faz tantos anos...

— Casar com um outro homem é para mim como trair seu pai. Eu não suportaria.

— Mas a senhora é tão jovem...

— Eu só tive olhos para o seu pai, Natalie. Nunca, por momento algum, outro homem conseguiu chamar a minha atenção. Sou uma mulher de um homem só. E gosto disso, de viver devotada a ele, mesmo que esteja morto.

— Por falar em morte... Outro dia li uma matéria sobre vida após a morte. Era, na verdade, uma matéria falando sobre Espiritismo.

— Você não deveria ler essas coisas, Natalie, elas vão contra a nossa religião.

— Gosto de ler tudo, mamãe, para saber o que realmente faz sentido ou não nesse mundo.

A mãe quedou pensativa. A seguir, ouviu com grande interesse a filha falar sobre o que havia lido.

Dias depois, quando Eduard e seus colegas voltavam de uma bebedeira, encontrou, por acaso, Michel Baeck.

— Ora... ora... ora... — sibilou Eduard, em tom de deboche —, se não é o neto do judeu mais desalmado da cidade.

Um riso sibilante escapou por seus lábios e vapores de uísque adensaram-se em torno da cabeça de Michel. Depois o riso cessou e Eduard encarou Michel como um lobo encara a sua presa.

Michel pensou em se defender, à altura, mas uma voz na sua cabeça o advertiu:

"Calma, rapaz, o que esse moço quer é atiçar sua ira. Por isso ele o incita dessa maneira, só para forçá-lo a ter um bom motivo para brigar. Revidar seu gesto e suas palavras. Atiçar seu lado animal e bestial. Não permita que ele consiga. Não faça seu jogo. Se fizer, os dois perdem. Aja, diplomaticamente."

Michel concordou com o conselho e fazendo uso de um tom ponderado disse:

— Deixa-me em paz, Eduard, por favor...

Suas palavras foram interrompidas, quando Eduard, bateu, rudemente no seu ombro.

— Parece uma moça falando. – comentou no seu tom mais irônico. E tomando um tom efeminado completou: – *deixa-me em paz, por favor.*

Os colegas riram da situação. Nisso, Eduard dirigiu ao rapaz um sorriso de lobo. De um lobo que zomba de sua presa, e num repente, catou no colarinho de Michel e o torceu com toda a força que podia impor à mão:

— Toma jeito de homem, seu frouxo, marica...

"Calma, rapaz", tornou a voz dentro de Michel. "Esfrie o sangue!"

— Reaja! – bramiu Eduard no cume da impaciência. – Vamos, seu judeu de *mer...*, reaja!

A única reação por parte de Michel foi um suspiro, longo e pesado. Então, Eduard, tomado de súbita fúria jogou Michel contra a parede e o prensou contra ela com toda a sua força.

— Afaste-se dela, seu judeu imundo! – ordenou, entre dentes, sacudindo o jovem com sua força incrível, como um adulto sacudiria uma criança. – Aproxime-se de Natalie, mais uma vez, e eu o mato! Está me ouvindo? O mato! Imundo. Você é o que se pode chamar literalmente de um *bos....* Ou qualquer outra palavra que sirva.

A última palavra saiu acompanhada de um cuspe.

E fazendo uso das palavras de Dagmara, Eduard acrescentou:

— Você, como todos da sua raça, deveriam ser recolhidos à escuridão do ventre de onde nunca deveriam ter saído.

A seguir, Eduard, acompanhado de sua turma de amigos, deixou o local, gargalhando alto e exageradamente.

Michel ficou ali, tirando do rosto, com um lenço, o cuspe de Eduard e o suor que jorrava de seus poros, perguntando se havia feito bem em ouvir a voz interior. Foi então que a mesma voz lhe disse:

"Você fez o que era o certo, sim, Michel. O que mais deixou Eduard indignado é o fato de você se manter firme do lado do bem. Não

217

esmoreça. Pode parecer que você saiu perdedor, mas no fundo, diante das leis que regem este universo, você é o vitorioso."

— Eu não entendo... — murmurou Michel —, qualquer um, em sã consciência, que tivesse assistido ao que se passou há pouco comigo me tomaria como um perdedor, um fracote, um marica.

A voz interior foi rápida e precisa na resposta.

"Porque eles julgam a situação por meio de valores hipócritas e medíocres que servem o homem enquanto na Terra.

"Lembre-se, Michel, diante da vida, da essência da vida, de Deus, nenhuma injustiça passa despercebida. O tempo sempre nos mostra que justiça é feita. Observe...

"Hitler tinha bons propósitos para o seu país, sim, tinha, mas a partir do momento que seus propósitos desrespeitaram a liberdade de ser e pensar do próximo, tudo acabou em ruínas. Diante de suas vitórias nos primeiros anos de guerra seu ego inflou de tal forma que ele pensou que nada mais se oporia aos seus propósitos de conquista e de purificação da raça humana. Foi então que sua onipotência tornou-se sua decadência.

"Para todo o mundo, até mesmo para os alemães que se opunham a Hitler, parecia que Hitler e o nazismo nunca pagariam pelo que estavam fazendo aos judeus, homossexuais, ciganos, testemunhas de Jeová e as pessoas com deficiências físicas e mentais que ele mandou matar em câmaras de gás. Parecia, também, que não haveria justiça para os soldados alemães feridos na guerra, que foram mortos ao invés de serem tratados, porque o nazismo só valorizava o que era forte e sadio.

"Mas então, quando a justiça divina parece ter-se esquecido de todos, ela surge, levando a Alemanha nazista à derrota. Uma derrota que deixou a linda Berlin, que poria a beleza de Paris à sombra, como profetizou Hitler no início da guerra, durante sua visita a França, em destroços, manchada de sangue, horror, revolta, tristeza e vergonha."

— Ainda que se tenha feito justiça. — comentou Michel com a sábia voz interior. — Que a Alemanha nazista e seus aliados tenham pagado, entre aspas, pelo que fizeram ao próximo, todos aqueles milhões de judeus que foram assassinados nos campos de concentração e extermínio não receberam justiça, perderam a vida que poderia ser maravilhosa até a velhice.

— Lembre-se, Michel, que a vida não termina com a morte.

— Isso não passa de uma suposição.

— Uma suposição que nunca será confirmada, ao menos para aqueles que ainda não conseguiram encontrar o equilíbrio interno.

— Não compreendo.

— Se a ciência provar que a vida continua além da morte, as pessoas podem se iludir, achando que é melhor morrer para ter uma vida mais digna no Além. Com isso, acabam menosprezando o que a vida aqui na Terra tem a lhes ensinar, objetivo mor de sua encarnação.

"Os kamikazes morrem por acreditar que a vida no Além era melhor, mas a verdade é que a vida no Além é uma extensão do que cada um faz de si mesmo nesta vida atual (vida terrestre), até o momento do seu desencarne."

— Tudo isso é muito confuso para mim, eu não entendo...

— Você ainda não está preparado para compreender. Tudo tem o tempo certo para acontecer.

A voz se silenciou, Michel se silenciou. Agora, somente a voz do coração falava dentro dele.

Parte 10

Dois dias depois, Michel Baeck estava mais uma vez na companhia de Natalie. Os dois caminhavam pela Piazza del Popolo, a famosa praça em tamanho oval, com um grande obelisco egípcio no centro, dedicado a Ramses II, onde estão localizadas as famosas igrejas gêmeas da Santa Maria dei Marcoli e a igreja do Montesanto, além da igreja de Santa Maria del Popolo. Local que é ponto de encontro frequente para os romanos e pode acolher até 30.000 pessoas para a realização de concertos ao ar livre e eventos políticos.

Os dois jovens caminhavam, trocando ideias, como gostavam de fazer, quando Eduard Giacommo surgiu na frente deles como que por encanto.

Não houve sequer uma palavra por parte de Eduard, ele simplesmente fechou o punho e acertou o rosto do rapaz.

— Eduard! — gritou Natalie, chocada. — Pare, por favor!

Mas, Eduard, não parou. Continuou bofeteando Michel até ele se dobrar em dois como uma marionete quebrada. Natalie tentou segurar o braço do agressor e tornou a suplicar:

— Eduard, por favor!

Eduard, enfurecido, curvou-se sobre o rapaz caído ao chão e falou, rilhando os dentes:

— Eu falei para você ficar longe dela! Eu falei!

Michel levou os dedos à boca na esperança de conter o sangue que escorria por ela, logo suas mãos ficaram tingidas de vermelho.

— O que deu em você, Eduard? — inquiriu Natalie, virando o rapaz na sua direção.

Olhos nos olhos, a jovem insistiu na pergunta:

— O que deu em você, Eduard?

— Eu é que pergunto, Natalie. O que deu em você?

— Michel é meu amigo.

— Amigo?! Deixe seu avô saber que você considera um judeu, seu amigo.

— Você não deveria ter feito isso, Eduard.

Voltando-se para Michel que ainda continuava sentado ao chão tentando estancar o sangue que escorria de seu nariz, Natalie ofereceu ao rapaz seu lenço.

— Obrigado. – agradeceu ele tomando-o de suas mãos.

As pessoas que por ali passeavam olhavam para a cena chocados, outros com um risinho escapando dos lábios.

— Judeu... – murmuravam –, só podia ser. Onde quer que vão, só causam confusão.

Com a ajuda de Natalie, Michel se pôs de pé. Eduard observava os dois com crescente antipatia nos olhos. Quando conseguiu endireitar o corpo, Michel voltou-se para o rapaz sisudo à sua frente e disse, com todas as letras:

— Natalie não é de sua propriedade, Eduard.

Eduard fechou o punho. Natalie se pôs entre ele e Michel no mesmo instante.

— Vocês dois, por favor, querem parar?

Eduard não se conteve, vociferou:

— Eu mato você ainda, seu desgraçado! E não preciso de campos de extermínio para isso.

— Pois me mate! – desafiou Michel, estufando o peito. – Mate-me se for homem.

Natalie teve de ser forte outra vez, física e mentalmente, para conter a fúria de Eduard, uma fúria assassina.

Sem mais delongas, Eduard pegou o braço de Natalie e a puxou dali. Ela achou melhor seguir sem protestar. Seria o ideal, a seu ver, para poupar Michel de qualquer outro atentado violento por parte do rapaz.

— Vou contar para o seu avô, Natalie... – avisou Eduard, enraivecido.

Ela travou os passos no mesmo instante. Os olhos dele se voltaram para ela. Natalie defendeu-se.

— Não faça isso, Eduard. Não vale a pena. Só vai deixar o meu avô irritado. Tenho medo que ele tenha algum treco.

— Então se afaste desse judeu, e de toda a sua corja.

— Eduard, você seria um homem maravilhoso se tivesse outra cabeça. Se visse que todo ser humano, pretos ou brancos, católicos ou judeus, italianos ou ingleses, pobres ou burgueses, tem mais é que se dar as mãos e não se afastar por meio do preconceito e do racismo... Se você tivesse essa mentalidade, você seria o homem ideal para eu me casar.

Com um puxão, Natalie soltou seu braço da mão de Eduard e seguiu caminho, estugando os passos, ignorando o rapaz que agora seguia a sua sombra.

Naquela tarde, Michel contou aos pais a respeito de Eduard, dos problemas que vinha enfrentando com ele por causa de Natalie Arteche.

Quando Sarah soube que Eduard foi o garoto que causou tantos problemas a Michel no colégio anos atrás, ela ficou indignada. Quando soube que ele vinha se tornando um rapaz agressivo e jurando o filho de morte se não afastasse da jovem que ambos diziam amar, Sarah ficou, literalmente, desesperada. A ponto de pensar em procurar Helena para pedir que falasse com o filho para proteger Michel, seu filho legítimo. Deveria?

Viveck teve o mesmo pensamento, voltou-se para a esposa e perguntou:

— Acho que devemos procurar Helena e pedir a ela que fale com Eduard.

— Eu não sei exatamente aonde ela mora atualmente, Viveck. Segundo soube, ela se casou com o ex-namorado e foram morar numa cidadezinha não muito longe de Roma.

— Mas não deve ser difícil localizá-los. — opinou Viveck e, minutos depois, comentou:

— A história se repete. Michel está enfrentando o mesmo que enfrentei no passado para ficar com você. E os obstáculos são sempre criados pelo preconceito e pelo racismo. Estou começando a achar que o demônio é, na verdade, o preconceito, o racismo, o rancor, o ódio, a inveja, porque se você olhar bem, no fundo de cada problema que nos afeta, todos os problemas são frutos desses sentimentos que tanto causam danos ao ser humano.

Sarah, pensativa, concordou com o marido.

Depois de muita reflexão a respeito de qual atitude deveria tomar em relação a ele e Natalie, Michel tomou coragem para ir falar com o avô da jovem.

Era a primeira vez em que Michel Baeck se via frente a frente com Ferdinando Arteche. O homem bolachudo, sem qualquer indício de humor na face.

— Diga. — ordenou o italiano, parecendo estar com muita pressa de encerrar aquele encontro.

"Nada de contrações, por favor", disse Michel para si mesmo. "Expresse-se corretamente, com todas as letras." Erguendo o queixo, com régia dignidade, o rapaz falou ao que vinha:

— Bem, meu senhor, há algum tempo atrás tive a oportunidade de conhecer sua neta e bem, gostaria muito de lhe pedir autorização para cortejá-la.

— Quem é o senhor exatamente? A que família pertence?

Michel humildemente explicou:

— Minha família mudou-se para essa cidade há alguns anos...

— Qual é o sobrenome do seu pai?

— Shmelzer.

— Sei... descendência alemã.

— Sim.

— O que faz o seu pai?

— Ele serviu o exército alemão e, depois de cumprir pena...

O italiano sisudo ergueu as sobrancelhas, assoviou e disse:

— Quão estúpida podem ser as autoridades, hein? E sua mãe, qual é o sobrenome de sua mãe.

— Baeck.

O homem emudeceu. Seus olhos grandes e escuros fixaram-se no rapaz com frio desagrado.

— Uma judia?

223

— Sim, meu senhor. Tenho descendência judaica. Meu pai também se converteu ao judaismo depois de se casar com minha mãe.

Ferdinando Arteche não fez o menor esforço para disfarçar um sorriso zombeteiro. Com ironia, falou:

— Sempre ouvi dizer que sua raça tem por hábito aconselhar os seus a se casarem somente com aqueles que pertencem a sua religião. Minha neta é católica. Nada tem a ver com a sua religião, tampouco permitirei que venha a ter um dia. Pois do mesmo modo que sua raça não pode conceber a ideia que Jesus é Deus, eu também não posso conceber a ideia de ter uma neta ou qualquer membro de minha família casada com um judeu.

Enquanto Ferdinando Arteche discursava, Michel teve a impressão de que uma nuvem negra começava a se formar à sua volta.

— Compreendeu, meu rapaz?

— Sim e não.

— Persuasivo como todo bom judeu, hein?

— Quanto existe amor entre um homem e uma mulher, meu senhor, esse amor faz com que pequenas diferenças sejam relevadas.

— Pequenas diferenças? Talvez você encare o fato de não ser cristão um mero detalhe. Não nós, católicos, nem Deus.

"Eu, de sangue alemão, nada tenho nas veias, mas sei muito bem porque aqueles milhares de judeus foram mortos daquele modo sem que Deus interviesse a favor de todos. Ficaram desprotegidos por não terem Cristo no coração. Por terem Cristo como um traidor. Quem não tem Jesus no coração não tem nada nesse mundo."

Michel tentou se defender mais uma vez:

— Eu, minha mãe e meu pai podemos dizer que somos judeus cristãos. Afinal...

Ferdinando Arteche cortou o rapaz, abruptamente. Seu vozeirão carregado, soou outra vez como um trovão ameaçador:

— Não importa que sejam, não quero, em absoluto, que seu sangue se misture com o de minha neta. Não suportaria pousar os olhos nos filhos que ela geraria com você, meus netos, sabendo que eles têm sangue judeu nas veias. Isso eu não posso permitir, pois seria o mesmo que permitir que um indivíduo contaminasse meus netos com vírus letal.

"Seria o mesmo que permitir que minha neta se casasse com um leproso. Seria, enfim, uma vergonha para nossa família.

"Seu pai que foi um alemão nazista deveria ter sido morto por ter ousado se casar com uma judia. Segundo soube, tal ato era para o nazismo tido como uma traição."

Michel tentou proferir algo, sentia ímpetos de dizer algo premeditado àquele homem preconceituoso e racista, que acreditava piamente que por ser católico, Deus o via com outros olhos, mas conseguiu apenas emitir um surdo gorgorejo; sua garganta agora estava demasiada seca. Pigarreou para limpá-la, ainda assim não conseguiu pronunciar uma só palavra sequer.

O italiano de sangue quente, convidou o jovem a se retirar de sua casa.

Michel ficou quieto e atordoado, em derrotado silêncio, olhando para o homenzarrão fechando a porta na sua cara.

Michel voltou para casa, decepcionado. Assim que Viveck e Sarah souberam do acontecido, ficaram ainda mais preocupados com o filho.

Quando a sós com a esposa, Viveck indagou:

— Você não acha que eu deveria ir falar com o avô da moça e explicar que Michel não é um judeu de verdade? Pediria a ele que nada revelasse a ninguém, especialmente a Michel.

— Não, por favor. – objetou Sarah, aflita. – Esse homem não me parece de confiança. Além do mais, por mais que Michel não seja realmente um judeu, ele é um judeu de coração. Faz parte do judaísmo.

Viveck se viu obrigado a concordar com a esposa.

— Que Deus ilumine a vida do nosso filho. – comentou, em tom de súplica.

Sarah apenas fechou os olhos, receosa de que a situação ao redor de todos perdesse o controle.

Parte 11

Dias depois, Natalie Arteche visitava o Museu Nacional Romano.

Estava de pé junto a uma das grandes e belíssimas janelas do local, com os braços cruzados, contemplando a vista que se tinha dali quando Michel Baeck apareceu. Parecia até que o destino havia marcado um encontro para os dois, sem que nenhum deles soubesse.

Michel ficou contemplando a jovem por alguns segundos, passeando seus olhos, escuros, bonitos, por cada detalhe do seu rosto lindo e jovial.

Então, subitamente, percebeu que Natalie estava sob forte tensão, algo que procurava esconder, à custa de grande esforço. Ele ia falar, mas ela falou primeiro:

— Soube que esteve em casa, dias atrás, falando com meu avô.

— Estive. Era preciso. Ele tem de saber que eu sou boa pessoa. Acho que nunca lhe disse, mas meu pai se converteu ao judaísmo para poder se casar com minha mãe. Foi uma exigência do meu avô para consentir o casamento dos dois. Eu seria capaz de fazer o mesmo por você, Natalie.

— Você seria capaz de mudar para a minha religião por minha causa?

— Sim. Mas percebo que essa mudança de nada adiantaria para o seu avô. Para ele, o que conta mesmo, é a minha origem e ela eu jamais posso apagar. O sangue judeu continuará correndo por minhas veias.

— Eu sei. Vovô é extremamente radical.

Um brilho de tristeza cobriu a face de ambos a seguir. Foi Natalie, quem, minutos depois, rompeu o silêncio.

— Tenho medo, Michel, muito medo.
— Do que?
— De que meu avô faça alguma coisa contra você. Não faria com as próprias mãos, pagaria para alguém fazer, sempre suspeitei dos seus métodos para resolver problemas. Às vezes penso que a morte de meu pai na guerra aconteceu para lhe dar uma lição. Uma lição de vida.

Tenho medo também de que Eduard faça alguma coisa contra você. Ele me parece bem capaz.

O nazismo acabou, mas o pensamento nazista ainda vive dentro do coração de muitas pessoas. Pessoas que sabem muito bem mascarar seus valores. Valores imundos como preconceito e racismo. E essas pessoas são de todas as nacionalidades, não somente alemães. Na verdade, penso que o pensamento, os valores nazistas, sempre existiram dentro de muitos seres humanos e Hitler foi só aquele que teve coragem de expressá-lo.

"Acredito também que muitos racistas guardam em seus corações a vontade de fazer com que a raça negra volte a ser escrava. Apenas omitem o que sentem por ser politicamente correto, e porque toda discriminação é contra a lei. Mas no íntimo o racismo e o preconceito estão lá no fundo de muitos seres humanos."

— E você acha certo?
— Não, é lógico que não. Só me pergunto se é certo Deus permitir que esses sentimentos habitem a alma humana e cheguem a ser expressas.
— Os maus vão para o inferno, não é isso que dita a sua religião?
— O que se pode aprender queimando para sempre no inferno, Michel? A meu ver, nada. De que vale esse inferno se não há uma outra chance para essa pessoa mostrar que mudou, que pode ser diferente, mais humana, mais íntegra, mais espiritual?
— A vida é cheia de incoerências. Muito pouco dentro dela faz sentido. — opinou o rapaz.
— Queria tanto saber mais sobre a vida. — desabafou Natalie. — Saber, muito além, do que os livros que estão a nossa disposição podem explicar. Obter respostas para as perguntas que faço e minha religião responde de forma simplista demais, imatura, incompleta. Respostas que não me convencem.

"Respostas para perguntas que me faço há muito tempo. Dentre elas: o porquê da nossa união? Por que nos conhecemos se há tantas pessoas para conhecermos no mundo? Por que nos simpatizamos um com o outro? Às vezes tenho a impressão, às vezes, não, sempre, de que para tudo na vida há uma explicação, um porquê, um sentido maior, bem maior do que podem perceber os nossos sentidos."

Após breve pausa ela continuou:

— Afaste-se de mim, Michel, afaste-se para o seu próprio bem, para o meu próprio bem. Não suportaria que algo de ruim acontecesse com você por minha causa.

Michel ficou desolado com aquele pedido, feito de forma tão séria e tão triste, ao mesmo tempo. Partiu do museu logo após Natalie partir. Seguiu para casa, caminhando, com o pensamento longe, em redemoinho. Pelo caminho resolveu parar na praça onde sempre brincava quando criança, sentou-se num banco e deixou sua mente vagar.

Era por volta das dezoito horas, quando Helena partiu da creche onde era voluntária. Ao atravessar a praça, avistou Michel, sentado, cabisbaixo, com um aspecto muito triste. Isso a deixou imediatamente preocupada, por isso foi até lá oferecer-lhe ajuda.

— Olá. — disse ela, aproximando-se do rapaz com cautela.

O rapaz voltou os olhos lacrimejantes para ela e procurou sorrir. Só nesse momento é que Helena reconheceu o jovem. Fazia quatro anos desde que o vira pela última vez. Estava mudado, notou, havia crescido, e por sobre sua face agora havia uma leve barba, bonita, bem aparada.

— Lembra-se de mim? — perguntou Helena, ligeiramente insegura.

— Sim.

— Posso me sentar?

— Por favor.

— O que houve? Você me parece chateado...

Ele manteve-se calado. Ela comentou:

— Aquele dia foi você quem me encontrou no banco desta mesma praça, com os olhos cheios d'água, e quis saber se eu precisava de ajuda, lembra? Muito bem, hoje as posições se inverteram, por isso cabe a mim, hoje, perguntar a você: posso ajudá-lo em alguma coisa?

— A presença da senhora já é de grande ajuda.

— "O que há, pode se abrir comigo." Estas foram as suas primeiras palavras para mim naquele dia, lembra-se?

— Sim. Lembro-me.

Michel, sentindo-se mais à vontade e confiante em Helena, acabou contando a ela seu dilema.

— O que você faria se estivesse no meu lugar? — perguntou ao término da narrativa.

Helena refletiu por instantes e disse:

— Não sei, é tão difícil dar um conselho neste caso... Não quero vê-lo sofrer, você é tão jovem, tão bonito...

— O avô da moça que amo, Natalie, é o nome dela, quer que ela se case com um rapaz que me persegue há muito tempo, só porque ele é católico. O pior é que o avô de Natalie não me aceita para casar com ela mesmo que eu me converta para o catolicismo. Diz que o sangue de um judeu, ainda assim, continuará correndo pelas minhas veias.

— Esse rapaz... o rapaz que o persegue há tanto tempo. De que família é?

— Não sei exatamente. Só sei que se chama Eduard.

Helena perdeu a voz.

— Você disse Eduard?

— Sim. Por que? A senhora o conhece?

— É o mesmo que o atormentava no colégio anos atrás, não é?

— Ele mesmo. Sem querer nos reencontramos e, coincidentemente, fomos gostar da mesma moça.

Helena estava deveras surpresa. Seu conselho final para Michel foi:

— Agora volte para a sua casa. Coma alguma coisa e relaxe. Mantenha-se de mãos dadas com Deus para que seu caminho esteja sempre iluminado por sua sabedoria e compaixão.

— Obrigado.

Quando ele ia partir, Helena pediu ao jovem o que há muito queria receber dele: um beijo e um abraço.

— Quero um abraço seu, se não se importar — disse ela, abrindo os braços.

Ele sorriu para ela, beijou e abraçou-a forte e calorosamente. Era tão bom sentir o beijo e o abraço do filho que gerou em seu ventre durante aqueles turbulentos nove meses de gestação. Não havia palavras para descrever seus sentimentos.

Quando Helena entrou na casa em que morava com Desmond, o marido percebeu de imediato que algo havia deixado a esposa atordoada.

— O que foi, Helena? — perguntou.
— Meu filho...
— Sim. O que tem ele?
— Não me refiro a Eduard e sim a Michel, meu filho legítimo.
— Sim. O que tem ele?
— Acabo de encontrá-lo, depois de quatro anos, sentado numa praça, perto da creche onde sou voluntária. Está desacorçoado.

Em seguida, Helena contou a Desmond o porquê.
Ao final, disse:
— O que Eduard vem fazendo contra Michel tem de parar, Desmond, tem de parar de uma vez por todas. Não é certo o que Eduard está fazendo com o rapaz. Não é... Eduard já avacalhou com Michel no colégio, forçando-o a mudar de colégio. Deu-lhe uma surra na frente de colegas e outra, na frente da moça que ele tanto gosta. O nome dela é Natalie Arteche, conheço sua família, o senhor Arteche é amigo de minha mãe. Michel contou-me também que Eduard chegou até mesmo a ameaçá-lo de morte se ele não se afastar da jovem... E tudo isso porque pensa que Michel é um judeu, só que ele não é judeu, o único judeu ali, é o próprio Eduard. Se eu puder fazer alguma coisa...
— Acalme-se, Helena.

Mas Helena não se acalmou.

Dias depois, seria realizada na casa da família Arteche uma cerimônia a pedido do próprio dono da casa. Ele queria dar a chance a Eduard de se declarar para Natalie em grande estílo. Eduard estava empolgado, transpirando felicidade.

Foi Albela quem contou a Helena sobre a grande noite. Tomara conhecimento do grande dia por intermédio de Dagmara, que também havia sido convidada pelo dono da casa para estar presente ao evento. Desde, então, Helena ficou pensativa. Com uma ideia martelando um canto da sua mente. No dia da cerimônia, uma hora antes de ela começar, Helena arrumou-se inteira.

— Onde você vai? – perguntou Desmond ao ver a esposa trajando roupa social.

— Vou fazer o que eu deveria ter feito há muito tempo. – respondeu Helena, com determinação.

— Helena!

Ela não disse mais nada. Abriu a porta da frente da casa e saiu.

— Espere! – gritou Desmond – Eu vou com você!

A cerimônia começou pontualmente às vinte horas.

Eduard foi um dos primeiros a chegar ao evento, acompanhado de Dagmara. Foram recebidos à porta, à moda antiga, pelo próprio Ferdinando.

— É uma honra recebê-la em minha casa, madame. – disse o italiano, beijando a mão de Dagmara e sorrindo satisfeito para ela.

Dagmara estava orgulhosa por ver o neto prestes a entrar para uma família de renome na sociedade que poderia lhe oferecer uma carreira brilhante e o que era mais importante: uma família católica, 100% católica.

Eduard assim que pôs um disco de 48 rotações para tocar, convidou Natalie para dançar. O casal ficou sob os olhares de todos, ali, voltados para eles, com admiração. Em pouco tempo, a sala ampla da casa da família Arteche estava lotada de convidados, elegantemente vestidos, servindo-se de bebidas alcoólicas para levantar o moral e alegrar a noite.

Era por volta das vinte e uma horas quando Helena entrou na casa. Dagmara foi a primeira a vê-la ali. Ferdinando Arteche também se espantou com a sua chegada.

— É sua filha, não, Dagmara? – perguntou.

— O senhor a convidou?

— Eu não. A senhora?

— Eu também não. O que ela faz aqui, então?

— Só se foi Eduard.
— Eduard jamais faria isso.
Os dois ficaram pensativos.
Eduard dançava, feliz, com Natalie quando se deparou com a fisionomia pétrea de Helena. Seus olhos escuros o fitavam com agonia e ansiedade, seus lábios tremiam como quem quer falar o que deve e o que não deve.
Ele, rapidamente, chegou-se à mãe, pegou-lhe o braço, procurando manter sua aparência equilibrada e luxuosa e, em meio a um sorriso fingido, murmurou em seus ouvidos:
— O que faz aqui? Você não foi convidada.
Helena o fitou longamente com seus olhos negros e profundos. Então, como que despertando de um transe, falou:
— Solte meu braço, por favor.
Eduard não a soltou. Entre dentes, falou:
— Você vai embora, daqui, agora!
A voz de Helena ganhou volume. O que serviu apenas para piorar as coisas. Sua expressão era de negras intenções.
— Deixei você ir longe demais, Eduard, longe demais! — desabafou.
Todos os convidados voltaram sua atenção para os dois. Bettina Arteche, baixou o volume do toca-discos, voltou-se para a filha e perguntou:
— O que está acontecendo. Quem é aquela mulher?
— É Helena, mamãe, lembra-se? A mãe de Eduard.
Bettina voltou os olhos, então, para o sogro que olhava com crescente indignação para Helena ao lado de Eduard.
Eduard, baixando a voz, ordenou à mãe:
— Saia daqui, agora!
Helena, elevou ainda mais a voz:
— Você precisa saber a verdade, Eduard. Toda a verdade. Ainda que lhe doa muito.
O tom da mãe assustou Eduard. Notando que a coragem de fazer o que acreditava ser importante fazer fraquejasse, Helena prosseguiu, rápido:
— Você, Eduard, desacata os judeus, impetuosamente, não deveria!
— Nenhum judeu presta. — atalhou Eduard, impiedoso.

Helena respirou fundo e disse:
— Então você, Eduard, também não presta!
Os olhos do rapaz abriram-se de espanto. Helena, ainda que trêmula, explicou:
— Você só está aqui hoje, Eduard, por causa de uma judia.
Os olhos dele tremeram, ligeiramente.
— Você não sabe o que diz. — vociferou o rapaz.
— Sei sim, Eduard. Sua vida foi realmente salva por uma judia e essa judia era sua mãe. Sua verdadeira mãe.
— Mentira! Você é a minha mãe!
— Não, Eduard, você não é meu filho biológico. Você é meu filho de criação.
Voltando-se para Dagmara, que olhava para a filha, com o horror cada vez mais crescente nos olhos, Helena completou:
— Eduard não é meu filho, mamãe. Só disse que era para a senhora continuar aceitando-o como seu neto e cuidando dele.
Os lábios de Dagmara tremeram, a voz também, ao dizer:
— Por que está inventando essas mentiras?
— Não são mentiras, mamãe.
Voltando-se para Eduard, Helena prosseguiu:
— Eu tirei você, Eduard, dos braços de sua mãe, morta, fuzilada por soldados nazistas. Ela o abraçou, forte, na esperança de protegê-lo das balas, para que seus braços servissem de escudo contra elas. Uns vinte judeus, pelo menos, foram assassinados com ela. Os soldados não perceberam que você havia sobrevivido à chacina, talvez sua mãe não tenha morrido na hora, podendo assim, com as forças que ainda lhe restavam, confortá-lo de uma forma que não chorasse e chamasse a atenção dos soldados.

Todos os presentes à cerimonia olhavam agora para Helena, boquiabertos, surpresos e, ao mesmo tempo, horrizados com a revelação.

Helena parecia ter ficado cega para todos que estavam ali, via apenas o filho adotivo e a mãe naquele instante. Para Natalie tudo parecia irreal. Parecia que ela estava sonhando e, por felicidade, desligada da realidade. Era só uma questão de despertar. Helena continuava...

— Diante de você, Eduard, faminto, com frio e indefeso, uma voz me disse: "pegue essa criança, adote-a, leve-a com você, Helena. Crie esta criança como se fosse seu próprio filho." Foi o que fiz. O que tentei fazer.

"Não podia dizer que você era um menino judeu para a minha mãe, que se tornou sua avó, pois ela, você sabe, sempre teve aversão a judeus. Ela não o aceitaria em sua casa, por isso menti, disse que era filho de uma funcionária do convento, uma mulher extremamente religiosa que morreu pouco depois do parto, mas antes de morrer me pediu para criá-lo."

Os olhos de Eduard exteriorizavam, agora, pânico e horror.

— Você só pode ter ficado louca! — protestou, perdendo a compostura. — Minha origem não é judia, sei que não é!

Sua voz já não tinha a mesma firmeza, quando tornou a falar:

— Você não passa de uma mentirosa.

— Não é mentira, Eduard. — salientou Helena. — É a mais pura verdade. Eu encontrei mesmo você numa pilha de cadáveres judeus, assassinados brutalmente por nazistas, e você chorava de fome e agonizava de frio. Foi Deus quem me pôs no seu caminho, pensei.

"Mas não se preocupe, Eduard, você não é judeu nem polonês, nem italiano nem norueguês, porque, a meu ver, nós não somos judeus nem católicos, nem europeus nem asiáticos, nem nobres nem plebeus, somos, na verdade, seres humanos, filhos de um mesmo Pai: Deus. Somos todos no fundo, irmãos.

A maior prova disso é que se você não sabe a origem de uma pessoa, você a aceita completamente e com muito amor como aconteceu com sua avó, minha mãe, e o senhor Ferdinando Arteche, seu patrão."

As paredes começavam a borrar à volta de Eduard Giacommo, dando-lhe a impressão de que em pouco tempo, ele estaria perdendo os sentidos. Ele resolveu reagir, um riso, mais parecido com um soluço de um embriagado atravessou os lábios trêmulos do rapaz.

— Você realmente perdeu o juízo. — disse, rindo forçado.

— Não. — reforçou Helena. — Nunca estive tão lúcida em toda a minha vida.

O horror estampado nos olhos de Dagmara agravou-se, enquanto que a visão de Eduard tornava-se ainda mais embaciada.

— Não sou judeu... não posso ser... — murmurou Eduard, girando o pescoço, olhando para todos, assustado e apavorado.

Sua reação era a de uma pessoa que acaba de descobrir que está com uma doença sem cura.

O remorso transpareceu imediatamente no rosto de Helena. Remorso por ter exposto a vida particular do filho adotivo tão assim, abertamente, entre estranhos. Mas ele precisava saber de toda verdade que poderia fazê-lo perder aquele arrogância que lhe seguia ao longo da vida, como uma sombra, e que lhe era tão prejudicial.

— Eduard. — tornou Helena, seriamente. — Não há problema algum em ser judeu, Eduard. Você está reagindo como se tivesse descoberto que está com lepra. Reaja diferente, meu filho, reaja como um homem, de caráter e bom senso. Mais do que isso, um homem perspicaz e inteligente, que se orgulha da sua origem, que reconhece a beleza que ela possui.

O rapaz tentou dizer mais alguma coisa, mas as palavras pareciam débeis em sua garganta.

Helena voltou-se para Natalie e, disse, seriamente:

— Você sabe, Natalie, sei que sabe, que o fato de Eduard ser judeu não muda nada, não é mesmo? Ele continua sendo um ser humano. Cheio de amor para dar e receber.

Ela assentiu, com seus olhos, lacrimejantes.

Eduard, nesse momento, procurou apoio nos olhos de Dagmara, mas ela fugiu do seu olhar, não ousando encará-lo novamente.

— Vovó... — balbuciou ele.

Seu chamado fez com que Dagmara fechasse ainda mais o cenho. Sem se despedir de ninguém a mulher deixou o local.

Um gemido de angústia soou do peito de Eduard ao ver a avó que tanto amava dando-lhe as costas. Tentou mover-se, chegar até ela, mas um peso negro e monstruoso o prendia ao lugar.

Ele voltou então os olhos para o homem que tinha como um pai: Ferdinando Arteche. O homem olhava para ele, agora, com toda repugnância que podia sentir por um ser humano.

Nunca, Eduard, se vira tão impotente diante de uma situação, sentindo aquela fermentação inexorável dentro de si, sabendo que não poderia detê-la.

— Senhor Arteche — disse ele —, eu vou averiguar toda essa história, sei que não passa de uma mentira deslavada.

A voz de Eduard soava trêmula e fraca. Já não se via mais traço algum de sua soberba arrogância.

Ferdinando Arteche virou o rosto, cuja sombra da indignação deixara sua face escura.

Diante do desprezo do homem, a quem tinha como um pai, um grito de terror sacudiu o espírito de Eduard. A sala começou a girar em torno de si, como um silencioso e apagado carrossel. Ele percebeu, então, que não podia mais falar, explicar e agir como uma pessoa pensante. Atordoado e vazio, deixou o aposento e, assim que atravessou a porta da casa que levava à rua, correu, com o desespero de um homem faminto por um prato de comida.

Começou a ofegar e a tremer, quando uma nuvem de dolorosa frialdade o envolveu. O coração batia tremendamente forte, quando surgiu a vontade louca de gritar, rebelar-se contra tudo e contra todos. Mas todos os sons se aglutinaram e congelaram em sua garganta. Os gritos histéricos aconteceram somente no terreno mental.

Quando Natalie fez menção de ir atrás do rapaz, o avô a segurou firmemente pelo braço.

— Natalie. — disse ele, seriamente.

— Vovô...

— Natalie. — ecoou ele.

— Vovô, Eduard precisa de ajuda, ele está desesperado.

— Ele está tendo o que merece, Natalie. A providência divina jamais falha, tarda, mais sempre vem.

— Preciso ajudá-lo, vovô. — reforçou a jovem.

— Natalie. — reforçou o avô, em tom de censura.

— Vovô! Jesus nos disse: "Amai-vos uns aos outros como eu vos tenho amado." Isso engloba todo ser humano, de qualquer raça, cor ou credo.

— Jesus não sabia que iria ser renegado por sua própria raça.

— Jesus também nos falou do perdão, vovô. Algo que o senhor e muitos vêm se esquecendo.

Ela voltou os olhos para a mão do avô que segurava forte seu braço e disse, com rispidez:

— Solte meu braço, vovô, por favor.

O avô obedeceu. Natalie deixou a sala.

Nesse ínterim, Helena partiu da casa. Ao encontrar o marido que ficara aguardando por ela no carro, ela chorou. Desmond consolou a esposa em seu ombro, alisando, carinhosamente seus cabelos, envolvendo-a com palavras de paz.

Enquanto isso, Eduard Giacommo continuava seguindo pela rua como uma folha seca levada por uma rajada de um vento de outono. Quando suas passadas vacilaram, ele parou em frente a um poste. Ele agora se sentia cada vez mais e mais embriagado pelo desespero que torvelinhava à sua volta. Como uma lenta máquina emperrada, seu cérebro insistia em repisar tudo que presenciara há pouco, incessantemente, tentando analisar o horror da situação.

— Não pode ser... — repetia, horrorizado. — Não posso ser um judeu.

Dagmara Giacommo entrou na sua casa como uma cobra que se arrasta pelo chão. Nunca se sentira tão perturbada em sua vida. Seus olhos se prenderam ao crucifixo. Contemplou o objeto por muito tempo. Parecia que o choque com a realidade havia drenado toda a sua força. Estremeceu ao inalar o ar, pois percebeu que o cheiro de Eduard estava no ambiente.

Sua mente examinou novamente a descoberta, vezes sem conta, aos tropeções e sempre chegando ao mesmo resultado: horror.

Minutos depois, a porta da frente da casa se abria, lentamente, e Eduard entrava. Ao ver a avó em pé, com os olhos fixos no crucifixo ele chamou por ela:

— Vovó...

Dagmara manteve-se parada, feito estátua, com o rosto cada vez mais contorcido de ódio e indignação.

— Vovó, por favor, olhe para mim. — insistiu o rapaz com voz chorosa.

O rosto de Dagmara escureceu ainda mais.

— Por favor, vovó, eu amo a senhora, não faça isso comigo, eu lhe imploro.

A voz de Dagmara soou com natural violência:

— Pegue tudo o que for seu dessa casa e parta o mais rápido que puder.

237

— Vovó, por favor. — Eduard insistiu, em tom de desespero. — A senhora é tudo o que eu tenho na vida.

— Suma daqui, vá, agora! — retorquiu Dagmara como quem espanta um cão.

Os nervos da mulher estavam num estado lastimável. Suas mãos crispavam, ininterruptamente, e seus olhos, injetados, pareciam que iam explodir.

— Que mal fiz eu, Deus? — começou ela, ajoelhando-se no chão, unindo as mãos em louvor. — Que mal fiz eu para receber tanta ingratidão da vida? Para ter dado à luz a uma menina que só me trouxe desgosto? Nasci eu, mancomunada com a desgraça, Senhor?

Ao perceber que o rapaz permanecia no mesmo lugar, parado, olhando para ela, desesperado, ela voltou-se para ele e gritou:

— Não ouviu o que eu disse? Fora daqui! Fora!

Não houve outra saída para Eduard senão acatar sua ordem. Rompendo-se em lágrimas, o rapaz pegou suas coisas e deixou a casa. Ao pisar na calçada, uma forte vertigem baqueou seu corpo. Seu campo de visão embaçou, a sensação de solidão e abandono assolou sua alma. E agora, para onde ir?, perguntou-se.

O relógio já marcava meia-noite quando Bettina foi à sala de estar em busca da filha.

— Filha, você não vem dormir? — perguntou, achegando-se de mansinho.

— Estou preocupada com Eduard, mamãe. Algo me diz que a avó dele o pôs para fora da casa. Se assim fez, ele deve estar na rua a uma hora dessas, perturbado e solitário.

— O que você pode fazer para ajudá-lo?

— Algo, mamãe.

— Amanhã, você o procura.

— Amanhã pode ser tarde demais, mamãe.

Parte 12

Depois de muito andar pelas ruas, vagando a esmo, Eduard foi vencido pelo cansaço. Parou num lugar cheirando a urina, um lugar miserável. Seria ali que ele passaria a noite mais escura da sua vida, em pleno abandono, nos braços da humilhação e da solidão.

Sua mente foi invadida, mais uma vez, pela lembrança do que vivera na casa da família Arteche naquela noite. O choque estampado na face dos presentes, o desconforto e o caos evoluindo entre todos ali...

O olhar de descaso, repugnância e nojo com que todos olhavam para ele, o mesmo que ele sempre dirigiu aos judeus.

As palavras de Helena voltaram a ecoar na sua mente:

"Você foi tirado de uma pilha de cadáveres... uma pilha composta de judeus assassinados brutalmente pelos nazistas."

Eduard estremeceu de nojo e vergonha por seu passado. O fato de ter sido salvo por Helena, o que foi uma bênção para a sua pessoa, nem nada do que ela fez por ele, conseguia fazê-lo encarar sua história de vida com orgulho e gratidão. O que era uma pena, pois se ele se concentrasse no bem que ela lhe fez, esse bem o resgataria do caos emocional.

Jesus disse que quando tudo está perdido sempre surge uma luz, que quando tudo está perdido sempre existe um amigo, pois Deus nunca nos deixa sós; que uma luz sempre brilha no fim do túnel; que por mais pedregoso que seja um caminho, há sempre flores que conseguem nascer por entre as pedras da vida. Bem, Jesus estava certo mais uma vez.

No minuto seguinte, um homem, por volta dos 33 anos de idade, de cabelos e barba levemente longos, aproximou-se de Eduard, observando a rígida lividez do rosto do rapaz. Logo percebeu que era rígida somente por fora, como se fosse uma máscara para encobrir o que se passava em seu interior. Eduard apenas queria se fazer de forte, seguro e indestrutível. Mas de perto, bem de perto, podia-se ver como tremia por dentro e por fora.

— Deixe-me sentar um pouco. — falou o recém-chegado.

Compreendendo que Eduard não desejava falar, o estranho permaneceu em silêncio, mas sua língua não permitiu que ficasse calado por muito tempo. Logo formigou:

— A vida é sempre cheia de surpresas, não é mesmo? Vive a nos pregar peças. Ainda que seja assim, o mais importante, na minha opinião, logicamente, é olhar para o céu e perceber que tudo é maior do que pensamos, mais extenso e grandioso. Diante dessa constatação, nossos problemas, desafios, e frustrações tornam-se pequenos. Diante da grandeza do infinito nos tornamos mais fortes para lidar com as lições que a vida nos apresenta. Lições que temos de aprender, se quisermos viver com mais dignidade. Lições que nos farão uma tremenda diferença no convívio com o próximo e em nossa própria vivência.

As palavras do recém-chegado despertaram a atenção de Eduard, fazendo-o olhar para o homem trajando trapos, sentado a sua frente.

— O senhor acredita em Deus? — perguntou o rapaz quando se sentiu mais à vontade na presença do estranho.

— Sim. Muito. — respondeu, com firmeza.

— Mesmo nessas condições humilhantes e miseráveis em que se encontra?

— Sim.

— Eu não entendo. Como pode alguém continuar acreditando em Deus, vivendo em condições tão lamentavelmente miseráveis como você?

— Lembrando que há um significado maior por trás de tudo o que nos acontece ao longo da vida. Nos momentos difíceis o ser humano tende a se revoltar com a vida, com Deus, consigo próprio e com os outros. Isso só serve para complicar as coisas. O ideal é parar, respirar fundo, refletir e se perguntar: por que estou nesTa situação? Se estou é porque a vida está querendo me ensinar alguma coisa, algo de positivo para o meu crescimento pessoal e espiritual. Algo que me fará alguém melhor diante dos meus próprios olhos e dos de Deus. Só os mais sinceros consigo próprios e com a vida têm coragem de olhar para trás, perceber e assumir para si mesmoS que os períodos difíceis que enfrentaram lhes foram de grande valia, surgiram para fazê-los evoluir em algum sentido.

"Os momentos difíceis são tal e qual os que um bebê enfrenta para aprender a andar. Nos primeiros passos, desequilibra-se e bate o bumbum no chão, dói e chora, mas é esse impacto que o faz aprender a se equilibrar sobre suas pernas de forma correta.

"Só os mais sinceros consigo próprios e com a vida tem coragem de olhar para trás, perceber e assumir para si mesmo que Deus continuou sempre ao seu lado, mesmo quando parecia que não."

Eduard, prestando bem atenção ao que o estranho lhe dizia, comentou:

— Eu não vejo, em tudo o que está me acontecendo, algo que possa me fazer ser uma pessoa melhor.

— Não vê porque está preso à revolta. Quando a poeira assentar, você verá. Mas somente se tiver a coragem de ser sincero consigo próprio e com a vida, olhar para o fato com os olhos e os sentidos da alma.

— Pedimos tanto ajuda a Jesus, somos tão devotos seus, por que ele não nos ajuda?

— Porque Jesus tem de ser encarado por nós como um velho que não tem mais condições físicas de fazer tudo por nós, mas nos inspira a fazer. Sob sua luz não há quem não encontre a paz, coragem e disposição para superar qualquer obstáculo na vida.

Eduard ficou novamente impressionado com as palavras do homem que, de certa forma, lembrava a imagem de Jesus.

O andarilho levantou-se, espreguiçou, endereçou a Eduard um sorriso de paz e partiu. Eduard ficou olhando para a silhueta do homem até ela se evaporar na escuridão.

Uma onda de calmaria atingiu o coração de Eduard a seguir, permitindo que ele adormecesse leve e tranquilo, algo necessário para recobrar seu equilíbrio físico e mental.

Eduard Giacommo não percebia no momento o porquê de estar passando tudo aquilo. Mas nós, que estamos acompanhando sua história por outro ângulo, podemos compreender as razões, de imediato. Tudo acontecia para que ele sentisse na própria pele o quão penoso é o preconceito e o racismo que ele tinha contra aqueles que não eram católicos; para que percebesse que o preconceito e o racismo são penosos para qualquer um, aprendesse a respeitar o próximo e a si mesmo e compreendesse, finalmente, quem era realmente aquela que tinha por avó.

Quanto a Dagmara, o choque que levou foi de extrema importância para fazê-la sentir na pele o que seu preconceito e racismo causavam no próximo. Aprender que a religião e a raça de uma pessoa nada têm a ver com pessoa em si, pois se tivesse, ela teria percebido desde o primeiro instante que Eduard era judeu e não o teria abrigado em sua casa por quase vinte anos.

Ferdinando Arteche viveu o mesmo tipo de choque para aprender o mesmo que Dagmara.

Todos os fatos ocorridos e a preocupação com Eduard serviram para que Natalie pudesse compreender melhor seus sentimentos por Eduard e pelo próximo.

Feliz daquele que é sincero consigo próprio e com a vida e tem coragem de olhar para a situação, perceber e assumir para si mesmo o que ela está querendo ensinar-lhe. Quem compreende e aceita a vida, as situações difíceis, portas e janelas jamais abertas anteriormente se abrem para a sua pessoa, diferentemente do que acontece com aqueles que percebem por que passaram por tudo isso e não mudam uma vírgula no seu comportamento.

Eduard acordou no dia seguinte certo de que seria bom ter uma palavrinha com Ferdinando Arteche. Àquela hora, quem sabe, o italiano já havia refletido a respeito de tudo que havia lhe acontecido e compreendido que ele não teve culpa de nada, sendo assim lhe perdoaria e permitiria que tudo entre os dois voltasse ao normal. Lavou o rosto numa espécie de pia que ficava próxima à igreja da praça, ajeitou o cabelo e seguiu, a pé, para o escritório onde trabalhava.

A secretária de Ferdinando Arteche assustou-se ao ver o patrão naquela manhã. O italiano parecia ter se tornado uma outra pessoa, nunca o vira tão nervoso e irritado. Prestativa e eficiente, a moça levantou-se no mesmo instante e lhe deu bom-dia.

— O senhor está bem? — perguntou, olhando com certo receio para o rosto gorducho do homem.

O patrão não respondeu. Passou por ela como se ela não existisse. Entrou em sua sala, sentou-se à sua mesa, mexeu em alguns papéis, depois levantou-se e se aproximou da janela. Brincou com a borla da cortina, enquanto seus olhos se perdiam num ponto qualquer da paisagem vista dali.

Foi o toque na porta, dado pela secretária que o despertou do transe.

— Sim? — disse ele, com amargura e exasperação na voz.

A secretária falou ao que vinha, ele respondeu as suas perguntas, despachou o que tinha de ser despachado e voltou a se sentar. Minutos depois, chamou-a de volta à sua sala e explicou que Eduard Giacommo havia sido demitido, que ela preparasse sua demissão e todos os acertos que tinha de fazer com o ex-funcionário.

A mulher pensou em perguntar ao patrão o porquê da demissão do rapaz, mas diante do semblante pesado e impaciente de Ferdinando Arteche, desistiu.

Nem bem a mulher voltou a se sentar atrás de sua escrivaninha, Eduard chegou e pediu para falar com o chefe. A secretária ficou perdida, temporariamente, sem saber que atitude tomar. Por fim, anunciou o rapaz.

Ferdinando se recusou a receber Eduard em sua sala e ordenou a secretária que acertasse tudo com Eduard a respeito de sua demissão e o despachasse de lá, o quanto antes.

Mas sua voz altaneira atravessou as paredes e alcançou os ouvidos de Eduard. Indignado, o rapaz foi até lá e pediu licença para falar. Sua aparição pegou tanto Ferdinando Arteche quanto a secretária de surpresa.

— Senhor Arteche, preciso muito lhe falar. — insistiu Eduard. Seu rosto estava pálido e ele tremia ligeiramente.

243

O italiano o ignorou, mostrando uma fisionomia endurecida pelo ressentimento. Sua atitude para com Eduard doeu fundo na alma do rapaz. Foi como se alguém houvesse arremessado sobre ele socos e pontapés, e depois jogado sua carcaça ao fundo do poço da humilhação. O mesmo que ele fez com Michel e outros judeus desde que se tornara mocinho.

Eduard insistiu mais uma vez:

— Senhor Arteche, por favor, ouça-me.

— Não temos mais nada para conversar, queira se retirar desta sala, por favor! — respondeu o homem, em voz ressoante. — Não quero mais que me dirija a palavra. E antes que me esqueça, você está demitido!

A secretária preferiu deixar os dois homens a sós. Saiu de fininho, sem ser notada.

A voz de Eduard já não tinha a mesma firmeza, quando tornou a falar.

— Senhor Arteche... O senhor gostava de mim. Gostava muito que eu sei.

Os olhos de Ferdinando Arteche, saltados, ameaçaram sair das órbitas.

— Por favor, meu senhor, não me trate assim. — tornou Eduard, lacrimejante.

Ferdinando Arteche, bufou e disse, com profundo desagrado:

— Não gosto de ser enganado.

Eduard espalmou as mãos em sinal de desespero e defendeu-se, melodramaticamente:

— Eu também fui enganado, meu senhor, a vida toda.

— Problema seu!

— Não faça isso comigo, meu senhor. Eu sempre tive o senhor como um pai.

— Pai?! — O rosto do italiano contraiu-se de indignação. — Só mesmo um judeu para pensar um absurdo destes. Desde quando sou pai de um verme?! Um anticristo?!

Os olhos de Eduard brilharam, de pura incredulidade. Com lágrimas nos olhos, defendeu-se, mais uma vez:

— O senhor me queria tão bem como um filho.

Ferdinando abanou vigorosamente a cabeça e se pôs a falar aos arrancos:

— Se você continuar importunando a mim ou a minha neta, não hesitarei em chamar a polícia.

— Eu amo Natalie, senhor Ferdinando. — defendeu-se Eduard, outra vez. — E o senhor sabe disso! Ainda sou um católico, meu senhor. Cresci dentro da igreja católica e essa continuará sendo a minha religião.

O rosto rechonchudo de Ferdinando Arteche pareceu ficar mais escuro. Eduard, ignorando sua reação, completou:

— Eu jamais me converterei ao judaísmo. Isso é certo!

O rosto de Ferdinando escureceu um pouco mais. Quando falou, sua voz soou clara e precisa, curiosamente vazia de emoção:

— Ainda assim continuará sendo um judeu. Porque está no seu sangue!

O virulento comentário atingiu o rapaz, mais uma vez, em cheio.

— Agora saia da minha frente, judeu de mer...! Tenho mais o que fazer. — acrescentou Ferdinando, impaciente.

Aquelas palavras penetraram no âmago do coração de Eduard, como uma dentada de uma víbora, deixando ali um veneno que mata. Palavras que haviam sido ditas para machucar mesmo o rapaz, para prensá-lo cada vez mais contra a parede do desespero.

Eduard sacudiu a cabeça, em sinal de impotência e deixou o aposento.

— Isso não pode ficar assim, não pode. — lamentava, com ardor.

Ao passar pela secretária, ela o lembrou de voltar para receber os valores que lhe cabiam com a demissão. Ao perceber que suas palavras haviam entrado por um ouvido do rapaz e saído pelo outro, ela foi atrás dele. Procurando ser útil, a mulher falou:

— Eduard, ouça-me. Eu não sei o que aconteceu, mas, por favor, não piore as coisas. Volte para receber o que lhe cabe referente a sua demissão. O dinheiro pode lhe ser muito útil nessa hora.

— Será?

— Pelo desespero que vejo transparecer em seus olhos, na sua face, aconselho-o a não se entregar ao desespero.

— Sabe por que o senhor Arteche se revoltou comigo? Porque descobriu que sou um judeu e que fui pego para ser criado. Eu também não sabia.

— E daí que você é um judeu e que foi adotado?! Acima de tudo você é um ser humano, amado por Deus da mesma forma que é amado um católico, um evangélico, um protestante, um budista ou um espírita.

As palavras tocaram Eduard na alma, mas o desespero não lhe permitiu se conscientizar a respeito. Sem mais delongas, agradeceu a atenção da mulher e seguiu seu caminho, andando atordoado.

Quando Ferdinando Arteche voltou para sua casa, naquela noite, encontrou a neta, esperando por ele. Os olhos de Natalie, de um castanho vivo e maravilhoso estavam fixos nos do avô, quando ela lhe perguntou:

— Será que podemos falar a respeito do que aconteceu aqui em casa, ontem à noite, meu avô?

A resposta do avô foi curta e grossa:

— Não temos mais nada para falar a respeito, Natalie! Quanto mais cedo esquecermos, apagarmos de nossas memórias este lamentável episódio, melhor.

— O senhor acha justo, vovô, afastar alguém que se quer bem só porque esse alguém é de outra raça ou religião?

Os olhos de Ferdinando Arteche abriram-se um pouco mais antes de responder:

— Não acho, Natalie. Tenho a certeza.

— E eu... — Natalie sorriu com desdém —, sempre julguei o senhor, um homem tão inteligente...

A cor subiu lentamente ao rosto pálido e altivo de Ferdinando.

— Meça suas palavras, Natalie! — disse, com altivez. — Exijo respeito!

Natalie Arteche prosseguiu, com determinação.

— O senhor me pede respeito, vovô? Como pode exigir respeito de alguém se o senhor próprio não se respeita?!

Ferdinando Arteche franziu o cenho, um ar confuso e infantil sombreava seu rosto, agora. Natalie continuou:

— O senhor deveria respeitar os seus sentimentos, vovô. Começando pelos sentimentos que tinha por Eduard. Vovô, o senhor tinha Eduard como um filho. O senhor o amava.

— Chega, Natalie! Não quero mais falar sobre isso, nunca mais!

— Não, vovô! O senhor tem de me ouvir.
— Natalie, por favor. — interveio Bettina Arteche.

Percebendo que a neta não cederia, o avô passou por ela, sem dizer nada, e refugiou-se em seu quarto pelo resto da noite.

Nessa mesma noite, por volta das vinte horas, Eduard seguiu até a casa da família Arteche. Queria porque queria ter uma nova palavra com Ferdinando. Diante da residência, ele parou, queria muito anunciar sua chegada e ser recebido como sempre fora, com entusiasmo e polidez. No entanto, tudo isso, agora, era passado.

Estava prestes a tocar a campainha quando o som elegante de um piano chegou aos seus ouvidos. Seria Natalie quem tocava o instrumento?, indagou-se o rapaz.

Para descobrir, invadiu a propriedade, atravessando o pequeno gramado em frente a casa, com a maior discrição possível, para não ser visto ali. Diante de uma das janelas ele parou. Dali podia ver Natalie, o objeto dos seus mais belos desejos, tocando piano sob um facho de luz vindo de um lustre grande, esnobe e luxuoso. Os dedos delicados da jovem corriam pelas teclas do piano com graça e agilidade. Sua serenata foi capaz de fazer Eduard esquecer-se dos últimos acontecimentos que cercaram a sua vida.

Um sorriso envergonhado salpicou seu rosto. A visão de Natalie, ao piano, com um meio sorriso e a cabeça inclinada, inspirava-lhe uma visão celestial. Como ela estava linda, parecia ainda mais linda que o normal. Como ele a amava, amava profundamente.

Quando Eduard voltou para o canto da praça que passou a usar como abrigo desde a noite do dia anterior, encontrou Helena aguardando por ele. Uma das moças com quem trabalhava na creche onde era voluntária havia visto o rapaz ali e comentado com ela. Por isso ela pôde encontrar o filho e ter agora uma palavra com ele. Helena foi recebida com extrema precaução, para não dizer desconfiança, por parte do rapaz. Eduard parecia rígido e inacessível, mas isso não a intimidou.

— Estava preocupada com você. — disse ela, com sinceridade.
Ele continuava sem olhar para ela, quando perguntou:
— Por que se preocuparia?!
— Porque sou sua mãe, Eduard.
O rapaz voltou-se para ela como um raio. Seu rosto estava encolerizado. A mesma cólera que se estampava em sua voz:
— Minha mãe?! Não, você não é a minha mãe. A mulher que me gerou está morta, lembra? Foi você mesma quem me disse.
— Sua mãe biológica está morta, Eduard, sua mãe de criação, que sou eu, está viva.
Com um sorriso de pouco caso, enviesando-lhe os cantos da boca, ele falou:
— Mãe de criação jamais será uma mãe verdadeira.
— Mãe é também aquela que cria.
O rapaz saltou como um cavalo nervoso.
— Mentira!
— Pense o que quiser, você tem todo o direito. O que importa para mim é que você fique bem, Eduard.
— Bem? — atalhou o rapaz com amargura e exasperação na voz. — Como posso ficar bem depois do que você me fez?! Você acabou com a minha vida! Destruiu os meus sonhos, o meu futuro... Você me afastou de todas as pessoas que me amavam e que eu amava.
— Se elas o amassem de verdade, elas o aceitariam como é.
O fato calou a voz do rapaz.
Seu rosto empalideceu ainda mais e ele também tremia mais, agora.
— A desgraça parece me seguir aonde quer que eu vá. — disse, enfim, melodramaticamente.
— Não pense assim, Eduard.
— Penso sim, porque essa é a minha verdade.
E balançando vigorosa e negativamente a cabeça, acrescentou:
— Foi um erro da sua parte ter me salvado. Se tivesse me deixado morrer, quando bebê, como teria acontecido... se não tivesse me encontrado entre os braços de minha verdadeira mãe, eu não estaria passando por nada disso hoje.

— Eu não me arrependo de tê-lo salvado, Eduard. Você era um bebê lindo, tornou-se uma criança linda, foi sempre um filho maravilhoso, um neto excepcional. Sinto muito orgulho de você, Eduard. Todo preconceito e racismo você aprendeu com a minha mãe. Jamais foi inato a sua pessoa.

Eduard fez um gesto de enfado. Helena não se deu por vencida, continuou cobrindo o rapaz de elogios, todos verdadeiros. De fato, Eduard sempre fora um ser humano e tanto. Sua agressividade foi induzida por Dagmara, se ela não o tivesse voltado contra os judeus, ele teria se tornado um ser humano ainda melhor.

— Pense nisso Eduard, nas suas qualidades, no seu potencial como pessoa, como trabalhador, como um ser apaixonado e apaixonante. Foi por isso, Eduard, que Deus me pôs no seu caminho, para que o ajudasse a sobreviver para descobrir, quando adulto, sua capacidade, seu potencial como ser humano.

"Para mostrar ao mundo, por meio da sua pessoa, o sacrilégio que foi genocídio dos judeus, pois se você, salvo das garras do nazismo, tornou-se uma pessoa maravilhosa, quantos mais não teriam se tornado maravilhosos se tivessem sobrevivido ao Holocausto?"

Helena fez uma pausa, ele aproveitou para perguntar:

— Terminou?

Os olhos dela brilharam de pura incredulidade.

— Sim, Eduard.

— Agora vá, por favor, quero ficar a sós com os meus pensamentos.

Helena sacudiu a cabeça, em sinal de impotência.

— Pense em tudo o que lhe falei, Eduard. Se precisar de mim, minha casa estará de portas abertas para você.

Helena partiu, àquela hora Desmond já havia chegado de carro ao local para buscá-la. Eduard ficou ali, entregue aos seus pensamentos confusos. Não tinha sono, nem vontade de persegui-lo. Sentado no banco da praça, deixou seus olhos se perderem em meio a luz vaporosa que derramavam as luzes dos postes. A perspectiva de voltar a ver Natalie no dia seguinte persuadiu Eduard a se entregar para o sono, para que tivesse forças suficientes para revê-la.

No dia seguinte, Eduard, passou no escritório onde trabalhou para receber o dinheiro que lhe cabia. Depois foi dar uma volta no bosque de bambus no Jardim Botânico de Roma para espairecer a mente. Foi assim que encontrou Natalie Arteche, caminhando só, reflexiva.

Natalie percebeu como ele tremia, enquanto se aproximava dela.

— Olá, Natalie. — disse ele, achegando-se a ela com cautela.

Um sorriso de contentamento surgiu nos lábios bonitos e delicados da jovem.

— Olá, Eduard, como vai?

Ele não respondeu, apenas suspirou o seu martírio.

— Estive ontem em sua casa, queria conversar com seu avô, tentar fazê-lo me ouvir, mais uma vez, mas quando vi você, através da grande janela, tocando piano, tudo mais perdeu a importância para mim.

— Você deveria ter me chamado. Estou preocupada com você. Soube que sua avó o expulsou de casa. Onde está morando? Está precisando de alguma coisa? Meu avô foi muito injusto em demiti-lo do emprego.

Eduard ia começar a responder às perguntas quando avistou Michel Baeck, a uma certa distância dali, vindo naquela direção. O corpo de Eduard esfriou. Diante de seu olhar, esganiçado de ódio, Natalie voltou-se para trás, para o local que Eduard dirigia o olhar. Nem bem moveu a cabeça, Eduard pegou em seu braço e a fez olhar para ele, olhos nos olhos.

— Você veio aqui se encontrar com ele, não foi? — questionou, enfurecido.

— Não, Eduard, juro que não!

A voz da jovem não soou para Eduard muito convincente. Por isso, ele dividiu com ela o que se passou por sua cabeça.

— É dele que você gosta, não é Natalie?

O tom dele era demasiado histérico.

Nisso, Michel achegou-se dos dois.

— Olá, Eduard. — comprimentou o rapaz, polido como sempre.

Eduard não respondeu, apenas o encarou, com fúria assassina transparecendo nos olhos.

250

"Céus", pensou Eduard, "como tenho vontade de esmurrar esse judeu!" Ele, nunca antes, encontrara alguém que despertasse nele tamanha hostilidade. Então, um estreito sorriso repuxou seus lábios, um sorriso desdenhoso.

Michel procurando suavizar o momento, pousou a mão sobre o braço do rapaz e disse:

— Se você precisar de alguma coisa, Eduard...

As feições de Eduard edureceram-se ainda mais, os olhos ficaram apertados.

— Tire as suas mãos imundas de cima de mim. — rosnou, entre dentes.

Michel, em tom de paz defendeu-se:

— Estamos do mesmo lado, agora, Eduard. Eu sou judeu, você é um judeu... Não precisa mais me tratar assim.

As palavras de Michel desarmaram Eduard. Todavia, seu lado obscuro reagiu, cegou-lhe os olhos e o bom senso. Aprisionaram-no a ignorância e a violência, fazendo-o partir, sem sequer se despedir de Natalie.

— Eduard! — chamou Natalie. — Por favor... precisamos conversar... Volte!

Mas Eduard, dominado pelo lado negativo, não voltou, ficou surdo aos seus apelos.

Natalie voltou-se para Michel e revelou-lhe o que ia fundo em seu coração:

— Eu preciso fazer alguma coisa por ele, Michel. Você precisa me ajudar.

— Eu ajudo, Natalie. Pode contar comigo.

Voltando os olhos na direção que Eduard seguia, Natalie, acrescentou num lamento:

— Pobre Eduard... Ele perdeu tudo. O amor da avó, o amor do meu avô, o emprego, amigos, a mãe verdadeira, a que o adotou e ele não soube compreendê-la, tudo, enfim... sem contar a família que ele perdeu na guerra. Sua história de vida, se você observar bem, é muito triste.

— Deve estar sendo muito difícil para ele lidar com tudo isso. Tenho pena... Só não entendo por que ele continua me hostilizando.

— Ora, Michel. Porque ele pensou que vim aqui me encontrar com você. Ele está com ciúmes. Mais uma vez com ciúmes.

Natalie tomou ar, refletiu por instantes, depois dividiu com o rapaz a seu lado, o que ia fundo em seu coração.

Michel ouviu tudo, muito pacientemente. Foi uma conversa longa e necessária. Extremamente importante para ambos.

Eduard, por sua vez, seguia caminho a passos lépidos e nervosos. De todos os choques que teve com a realidade nos últimos dois dias o mais perturbador era perceber o que se desenrolaria de agora em diante na vida de Natalie. Ela agora estava livre para se casar com um outro rapaz. Livre para se casar e ser feliz para sempre. Esse rapaz poderia até mesmo ser Michel Baeck. O senhor Arteche o aceitaria por ele ser judeu somente por parte de mãe, diferente dele que era judeu por parte de pai e mãe.

A raiva que Eduard sentia por Michel retornou com força redobrada. Na sua mente, ardendo de ciúmes, ele via Natalie se casando com o rapaz e sendo felizes para sempre.

— Eles não podem ficar juntos. — vociferou. — Não é certo! Não vou permitir. Se eles tiverem de se casar só se casarão por cima do meu cadáver!

Parte 13

Uma semana após os últimos acontecimentos...

Michel acabava de deixar a Universidade. Voltava para casa com o pensamento fixo no que aprendera na última aula que nem ouviu os passos de Eduard; nem mesmo percebeu sua aproximação. A primeira noção de sua presença foi o pigarrear áspero do rapaz as suas costas.

Michel virou o rosto no mesmo instante e, ao se deparar, com a fisionomia pétrea de Eduard, assustou-se.

Eduard o fitou com um ódio homicida transparecendo em seu olhar.

– Olá, Eduard. – cumprimentou Michel, fingindo não se alarmar com a expressão do rapaz. – Está tudo bem com você?

– Precisamos conversar. – disse Eduard, seriamente. – Mas não aqui. Num lugar em que não sejamos perturbados.

O rosto inteiramente barbeado de Michel deram os primeiros sinais de apreensão.

– Onde?

– Por aí. Siga-me.

Michel protestou no mesmo instante:

– Não tenho nada para conversar com você que não possa ser aqui.

Eduard bufou, agarrou o braço do rapaz e ordenou:

– Se você não vier por bem, virá por mal.

A primeira reação de Michel foi de espanto, a segunda, de raiva. Tentou libertar os braços da pressão, mas foi inútil.

– Para onde vamos? – inquiriu.

Eduard o arrastou até o carro que havia alugado, que havia deixado estacionado do outro lado da rua.

– Entre.

Sem ver alternativa, Michel obedeceu. Assim que Eduard se ajeitou no banco do motorista, Michel tornou a lhe perguntar:
— Para onde vamos?
Eduard não respondeu, apenas pisou no acelerador. Um minuto depois, perguntava com aparente ironia na voz:
— Está com medo, não está? Posso sentir o pavor corroendo-o por dentro.
Havia um sorriso de lobo agora em seus lábios.
O silêncio a seguir, caiu sobre os dois, como um ar asfixiante. Michel teve a impressão de que seus pés afundavam no chão do carro e que seu esqueleto encolhia alguns centímetros. Sua boca agora enchia-se de saliva amarga e ácida. Sem querer, mordeu a língua, arrepiou-se ao perceber que tinha gosto de sangue.

O carro trazendo Natalie para as compras estava estacionando ao meio fio, do outro lado da rua, no exato momento em que Eduard forçou Michel a entrar no carro.
Ela estava prestes a chamar por eles quando algo calou sua voz, uma constatação. Não fazia sentido Eduard e Michel saindo juntos de carro. Eduard odiava Michel com todo ódio que um homem pode gerar em seu coração. Onde eles iriam àquela hora, ainda mais juntos?, perguntou-se.
Natalie sentiu um frio na alma que gelou todo o seu corpo. Desde então, não deixou mais de pensar a respeito.

Enquanto isso, no carro dirigido por Eduard, o rapaz parecia sentir um prazer esmagador em ver a ansiedade fazendo com que Michel Baeck contorcesse as mãos e os lábios.
Bem naquele momento, Michel começava a sentir o medo tomando conta do seu corpo, paralisando-o, gelando-o. Teve a certeza, naquele instante, de que nunca sentira tanto medo em sua vida.
O carro só foi parar nas imediações de um galpão construído em madeira, abandonado, a cerca de sete quilômetros de cidade. Assim que os dois desceram do veículo, Michel perguntou:

— Que lugar é este?

— Um lugar qualquer. – respondeu Eduard, cínicamente. – Agora venha.

— Não vou. – recusou-se Michel no mesmo instante.

Eduard agarrou firme no braço do rapaz e disse:

— Venha. Estou mandando.

— Para onde?

— Você saberá quando chegar lá.

O rapaz foi levado, através da fria e úmida névoa, para uma tosca construção de madeira, abandonada. Eduard respirava aceleradamente pela boca enquanto os dois seguiam caminho. O frio e o vento fizeram seu corpo estremecer. O mesmo aconteceu com Michel.

O pavor e o silêncio assaltaram Michel Baeck. Se ele, ao menos pudesse gritar, pensou, mas o nó que apertava a sua garganta parecia tê-lo deixado sem voz. Era como se Eduard o tivesse encurralado numa armadilha, o que de fato, era verdade.

Ao entrarem no galpão abandonado, Eduard passou o trinco na porta, voltou-se para Michel e sorriu, sinistramente.

Então, para desespero de Michel, Eduard pegou o revólver que havia levado consigo, no grande bolso do casaco, que havia conseguido comprar com parte do dinheiro que havia recebido com a sua demissão, apontou para o rapaz e começou a falar, exteriorizando profundo rancor na voz:

— Você pensou que ia sair por cima de mim, não é mesmo, seu judeu safado?

— Eu não pensei nada, Eduard.

— Pensou sim, sei que pensou. E quando estivesse por cima de mim, sentindo-se um vencedor, um soberano, vendo-me cada vez mais humilhado, riria as minhas custas.

— Você está delirando, Eduard. Eu jamais pensei algo desse tipo.

— Você é um mentiroso, Michel. Um fingido. Um falso!

— Eduard, entenda... – retrucou o rapaz com lágrimas nos olhos.
— Entendo sua revolta, entendo sim, mas, por favor, não complique mais as coisas.

O lábio superior de Eduard repuxava-se para trás, num sorriso sem humor.

— Está com medo, não é, fracote? — continuou. — Está borrando as calças de medo, não é mesmo?

Súbito, Eduard jogou a cabeça para trás e explodiu numa gargalhada. Depois, seriamente afirmou:

— Eu amo Natalie desde a primeira vez em que a vi, foi muito antes de você aparecer, por isso ela tem de ser minha.

— Ela será sua, Eduard.

— Diz isso agora, porque está borrando as calças de medo.

— Falo sério, Eduard.

Havia agora uma expressão canina nos lábios de Eduard. Michel procurou se manter firme, não queria, em hipótese alguma, demonstrar medo.

— Está com medo, covarde... — afirmou Eduard no seu tom mais irônico. — Quero vê-lo borrar as calças de tanto medo. Para que se sinta humilhado como me senti, como eu me sinto.

Ele aproximou-se dele, encostou o cano do revólver na sua cabeça, bem na fronte e, exigiu, entre dentes:

— Peça, vamos, pelo amor de Deus, para mim, que eu não o mate, seu imundo. Ajoelhe-se diante de mim.

Michel ficou indiferente àquelas palavras tão ácidas, conseguia apenas absorver a pressão gelada do cano do revólver afundado na sua fronte e o cheiro de pólvora que vinha dele. Eduard, dominado pelo ódio e pelo ciúme, continuou:

— Você é o judeu ordinário, não eu... Algo está completamente errado nessa história. Completamente!

— Por favor, Eduard, não piore as coisas.

Eduard pressionou o cano da arma contra a pele do rapaz ainda com mais força.

— É muito fácil dizer isso agora que está por baixo, não é?

De repente, o bico da arma parecia para Michel, que lhe cortava a pele, mas ele não se atreveu sequer piscar os olhos.

Ao ver sua própria imagem refletida nas pupilas azuis de Eduard, que se contraíram lentamente no compasso em que ele pressionava o gatilho com o polegar, Michel sentiu sua alma gelar.

Eduard continuou imóvel durante quase um minuto, apertando contra a face de Michel o revólver parecendo cada vez mais decidido a atirar contra ele a sangue frio, sem dó nem piedade.

Por fim, Eduard afrouxou o gatilho e baixou o revólver. Depois, agarrou Michel com uma força que parecia ter triplicado de uma hora para outra e o conduziu até um cômodo mofado, empurrou-o para dentro do lugar e fechou-lhe a porta no seu nariz, deixando o moço totalmente às escuras.

— Eduard! — gritou Michel. — Tire-me daqui!

Eduard riu, matreiro.

Michel procurou se mover por ali, às apalpadelas, pois nada via senão a escuridão.

— Eduard! — gritou novamente. — Isso é loucura! Vamos, tire-me daqui!

Eduard tornou a rir, debochado, sentindo, na sua loucura, que finalmente havia triunfado sobre Michel Baeck, a quem Dagmara Giacommo tinha ensinado a odiar, profundamente.

No dia seguinte, por volta das dezessete horas, Natalie Arteche ficou sabendo sobre o desaparecimento de Michel. No mesmo instante, ela foi à casa da família Baeck oferecer sua solidariedade.

— Se eu puder ajudar em alguma coisa. — prontificou-se, solidária.

Sarah voltou-se para ela, agradecida e disse:

— Sua presença já nos é de grande auxílio, minha querida.

Duas horas depois, Natalie deixava a casa da família Baeck com o coração cada vez mais opresso. Foi então que ela teve um estalo. A cena que vira no dia anterior, em que Eduard e Michel entravam num carro, voltou-lhe à lembrança com força e nitidez.

— Foi ele... — murmurou Natalie, consigo mesma. — Só pode ter sido Eduard quem deu sumiço em Michel.

Ela estava decidida a sair à procura de Eduard e perguntar-lhe a respeito, quando uma luz se acendeu em seu cérebro: de nada adiantaria perguntar, Eduard negaria, negaria até mesmo sob ameaça de uma arma de fogo. O certo seria segui-lo, sem que ele soubesse, para ver aonde ele ia, pois certamente, cedo ou tarde, ele haveria de ir até o local onde manteria Michel em possível cativeiro.

Foi então que outra luz se acendeu no cerébro de Natalie. Um trecho do passado, uma conversa entre os dois sobre o balcão abandonado nas proximidades da cidade. Ela ainda se lembrava bem das suas palavras: "é o lugar ideal para uma emboscada... Um acerto de contas... *Apagar arquivo* como dizem na gíria...".

— É lá! — exclamou Natalie, com uma ponta de alívio. — É para lá que ele levou Michel. Só pode ser.

Sem pensar duas vezes, ela tomou um táxi para o local. Não sabia ao certo onde ficava, mas o taxista deveria saber. Eles são capazes de tudo, até mesmo de encontrar uma agulha num palheiro.

Assim que chegaram ao local, ela pagou ao motorista.

— A senhorita tem certeza de que é mesmo esse o lugar que procura? — perguntou o taxista, achando estranho uma jovem, na idade de Natalie, visitando um lugar tão afastado como aquele. — Pode ser perigoso para uma moça jovem como a senhora ficar aqui sozinha. Seria melhor eu esperar pela senhorita.

— Não será preciso. — afirmou Natalie, assim que avistou o carro em que viu Eduard e Michel entrarem no dia anterior, estacionado próximo do balcão abandonado. Aqui mora um amigo, ele mesmo me levará de volta para casa, o senhor não se preocupe.

— Se a senhorita quer assim...

Natalie agradeceu mais uma vez a preocupação do taxista e partiu em direção ao galpão abandonado, certa de que lá encontraria Eduard e Michel.

Diante da porta fechada ela bateu. Em menos de oito segundos Eduard abriu a porta.

— Natalie! V-você?!... O que faz aqui?

A jovem entrou no local sem responder, passeando os olhos por cada canto do ambiente, com grande interesse.

Eduard fechou novamente a porta e perguntou:

— O que faz aqui? Como soube que me encontraria aqui? Alguém mais sabe que estou aqui? Como chegou a esse local?

— Onde está Michel, Eduard?

A pergunta dela soou com muita intensidade. Michel preso no quarto às escuras, ao ouvir a voz da jovem, manifestou-se:

— Natalie! Aqui! Estou aqui! — exclamou, batendo os punhos fechados contra as paredes feitas de tábuas.

Natalie manteve-se em silêncio, com seus olhos vivos pregados nos de Eduard. Aqueles lindos olhos azuis, ligeiramente pálidos no momento, pertecentes a uma face que nada lhe dizia sobre suas verdadeiras intenções.

— Solte Michel, Eduard. — disse, então. — Por favor.

— É por causa dele que você está aqui... — murmurou Eduard, fitando-a com o coração em disparada, tornando-se frio dos pés à cabeça.

— Chega, Eduard! — exigiu ela. — Saia desse transe obsceno, por favor.

A voz de Eduard readquiriu a firmeza, quando tornou a falar:

— Você vai ser minha, Natalie! Só minha!

— Eu já sou sua Eduard, sempre fui. Já lhe disse isso!

— Mentira! Só está me dizendo isso por causa dele. Para poupá-lo. Por que mente para mim que a amo tanto?

— Não minto Eduard, quando digo que o amo é porque realmente o amo, Eduard. Acredite em mim, pare, de uma vez por todas, com essa loucura. Liberte Michel.

— É só isso que lhe interessa, não é? Ver o seu queridinho liberto, não é mesmo?

— Michel também é judeu, Eduard. Por que acha que meu avô consentiria o nosso casamento?, reflita... O mesmo fato que põe meu avô contra a nossa união, o coloca contra a minha união com Michel. Quando vovô marcou aquela cerimônia, eu sabia que era para lhe dar a chance de se declarar para mim, e eu fui em frente com a ideia, porque havia descoberto que era realmente de você que eu gostava, Eduard. Acredite-me. Naquela tarde em que você me encontrou no parque e achou que eu havia ido lá para me encontrar com Michel, você estava mais uma vez enganado, nosso encontro foi meramente casual, de amigos, posso lhe assegurar. Naquela mesma tarde, no parque, assim que você partiu, contei a Michel que havia descoberto já há algum tempo que era de você que eu gostava. Pedi-lhe perdão por não poder corresponder ao seu amor e ele aceitou a minha escolha, acredite-me. Agora, ponha essa cabeça no lugar, Eduard. Por favor.

Eduard tornou a surpreender a moça, pois, em vez de seguir seus conselhos, usar o bom senso, sorriu, friamente divertido e disse:

— Você pensa que eu sou tonto? Que eu vou cair nessa mentira deslavada que você armou para me convencer a soltar Michel?! Vocês não podem ficar juntos... Se eu não posso ficar com você, ele também não ficará!

Natalie ficou admirada ao perceber que o rapaz estava mais fora de si do que supunha. O rapaz que tanto amava estava completamente desequilibrado, perdido, possuído por uma força demoníaca.

Eduard foi até a porta do cômodo onde mantinha Michel em cativeiro, abriu e tirou o rapaz de lá. Alçou, por fim, a arma e mirou sua pessoa. Um grito histérico atravessou a garganta de Natalie naquele instante. O grito perturbou Eduard, fazendo-o voltar os olhos assustados na direção da jovem.

Impulsionado pela força do desespero Michel pulou sobre o rapaz, agarrando-lhe firmemente o pulso do braço que segurava a arma. O ataque, feito de surpresa, fez Eduard derrubar o revólver. Quando estava prestes a apanhá-lo, Michel lançou o punho fechado contra o rosto do rapaz, com maior força possível, arremessando Eduard contra a parede.

Natalie olhava para tudo com uma das mãos sobre a boca, em total desespero.

Eduard, com fúria redobrada, saltou sobre Michel atingindo-o com um soco na boca do estômago. Michel caiu de joelhos, enquanto vomitava.

Ao avistar a arma no chão, Eduard seguiu na sua direção. Michel, percebendo sua intenção, levantou-se num salto e pulou sobre as costas do rapaz. Eduard girou rapidamente para enfrentá-lo e enfiou um punho de ferro em seu abdômen. Michel caiu contra ele, dobrado em dois, com linhas de dor irradiando-se através do peito e estômago, com ondas de escuridão interrompendo sua visão.

Eduard riu e voltou a seguir na direção da arma. Michel ergueu-se e foi atrás dele. Ao notar sua aproximação Eduard desviou dele, de forma ligeira, bem no momento em que o rapaz pulava sobre ele. Com isso, Michel atingiu o chão novamente com tudo. Eduard, cego de raiva, apanhou a arma e mirou na sua direção.

— Nem você nem ninguém mais vai se pôr no meu caminho!

Os olhos de Michel brilharam de pavor.

Com um curioso sorriso enviesando-lhe os cantos da boca, Eduard Giacommo puxou o gatilho, no exato momento em que Natalie Arteche se jogava na frente de Michel Baeck para protegê-lo. A bala acertou Natalie em cheio. Aconteceu tudo tão rápido, que passaram alguns segundos para Eduard compreender o que de fato havia acontecido. Só então a arma caiu de suas mãos, seu corpo vergou, e um grito ecoou do seu peito.

— Não!

De que adiantava o desespero agora? O estrago estava feito, a ignorância cobrava seu preço.

Parte 14

Eduard só despertou do transe quando Michel voltou-se para ele e disse:
— Venha. Ajude-me a levá-la para o carro. Temos de levá-la a um hospital urgentemente.

Ainda que trêmulo, com as pernas bambas, Eduard ajudou Michel a levar Natalie, desacordada, para o carro, com o ferimento à bala, estancado por um pano arranjado por Michel. Ele mal podia enxergar um palmo de distância adiante do nariz, porque as lágrimas embaçavam sua visão.
— O que foi que eu fiz? — perguntava-se Eduard, repetidamente.

Logo após ajeitarem Natalie no banco traseiro, Michel falou:
— Deixe que eu dirijo.
— Não vai dar tempo. — atalhou Eduard, horrorizado. — Ela não vai resistir até lá. Não vai!
— A esperança é a última que morre, Eduard. Não se desprenda dela.

O comentário fez ressurgir em Eduard a fé da qual se desprendera desde os últimos acontecimentos que cercaram a sua vida. Sem mais delongas, o carro partiu.

Assim que chegaram ao hospital, Eduard saltou de dentro do carro e correu para dentro do lugar para buscar ajuda.
— Uma moça baleada, por favor, acudam! Pelo amor de Deus! — suplicou a uma enfermeira. Era o pedido de um jovem desesperado, lutando para salvar a pessoa que mais amava na vida.

A mulher tomou imediatamente as devidas providências. Em questão de segundos, dois enfermeiros colocavam Natalie sobre a maca e a levavam para o interior do Pronto-socorro. Dois médicos imediatamente começaram a examinar a jovem baleada.

Eduard estava sentado no braço de um dos sofás da sala de espera do hospital. Tinha a sensação de estar pegando fogo por dentro. Ao lado dele estava Michel, orando, fervorosamente, em silêncio. Foi nesse momento que Eduard percebeu que a necessidade de ambos era a mesma, independente das religiões em que foram criados. Ali estavam dois homens, desesperados, suplicando a Deus que salvasse a vida de uma jovem, por amor e por dignidade.

Quando a família de Natalie chegou, o avô da jovem chocou-se ao ver os dois rapazes ali.

— O que houve? — perguntou Bettina Arteche para ambos.

Eduard baixou o olhar, envergonhado. Michel foi quem respondeu:
— Um acidente.
— Um acidente?
— Sim. Com uma arma.

Ao perceber que Eduard ia dizer o que realmente havia acontecido, ia assumir a sua culpa diante da família, Michel tratou logo de tomar uma providência. Apertou o braço do rapaz, fazendo-o voltar os olhos para ele e, por meio do olhar, pediu-lhe que se calasse.

Eduard agora olhava direto e reto para Michel com a sensação de que seu corpo era consumido por uma chama interna, alta e voraz.

Ferdinando Arteche não quis ouvir mais nada, tudo o que mais queria, naquele momento, era ver a neta e ouvir de um médico, que ela estava fora de perigo. Por isso, partiu em busca do médico responsável que pudesse dar-lhe as devidas explicações. Bettina Arteche seguiu a sua sombra.

Assim que os dois se foram, Michel voltou-se para Eduard e disse, seriamente:

— Mantenha essa boca fechada.

Eduard tentou falar novamente, mas Michel tornou a interrompê-lo:

— As coisas já estão difíceis para você. Especialmente entre você e a família Arteche. Se eles souberem o que de fato aconteceu, pior ficarão as coisas entre vocês.
— O que importa? Minha vida está mais do que perdida...
— Importa e muito, Eduard. Natalie ama você.
— Ama nada.
— Ama, sim.
— Que nada, é de você que ela gosta.
— Eduard pare de ser teimoso, cego e surdo, por favor.
A voz dura e teimosa do rapaz estourou com indignação:
— Como pode saber que Natalie me ama?
— Ela mesma me disse dias atrás.
— Não consigo mais acreditar em ninguém. Penso sempre que todos estão mentindo, que ainda continuo vivendo a mentira que minha mãe de criação inventou.
— Eu sei que tudo isso deve tê-lo abalado muito. Não é para menos, eu mesmo, se estivesse no seu lugar, ficaria perturbado. Agora, compreenda, de uma vez por todas, é de você que Natalie gosta. É você que Natalie ama. Será que você pode aceitar isso?

Eduard passou a língua nos lábios muito secos e disse:
— É tudo o que mais quero.
— Então muito bem, agora reze, com toda a sua fé para que Natalie sobreviva a essa fatalidade.
— Se ela não sobreviver, eu não vou me perdoar.
— Depois você pensa nisso, agora entregue-se as suas orações, que eu vou me entregar as minhas.

E assim os dois rapazes ficaram a rezar, cada qual rezando da forma que aprendeu na religião em que foi criado, entretanto, para o mesmo Deus.

Minutos depois, quando o coração de ambos parecia mais confortado pelo poder da oração, Eduard voltou-se para Michel e perguntou:
— Eu sei que você também ama Natalie, assim como eu.

Michel concordou com o rapaz, com um pequeno sorriso triste:
— Sim, amo. Ainda que tenhamos o mesmo amor por ela, há uma grande diferença entre nós dois, Eduard. O amor que você sente por

Natalie é correspondido da mesma forma, é recíproco e verdadeiro, o meu por ela, é visto por Natalie como amor de amigo, nada mais.

"Acontece que um amor recíproco e verdadeiro não pode deixar de ser vivido, por isso, vocês têm de ficar juntos. Na minha opinião, seria uma afronta a Deus, quem se ama não poder viver o grande amor. Porque o que Deus quer, e todas religiões concordam nesse ponto, é ver seus filhos felizes. Amando e felizes."

Eduard mostrou um sorriso fugaz. Depois olhou fixamente para Michel, com um brilho estranho nos claros olhos azuis e perguntou:

— Por quê? Por que está fazendo isso por mim?

— Porque no fundo, Eduard, você é meu irmão, de alma. Natalie sempre falou a respeito e é verdade. Todos somos irmãos, não importa a cor, raça e condição social, somos todos filhos de um mesmo Deus.

Eduard analisou as palavras de Michel e acabou concordando com elas. Houve uma pausa até que ele, num tom preocupado dissesse:

— Natalie vai acordar e vai contar toda a verdade para a família dela. Você vai passar por mentiroso e aí as coisas ficarão pior para você.

— Ela não dirá nada, acredite-me.

— Como pode saber?

— Pressinto. Ainda que diga, correrei esse risco. Precisamos correr. Em nome do amor de vocês.

— Você a ama, ama tanto quanto eu.

— Sim. Amo-a tanto quanto você. E por amá-la assim é que tenho de respeitar quem o coração dela escolheu para amar e, esse alguém, é você, Eduard.

Havia, agora, lágrimas nos olhos de ambos.

— Eu quero ver Natalie feliz. — acrescentou Michel, com voz embargada. — Nada me deixará mais feliz do que vê-la feliz.

Eduard mordeu os lábios, sentindo-se tocado na alma.

— E se ela não sobreviver?

— Ela há de sobreviver, Eduard. Com a graça de Deus ela há de sobreviver. Você ainda está orando, não está?

Ele baixou os olhos e começou a chorar, como um menino desamparado.

265

Foi nesse momento que Sarah e Viveck chegaram. Michel havia ligado para a casa para informá-los aonde ele se encontrava. Quando os olhos de Sarah se encontraram com o do filho, ela correu até ele e o abraçou fortemente. Em seguida, Michel abraçou Viveck, demonstrando o mesmo afeto.

— O que houve, filho? Onde esteve? — perguntou Sarah, lacrimosa.

— Depois conversamos a respeito, mamãe.

Minutos depois, Michel sugeriu a Eduard:

— Ligue para a sua mãe, Eduard. Será bom para você tê-la ao seu lado nesse momento. Você tem o telefone dela, não tem? Pois bem, ligue.

Ainda que incerto quanto a aceitar o conselho de Michel, Eduard acabou ligando para Helena.

— Mãe. — disse, assim que ela atendeu o telefone. — Estou precisando de ajuda. Estou no hospital com Natalie Arteche, houve um acidente com ela. Eu aguardo a senhora aqui. Obrigado.

Trinta e oito minutos depois, Eduard estava sentado ao lado de Helena num canto da sala de espera do hospital. Ele havia acabado de narrar a mãe, em tom confidencial, os últimos acontecimentos.

— Eduard. — disse Helena com certa cautela.

Ele voltou os olhos para a mãe, receoso de seu julgamento. Helena, com lágrimas nos olhos lhe concedeu a verdade que todos precisam se lembrar vez ou outra: Que errar é humano. Insistir num erro uma tolice, um pecado.

Ela abraçou o filho e enquanto ele se derramava em lágrimas, sentidas, ela afagou-lhe a nuca, querendo apaziguar o caos interior do filho.

— Eu só queria Natalie, entende? — desabafou o rapaz, segundos depois. — Não me restou mais nada na vida depois que eu e todos que eu queria tão bem souberam da minha verdadeira origem... — ele calou, desfez o abraço, baixou os olhos e contemplou as mãos, enquanto a culpa e o arrependimento entristeciam a sua face. — A verdade para mim foi como se o meu mundo tivesse sido desfeito em mil pedaços impossíveis de serem juntados novamente. Então, eu percebi que pouco me importava que tudo se desfizesse desde que eu ficasse com Natalie, pelo menos isso, eu pedi a Deus. Todavia pus tudo a perder.

"Fui um estúpido em tratar Michel Baeck como vinha tratando... Ele é um *cara* sem igual, está sendo *bárbaro* comigo, capaz de abrir mão do amor que sente por Natalie por mim e por ela... Eu jamais conseguiria fazer o mesmo."

— Ele não abriu mão do amor que sente por ela, Eduard, ele o manteve em seu coração e, por isso, tem força para perceber e aceitar que Natalie ama você e torcer para que vocês dois, juntos, sejam muito felizes.

"É incrível como as pessoas podem nos surpreender, não, Eduard? Nos surpreender com um gesto de bondade, compreensão e perdão, não?"

O rapaz concordou, sentindo-se feliz por estar novamente na companhia de Helena, sentindo sua proteção, a que jamais deixou de lhe dar desde o momento em que o salvou das mãos dos nazistas na Cracóvia, Polônia, durante a Segunda Guerra Mundial.

Segundos depois entrou uma enfermeira na sala perguntando aos presentes quem tinha sangue tipo O que pudesse doar para Natalie Arteche. Todos se entreolharam, ninguém tinha. O único era Eduard, que timidamente ergueu seu dedo para informar a mulher.

— O senhor pode fazer a doação?

— É lógico que sim. — respondeu ele, prontamente.

— Então me acompanhe, a paciente perdeu um bocado de sangue durante o trajeto até o hospital, precisamos começar a transfusão de sangue imediatamente. Que bom que o senhor está aqui, caso contrário... Sangue tipo O é muito raro de se encontrar. Queira me acompanhar, por favor.

Eduard olhou para Helena e, em seguida para Michel, ambos demonstraram por meio do olhar, orgulho por sua atitude.

Assim que Bettina soube que haviam encontrado um doador de sangue para Natalie foi contar a Ferdinando Arteche.

— Por sorte, meu sogro, o rapaz tem o mesmo tipo sanguíneo de Natalie. O tipo dela é tão raro de se encontrar!

— É mesmo?! Graças a Deus!

— Eduard se prontificou, no mesmo instante, em que soube que o sangue de Natalie é o mesmo que o dele. Era a única...

O sogro interrompeu a nora:

— Eduard? O judeu?

— Sim, meu sogro. Eduard Giacommo.

O cenho do italiano fechou-se.

— O que foi, meu sogro? O senhor está bem?

— Eu não quero que Natalie receba sangue de um judeu.

— Mas meu sogro...

— Tem de haver outra pessoa neste hospital que tenha o mesmo tipo sanguíneo que o de Natalie. Alguém que seja como nós, católicos.

— Senhor Arteche, não dá tempo de procurar. Natalie precisa da transfusão urgentemente.

— Isso é inaceitável. Inconcebível.

— Não, senhor Arteche. Inaceitável e inconcebível é minha filha deixar de tomar sangue e morrer porque o único doador para salvá-la era um judeu e um judeu o senhor não aceita como doador.

Ferdinando se assustou com o tom da nora. Bettina continuou com *pulso firme:*

— Nem que fosse Hitler, com quem eu nunca me simpatizei, o único doador de sangue para Natalie, eu aceitaria. Porque nessa hora o que vale mesmo é o esforço para salvar uma vida.

O sogro calou-se.

Enquanto isso, na sala apropriada, Eduard doava sangue para Natalie. Sentia-se agora menos angustiado pelo que fez à jovem, por estar colaborando positivamente com sua recuperação.

Foi só no dia seguinte, quando os médicos comprovaram que Natalie estava realmente fora de perigo e dava sinais de melhora que eles liberaram as visitas para a jovem. Somente depois que a família Arteche partiu, é que Eduard e Michel entraram no quarto para vê-la.

Ao avistarem Natalie, lúcida novamente, uma onda de alívio inundou os dois por dentro.

Ao ver os dois rapazes os olhos da jovem acamada se encheram d'água.

— Olá, Natalie... É um alívio para mim saber que está fora de perigo. – disse Eduard, emocionado, derramando-se em pranto a seguir.

— Desculpe-me, perdoe-me pela besteira que cometi. Não sei aonde eu estava com a cabeça para ter feito uma barbaridade daquelas.

Michel pegou o ombro do rapaz e pediu, gentilmente:

— Acalme-se, Eduard. Emoção demais pode não fazer bem nem a você nem a Natalie.

— Você tem razão.

— O importante é que Natalie está viva.

— Sim. – concordou Eduard tentando conter o choro e, voltando-se para Natalie disse:

— Você está viva e é isso o que mais importa. Graças a Deus você está viva.

— Graças a Deus. – confirmou Michel.

Natalie olhava com ternura para os dois rapazes. Michel então disse:

— Natalie, preferi dizer ao seu avô e sua mãe que o que lhe aconteceu foi um acidente, a arma disparou sem querer, para evitar complicações maiores...

— Eu não pedi para ele fazer nada disso. – interveio Eduard. – Ele deveria ter dito a verdade, escancarar diante de todos a imbecilidade que cometi.

— Foi melhor assim. – afirmou Natalie, num sussurro de voz.

— Não diga nada, Natalie, você ainda não está em condições de falar. – suplicou Eduard, lacrimoso.

Um leve sorriso se insinuou nos lábios da jovem, acamada.

Nas semanas que se seguiram, muita coisa mudou na vida de todos. Eduard acabou indo morar na casa de Helena e Desmond e, com a ajuda de Desmond, conseguiu um emprego no escritório de advocacia em que era sócio.

Natalie recebeu alta do hospital e voltou para sua casa onde ficou se recuperando do acontecido como aconselhou o médico. Quando o avô e sua mãe lhe perguntaram o que havia acontecido, como ela havia sido baleada, ela confirmou a mentira que Michel havia inventado para proteger Eduard. Para Natalie, Michel havia sido sábio em procurar evitar que Eduard se complicasse ainda mais diante do avô, o que só serviria para complicar a união dos dois.

Ela queria muito rever Eduard, saber como ele estava, mas por causa do avô não podia recebê-lo em sua casa. Nem ele, nem Michel com quem muito queria conversar.

Foi numa tarde, por volta das três horas, quando a mãe entrou no quarto levando uma bandeja com o café da tarde para a filha, que Natalie teve uma surpresa agradável e inesperada. Eduard acompanhava Bettina.

— Eduard?! — exclamou Natalie, surpresa. — Você perdeu o juizo?! Se meu avô...

Bettina adiantou-se na resposta:

— Seu avô está no trabalho a uma hora dessas, filha, não se preocupe.

Natalie parecendo mais relaxada, comentou:

— Sua ideia de vir aqui, a essa hora, Eduard, foi brilhante, adorei! Estava mesmo querendo muito vê-lo, conversar...

— A ideia não foi minha, Natalie.

— Não?!

— Não. Foi de sua mãe.

— Mamãe?!

A jovem estava surpresa, jamais pensou que a mãe teria coragem para aquilo. Sem mais delongas, Bettina, deixou o quarto, dizendo:

— Vou deixá-los a sós. Até daqui a pouco.

Assim que a mulher fechou a porta, Eduard sentou-se na beirada da cama, pegou a mão de Natalie e a beijou. Emocionado falou:

— Oh, Natalie como eu queria vê-la... Estava louco para vê-la... Você já me perdoou pelo que fiz? Se não, tudo bem, eu compreendo. Não se perdoa uma estupidez como a que cometi assim de uma hora para outra...

— É lógico que já lhe perdoei, Eduard.

— Eu fui um estúpido.

— Falemos do presente agora, Eduard. Como você está? O que tem feito da vida?

— Fui morar com a minha mãe. O marido dela conseguiu um emprego para mim no escritório de advocacia em que ele trabalha.

Desmond é um cara e tanto. Nunca me passou pela cabeça que ele pudesse ser tão *bacana*.

— As pessoas sempre nos surpreendem, não?

— E como... E você, como está?

— Bem melhor, como pode ver.

— Quero que melhore o quanto antes, para que possamos ficar, de uma vez por todas, juntos.

O rosto de Natalie entristeceu.

— O que foi?

— É o vovô, ele continua abominando você, apesar de ter me salvado, doando seu sangue...

— Como ele é turrão. Tal como a minha avó.

— E ela?

— Nunca mais soubemos. Segundo a madrinha de minha mãe, ela se recusa a falar de mim, aparetemente age como se eu nunca tivesse existido.

— Mas ela o amava.

— Sim, mas seu preconceito e racismo, como acontece com muitas pessoas, fala mais alto dentro dela, fazendo com que ela se afaste de quem tanto ama.

— Que pobreza de espírito. É por isso que o mundo enfrenta tanta violência. Se todos aceitassem e respeitassem as diferenças, o convívio entre os povos seria maravilhoso, a Terra seria um paraíso.

— Falemos de nós, agora, Natalie. Quero me casar com você. Você quer se casar comigo?

— Sim, Eduard. Mas antes pretendo convencer meu avô a aceitar a nossa união. É muito importante para mim que ele aceite, afinal, você sabe, ele é bem mais que um avô para mim, é como se ele fosse o meu próprio pai.

— Eu sei. Mas e se ele não aceitar, o que faremos?

— Então, seremos obrigados a nos casar às escondidas, o que se há de fazer?

Eduard assentiu e beijou novamente a mão da jovem que mantinha entrelaçada a sua.

— E quanto a Michel? — perguntou Natalie, a seguir.

— Temos saído juntos nos fins de semana para passear... Fomos a Villa Doria Pamphili, ao Jardim Botânico, a Piazza del Popolo... Michel é um *cara* legal. Realmente um *cara* e tanto. Incrível como não percebi isso antes.

— Você foi induzido por sua avó a se voltar contra os judeus, lembra?

— Sim. Na verdade ela me ensinou a me voltar contra mim mesmo. Coitada, mal sabia ela que abrigava em sua casa e sustentava um judeu que ela tanto odiava.

— Você acha que o amor que sua avó sentia por você deixou de existir assim de uma hora para outra só porque ela descobriu que você é judeu?

— Não sei... De minha avó posso esperar tudo.

— Para mim ela ainda o ama, mas o renega para não dar o braço a torcer, mostrar que tudo o que ela pensa e lutou contra, na verdade, não passa de uma tremenda bobagem.

A conversa entre os dois se estendeu por mais algum tempo. Encerrou quando Bettina entrou no quarto anunciando que já era hora de Eduard partir, para evitar que Ferdinando o encontrasse na casa, caso voltasse para lá mais cedo.

Assim que Natalie se sentiu totalmente curada foi ter uma conversa com o avô.

— Vovô, quero conversar com o senhor, a respeito de mim e de Eduard.

— Não me venha falar outra vez desse rapaz, Natalie. Por favor, poupe-me.

— Eu amo Eduard, vovô. Além do mais ele salvou a minha vida. Isso não significa nada para o senhor? Reveja seus conceitos, vovô, por mim. É muito importante para mim que o senhor consinta o nosso casamento, eu amo Eduard tanto quanto amo o senhor, não quero me afastar do senhor por nada, por favor reconsidere...

— Eu nunca vou aceitar esse rapaz, Natalie. Nunca!

— Essa é a última palavra do senhor?

— É.

Natalie retirou-se da sala, sob os olhos enviesados de Ferdinando Arteche.

Dias depois, o dono da casa ouvia, sem querer, uma conversa entre a nora e a neta.

— Eu e Eduard decidimos nos casar às escondidas, mamãe.

— Por quê?

— Porque o vovô nunca vai consentir com o nosso casamento. Eu já tentei dobrá-lo, mas ele é turrão... Se mesmo depois do que Eduard fez por mim, doando seu sangue para me salvar a vida ele não o aceita, nada o fará aceitá-lo. Nunca! Eu e Eduard viveremos, temporariamente, na casa da mãe dele numa cidadezinha perto daqui até que possamos alugar uma e levar nossa vida adiante.

— Se não há outro jeito, filha... Só não queria que as coisas fossem assim. Eu vou sofrer tanto morando distante de você, você também, seu avô tanto quanto. Ele pode não admitir, mas vai. Ele ama *você.*

— Eu sei, mas o que se há de fazer se ele não permite que eu me case com o rapaz que tanto amo?

Ferdinando Arteche deixou o local, fazendo o possível para não ser descoberto ali.

No dia seguinte, proibiu a saída da neta de casa, nem que fosse na companhia da mãe. Deixou os empregados a postos e sob ameaça: aquele que permitisse a saída da jovem ou ocultasse sua saída seria demitido. Todos ali ficaram apreensivos, apesar de gostarem muito de Natalie e não verem mal algum na sua união com o rapaz que ela tanto amava, viram-se subjugados a cumprir as ordens para não perderem o emprego.

Quanto à nora, o sogro a ameaçou de pô-la na rua, caso ela desobedecesse as suas ordens.

Quando Natalie quis saber a razão de tudo aquilo, o avô disse apenas:

— Faço isso para o seu próprio bem, minha neta. Acredite-me.

Não adiantou Natalie protestar desta vez, Ferdinando Arteche partiu para o trabalho deixando a jovem falando sozinha.

— Vovô só pode ter sabido por intermédio de alguém que eu e Eduard estamos planejando nos casar, sem o seu consentimento. — comentou Natalie com a mãe, quando se viu a sós com ela.

Bettina concordou.

— Ainda assim eu vou me casar com Eduard, mamãe. Não aceitarei viver nesta casa por nem mais uma semana como se fosse uma prisioneira.

— Você acha que deve mesmo fazer isso, filha?

— Sim, mamãe. A vida passa muito rápido, quanto mais cedo nos unirmos a quem tanto amamos maior será o tempo ao lado dessa pessoa, vivendo um grande amor.

Naquela tarde, quando Bettina conseguiu distrair as empregadas da casa, Natalie ligou para Eduard e planejou com ele sua fuga. Seria na quarta-feira da semana seguinte, à noite, quando os empregados da casa e o avô já tivessem se recolhido. Ela deixaria a casa com a ajuda da mãe, ele que estivesse ali, na hora combinada, aguardando por ela.

Naquele fim de tarde, quando Ferdinando Arteche voltou para casa, suspeitou que algo estava sendo planejado pela neta, não precisou de muito para intuir que ela estava disposta a fugir da casa, na calada da noite para se casar às escondidas com o rapaz judeu.

Sua determinação deixou o homem irritado e surpreso ao mesmo tempo. Jamais pensou que a jovem fosse capaz de ir contra ele que a amava tanto por causa de um rapaz judeu. Ferdinanado Arteche ficou desde então sentindo-se indignado e ultrajado.

Na noite combinada para a fuga, tudo correu exatamente como planejado. Ao se despedir da mãe, Bettina insistiu novamente na pergunta:

— Tem certeza, filha, de que é isso realmente o que você quer?

— Sim, mamãe. Eu amo Eduard. Ele precisa de mim tanto quanto eu preciso dele. Ridículo sermos separados porque ele é de origem judia. Quando o vovô tornar a me encontrar, já estaremos casados e ele vai ter de aceitar o meu casamento com Eduard se quiser continuar a me ver. Não terá outra escolha, como diz o ditado: se não for por amor, será pela dor.

Mãe e filha se abraçaram e se beijaram.

— Boa sorte, querida. Muita sorte.
— Obrigada, mamãe.
Sem mais delongas, Natalie deixou a casa, fazendo o possível para não fazer barulho e ser descoberta pelo avô, que aquela hora já se encontrava recolhido em seus aposentos.
Como combinado, Eduard estava ali, com o carro de Desmond para apanhá-la. Assim que os dois se viram, ele a beijou terna e apaixonadamente.
— Vamos embora, Eduard. Antes que algo mais nos impeça.
Dali o casal seguiu para a cidadezinha onde Eduard agora morava com Helena.
O casal estava prestes a partir da casa de Desmond, Helena e Eduard quando dois homens enormes apareceram e um deles perguntou a jovem:
— Senhorita Natalie?
Natalie negou ser ela, balançando a cabeça bem devagar. Seus olhos assustados, em pânico na verdade, revelaram mais que qualquer palavra.
— Não adianta negar, senhorita. Sabemos quem é.
— O que querem?
Eduard aprofundou seu olhar severo sobre o homem e questionou:
— O que querem conosco? Vamos, diga. Nada fizemos.
— Vocês serão escoltados de volta até a casa da família Arteche.
— Aconteceu alguma coisa? — perguntou Eduard, aflito.
— Não. São ordens do senhor Ferdinando Arteche.
Natalie e Eduard gelaram. De alguma forma, Ferdinando havia descoberto sobre a fuga da neta e providenciado alguém para impedir seu propósito com aquilo.
— E agora? — indagou Eduard, sentindo-se de mãos atadas.
— Agora só me resta acatar a ordem do meu avô e diante dele bradar, mais uma vez, incansavelmente, pelo nosso amor.
— Eu vou com você.
— Não, é melhor eu enfrentá-lo só, mais uma vez. Com você ao meu lado receio que as coisas se compliquem.

Eduard acabou concordando com Natalie, beijou e a abraçou e ela então seguiu de volta para a sua casa na companhia dos homens enviados pelo italiano intolerante e preconceituoso.

Assim que chegou a casa, Bettina foi logo se desculpar com a filha.

— Seu avô me forçou a falar, filha. Eu sinto muito. Perdoe-me, por favor.

— Acalme-se, mamãe. Vou falar com ele. A senhora me aguarde aqui.

Natalie entrou na sala onde estava o avô, com passos decididos. Tirou as luvas, enquanto mantinha sobre o avô um olhar arguto.

Quando Ferdinando a viu, sua expressão continuou a mesma. Natalie, inspirou e expirou o ar, lentamente e perguntou:

— Vovô, por que mandou aqueles homens atrás de mim e de Eduard?

A resposta do avô soou cheia de emoção:

— Neta, querida, fiz o que fiz por amor, somente por amor.

— Por amor? — ironizou ela.

— Sim. Por amor. Acredite-me.

— Que espécie de amor é esse, vovô? — retrucou a jovem com lágrimas nos olhos. — Ponha-se no meu lugar, por favor. Se o senhor amasse uma mulher como eu amo Eduard, o senhor certamente haveria de...

— Fazer o possível e o impossível para se casar com ele?

— S-sim.

— Eu sei.

— Por isso fugi esta noite para me casar em segredo com Eduard ao raiar do dia. O senhor não me deu outra escolha, eu sinto muito.

— Eu não quero você longe de mim, Natalie. Nunca!

— Mas eu tenho minha vida para seguir, vovô.

— Pois que siga aqui, ao meu lado.

— Seria uma honra, um grande prazer continuar próximo do senhor, mas a minha vida agora é ao lado de Eduard que o senhor amava como um filho. O filho que a guerra lhe roubou, como o senhor mesmo dizia. Um rapaz que o senhor, aparentemente, deixou de gostar depois que descobriu que ele era de origem judia.

Ferdinando Arteche pareceu refletir, para escolher as palavras certas para se expressar:

— Eu sei disso tudo. E cheguei a uma conclusão. Se você gosta realmente desse rapaz, então, eu consinto o casamento de vocês. Foi por isso que mandei aqueles homens atrás de vocês, para que voltassem e se casassem sob a minha bênção.

O rosto de Natalie se transformou. A expressão de ódio e indignação deu lugar a uma expressão de espanto e encantamento.

— O senhor fala sério? — perguntou ela com voz trêmula.

— Sim. Esse moço não é o que eu sonhei para você, mas...

— Esse moço é o que meu coração escolheu, vovô.

O avô baixou a cabeça, Natalie foi até ele e o beijou.

— Oh, vovô, finalmente o senhor me compreendeu. Que bom! Não sabe o quanto me faz feliz com seu consentimento. Casar sob sua bênção sempre foi muito importante para mim, o senhor sabe disso.

O avô com lágrimas nos olhos, respondeu:

— Sim, eu sei, Natalie. Por isso voltei atrás na minha decisão.

Nos dias que se seguiram, começaram os preparativos para o casamento. Haveria de ser em grande estilo como Ferdinando Arteche tanto sonhou para a neta.

Nesse ínterim, Sarah conversou com Michel:

— Como você está se sentindo com tudo isso, digo, com o casamento de Natalie que você tanto ama com aquele rapaz?

— Eu gosto dela, mamãe, ela também gosta de mim, mas é com Eduard que ela quis se casar. Tenho de aceitar isso, não há outra escolha.

— Você é sempre tão sensato, Michel...

— Sou porque a senhora me ensinou a ser assim. Sou o que sou, graças a boa educação que recebi da senhora, do papai e do vovô.

Sarah sorriu enquanto recebia um beijo caloroso do filho.

Enquanto isso...

Dagmara Giacommo não mais se sentia a mesma dentro de sua casa depois de tudo que havia acontecido. Bastava se trancar dentro dela que algo de estranho brotava em seu interior. Um mal-estar, um calor desconfortável e degradante. Ela logo estava a suar frio.

Ela então se ajoelhava em frente ao pequeno altar que havia montado na sala e procurava se entregar a uma torrente de orações, mas nem isso mais podia aliviar o caos emocional em que se encontrava.

Quando algo a fazia se lembrar de Eduard, ela procurava imediatamente afastar a lembrança do seu pensamento. Era inconcebível para ela ocupar sua mente com a lembrança daquele que teve por quase vinte anos como seu neto, quem lhe fez passar tanta vergonha e humilhação. Ela prometera-se nunca mais sequer mencionar seu nome ou se lembrar do tempo que tinha perdido ao lado dele.

Dagmara estava novamente ajoelhada no piso frio de sua casa, entregue as suas preces, orando de forma fanática por seus interesses próprios quando ouviu a campainha manual de sua casa ser tocada. A contragosto foi atender à porta. Para sua surpresa e aflição, era Eduard quem estava ali.

— Olá, vovó, como vai? — disse ele, um tanto inseguro, mas com a mesma ternura que sempre usara para se dirigir a avó. — Vim trazer-lhe o meu convite de casamento. Não sei se soube, mas vou me casar com Natalie Arteche. O senhor Ferdinando acabou consentindo com a nossa união. Não é maravilhoso?

Dagmara permanecia petrificada olhando, sem piscar, para o jovem a sua frente. Ao perceber que a mulher não estenderia a mão para apanhar o convite, ele o colocou em sua mãos, dizendo:

— Quero muito que a senhora esteja presente ao meu casamento, sabe o quanto a senhora é importante para mim.

Nem bem ele terminou a frase, Dagmara, sem pudor algum, rasgou o convite com toda força que dispunha nas mãos, sem sequer lê-lo.

Eduard ficou mais uma vez barbarizado com sua atitude. Sem dizer uma palavra sequer, a mulher bateu a porta com toda força.

Eduard ficou ali, por alguns segundos, querendo muito reverter a situação para o bem, para algo que pudesse libertar Dagmara do poço da ignorância. Sem ver outra saída, o rapaz partiu, cabisbaixo, quase chorando por ver que a mulher a quem tanto devia sua vida, continuava insistindo em repudiá-lo somente porque ele era de origem judia.

Assim que Dagmara se viu só, entre as quatro paredes que formavam a sua sala, foi tomada de súbita comichão. Começou a coçar a cabeça com tanta força que logo seu penteado se desfez. Por onde se esfregava com as unhas, sua pele ficava vermelha como se estivesse em brasa.

Seus olhos estavam injetados de sangue quando ela se voltou para o pequeno altar e disse:

— Onde está, meu Senhor? Onde está que não faz nada para me proteger de toda essa pouca vergonha, essas humilhações que venho passando uma atrás da outra nesses últimos tempos? Eu dedico a minha vida ao Senhor há quase 25 anos e tudo o que recebo em troca é uma filha que só me trouxe desgosto e humilhação. Um neto que não era neto, além do mais era um judeu, um judeu que renegou Cristo, Seu Filho. Como pode permitir que uma pessoa tão dedicada e boa como eu passe por tudo isso que venho passando, meu Senhor? Como?! Eu sou boa, boa, está me ouvindo? O Senhor por acaso é cego que não vê que só faço o bem em nome do moral e dos bons costumes católicos? É surdo, por acaso?

"Estou revoltada sim, com ódio sim do Senhor. Muito ódio! Não é assim que deve tratar quem dedica a sua vida como eu dedico a minha ao Senhor, à Igreja católica. Não é! Definitivamente não é."

A frase final encerrou-se com um pranto agonizante e desesperador. Dagmara agora puxava as roupas como se quisesse rasgá-las, arranhava a pele como se quisesse perfurá-las. Era uma cena tocante e, ao mesmo tempo, desesperadora de se ver. Subitamente a mulher começou a derrubar tudo o que via pela frente, quando não encontrou mais nada, caiu de joelhos sobre as pedras que mantinha ali, para penitência, na esperança de que Deus purificasse sua alma.

A ignorância continuava cobrando seu preço.

O dia do casamento de Eduard e Natalie finalmente chegou. Eduard estava ansioso para o grande momento. Enquanto fazia hora no quarto que passou a ocupar na casa de Helena e Desmond, ele encontrou, em meio aos seus documentos, a certidão de nascimento do verdadeiro filho de Helena. No mesmo instante chamou pela mãe.

— Mamãe, acabo de encontrar esta certidão de nascimento, mas se a senhora me tirou de onde disse ter tirado, como pode ter seu nome nesta certidão de nascimento dizendo que a senhora é mãe de um menino chamado Eduard?

Helena ficou branca e sem palavras. Jamais esperou por aquilo. A única saída que encontrou para fugir do assunto foi apressar o filho.
— Depois lhe explico. — disse ela, fingindo-se de divertida. — Agora apresse-se senão chegará atrasado à cerimônia. São as noivas que podem se atrasar, não os noivos.

Eduard percebeu que a mãe usara daquele subterfúgio para ganhar tempo e poder encontrar uma resposta para a sua pergunta. Mais tarde ele retomaria o assunto, ficara curioso pela resposta da mãe. Mas as alegrias do matrimônio acabaram fazendo com que Eduard se esquecesse, pelo menos por um tempo, daquilo que havia descoberto.

Enquanto isso, na casa da família Arteche, Natalie, usando um vestido de noiva deslumbrante estava pronta para partir para a igreja. Ao passar pela sala, encontrou o avô, sentado, lendo o jornal.
— Vovô, o senhor ainda não está pronto? Por quê?

O italiano rechonchudo olhou para a neta e, com certa insegurança, respondeu:
— Eu não vou ao seu casamento, Natalie.
— Como não?!
— Não posso ir, eu sinto muito. Esse casamento vai contra os meus valores e princípios. Não me sentirei bem diante dos convidados.
— Vovô, essa não é uma hora para se pensar no que os outros vão pensar do senhor. É um momento de alegria. Além do mais, se a igreja católica se importasse com o fato de Eduard ter origem judia, ela não permitiria o nosso casamento. Mas a Igreja não se importa, tanto que estamos nos casando.

Ferdinando após breve reflexão, perguntou:
— O que importa minha presença no seu casamento, Natalie?
— Importa muito, vovô. Sua presença para mim vale tanto quanto a presença do noivo. O senhor, além de ser meu avô querido, substitui meu pai quem eu queria imensamente que estivesse presente nesta ocasião.

O avô refletiu novamente por alguns segundos e disse:
— Eu sinto muito, Natalie, mas você vai ter mesmo de se casar sem a minha presença, mas quero imensamente que você seja feliz, muito feliz.

— Que nem o senhor foi com a vovó?

— Sim. Como eu fui com a sua avó.

Natalie sorriu com doçura. Não havia ressentimento em seu olhar, só doçura.

— Agora vá.

— O senhor não vem mesmo?

— Desculpe-me, querida, mas o máximo que consigo é desejar-lhe boa sorte na sua vida de casada.

— Está bem, vovô. É um direito seu. Deixe-me ir senão chegarei atrasada.

A neta beijou o avô na testa e partiu.

Ferdinando Arteche ficou ali, segurando-se para não chorar, mas sem sucesso, logo as lágrimas transbordavam, copiosamente, de seus olhos.

A igreja, uma das mais lindas de Roma, estava lotada de convidados para a cerimônia de casamento. Natalie estava na frente da igreja se posicionando para entrar ao lado de Desmond quando um frio súbito atingiu seu peito. Era de emoção, aquela emoção que só as noivas têm o prazer de sentir numa ocasião tão especial quanto essa.

— Vamos? — perguntou Desmond, olhando com ternura para a moça.

— Vamos.

Ao sinal do encarregado, os instrumentistas começaram a tocar a marcha nupcial. Os convidados se levantaram, as portas do hall da igreja se abriram e Natalie apareceu ao lado de Desmond para encanto de todos. Ela estava linda, dentro do vestido branco, com véu longo, um vestido de princesa. Eduard, no altar, ao avistar a noiva sentiu seu peito se incendiar de emoção e encantamento.

A noiva entrou sorrindo para todos, por estar feliz, imensamente feliz pelo grande acontecimento.

Foi então que uma mão segurou Desmond por de trás, fazendo-o parar subitamente. Tratava-se de Ferdinando Arteche.

— Eu assumo daqui para frente se não se importar — disse o homem, com voz embargada.

Desmond sorriu e passou seu lugar ao senhor no mesmo instante. Natalie mal podia acreditar que o avô estava ali, ao seu lado. Ambos tentaram não chorar, mas a emoção era forte demais para se segurar.

— Vamos? — falou Ferdinando, procurando sorrir.

— Ah, vovô, que bom... que bom que o senhor veio.

Ele, estufando o peito, readquirindo sua imponência e elegância de andar cumpriu o que sempre lhe coube fazer: levar a neta ao altar no dia do seu casamento.

Ao fim da passarela, ele entregou a noiva ao noivo e se juntou a Bettina no altar como havia sido planejado. O padre, então, deu início à cerimônia.

Entre os presentes, estava Michel, assistindo a tudo com lágrimas nos olhos, por ver a jovem que ele tanto amava realizando o seu maior desejo. Não havia rancor tampouco revolta em seu coração, só amor, o verdadeiro amor: equilibrado e sem apego.

A noite terminou num dos clubes da cidade com uma grande festa para celebrar a maravilhosa ocasião. Foi nesta festa, na hora em que a noiva jogou o buquê, que Michel conheceu Isabela Vicensi. O movimento da jovem para apanhar o buquê a fez se desequilibrar e se não fosse Michel segurá-la em seus braços, a jovem teria ido ao chão. Ela sorriu para ele, agradecida, ele retribuiu o sorriso, minutos depois estavam dançando e conversando alegremente.

Ao término do grande dia, Eduard e Natalie seguiram para Veneza, onde passaram a lua-de-mel. O amor vencera mais uma vez, todas as barreiras impostas pela ignorância que leva muitos ao preconceito e ao racismo.

---

*Programa T4 durou de outubro de 1939 a agosto de 1941, durante o qual médicos mataram declaradamente 70.273 pessoas com deficiências físicas, mentais, doentes incuráveis ou com idade avançada, denominados por Hitler de "vida que não merecia ser vivida". Em outubro de 1941 o T4 foi finalizado oficialmente devido aos protestos de um bispo católico e de cidadãos. Porém, nos Julgamentos de Nuremberg foram encontradas provas de que os médicos continuaram o programa e indícios de que cerca de mais 275.000 pessoas foram mortas pelo T4. (Referente a página 283).

Parte 15

Roma, um ano depois.

Viveck Shmelzer chegou branco na casa onde vivia com a esposa, o filho e o sogro. Ao vê-lo, Sarah Baeck preocupou-se.

— O que houve? Você parece sem ar.

Michel foi até o pai e o fez se sentar.

— O que foi, papai? Aconteceu alguma coisa?

— Aconteceu, filho. A polícia está atrás de mim.

— A polícia, por quê? Você fez alguma coisa de errado?

— Eles estão me acusando de ter participado do programa T4.*

— Programa T4?! O que é isso? Nunca ouvi falar.

Viveck após explicar o que era o programa, disse:

— Uma das mães das vítimas, que chegou a fazer protesto em frente ao local na época e investigou por conta própria quem eram os participantes do programa, afirmou que eu menti no meu depoimento dizendo que só trabalhava no local fazendo a guarda. Afirmou que eu era um dos incumbidos de acionar a câmara de gás para matar aquelas crianças deficientes.

— Diga as autoridades a verdade, papai. Diga que não participou dessa barbaridade e ponto final.

— De que adianta eu dizer a verdade, Michel? Será a minha palavra contra a deles. Dirão que estou mentindo para me proteger. Muitos criminosos de guerra, nazistas, ainda estão sendo perseguidos pelas autoridades, mesmo aqueles que fugiram para outros continentes.

— Mas estes realmente participaram do genocídio de judeus, e por isso merecem a punição, o senhor não.

— Mas eu não tenho como provar a minha inocência, provar que eu nada fazia lá senão guardar o lugar. Eu certamente serei julgado como vem acontecendo com todos os criminosos de guerra localizados ao longo dos últimos anos. Se eu não conseguir provar a minha inocência, acabarei na prisão perpétua.

— Deve haver um jeito, papai. Vamos batalhar por isso.

Sarah procurou confortar o marido e o filho com palavras, mas em seu interior uma dúvida se acendia com relação à inocência do marido. Ela o amava, não restava dúvida, seria capaz de qualquer coisa para protegê-lo e impedi-lo de voltar para trás das grades, todavia, temia agora que ele fosse, de fato, culpado.

Semanas depois, Desmond Rennie contava a Helena, com grande orgulho, o caso que fora parar nas suas mãos. Seria ele o promotor do caso "Viveck Shmelzer".

Helena mal podia acreditar no que o marido acabara de lhe contar.

— Você disse Viveck Shmelzer?

— Sim. Ele está sendo acusado de ter participado efetivamente do programa T4. O que Hitler criou para exterminar doentes mentais, com deformidades físicas, etc.

— Desmond, você sabe quem é Viveck Shmelzer?

— Há algo especial a respeito dele que eu deveria saber?

— Viveck é o marido de Sarah Baeck a judia para quem eu dei meu filho para criar.

Desmond ficou sem palavras.

— Viveck não pode ter feito nada do que está sendo acusado. Ele foi um nazista diferente. Que batalhou para proteger e salvar dois judeus da morte, Sarah e o pai dela. Além do mais aceitou criar meu filho de bom grado, deu-lhe até seu sobrenome. Em outras palavras, eu peço encarecidamente que não seja o advogado de acusação deste caso.

— Eu não posso mais voltar atrás, Helena. Eu sinto muito.

— Mas você jamais perdeu uma causa.

— Eu sei e não pretendo perder essa também.

— Mas Viveck não pode ser condenado, Desmond. Não pode!

— Helena acalme-se, você está defendendo um homem que você conhece superficialmente. Como pode ter certeza de que ele realmente não tomou parte na execução daquelas crianças com síndrome de Dawn, paraplégicas?

— O que eu sei a respeito dele é o bastante para acreditar na sua inocência. Por favor, Desmond, eu insisto, recuse o caso. Você é considerado um dos melhores advogados do país, nunca perde uma causa. Por favor...

— Helena, peça-me qualquer coisa, menos isso.

— Por favor, eu lhe imploro.

— Eu sinto muito.

— Pois saiba, desde já, que eu serei uma das testemunhas a favor de Viveck.

— Você não faria isso...

— Farei, Desmond e com muito orgulho.

— Saiba que posso perder essa causa por causa de um depoimento como o seu em favor do réu.

— É o mínimo que posso fazer por Viveck e Sarah depois de tudo que eles fizeram por mim e meu filho. Além do mais se algo acontecer a Viveck, Michel ficará desconsolado, para ele, Viveck é seu pai legítimo.

Desmond não disse mais nada. Desde então a relação do casal ficou estremecida.

No dia seguinte, assim que pôde, Helena foi até a casa de Sarah prestar-lhe sua solidariedade e dizer-lhes o que faria em favor de Viveck.

— Eu sou-lhe muito grata, Helena. Pelo que pretende fazer por Viveck. É nessas horas que a gente vê realmente quem são os amigos.

— Você e Viveck merecem todo o meu apoio. Podem contar comigo para o que der e vier. — reforçou Helena, decidida.

Assim que ela se foi, Michel perguntou à mãe:

— Quer dizer, mamãe, que a senhora conhece Helena, a mãe adotiva de Eduard do convento na Polônia que a abrigou durante a guerra?

— Sim, Michel.

— Por que nunca me disse?

— Nem sei...

Michel ficou pensativo. Assim que encontrou Eduard contou-lhe o fato. Eduard, surpreso, quis saber mais detalhes com a mãe. Helena desta vez não teve como mentir:

— Sim, Eduard. Conheço Sarah Baeck do convento onde eu residia na Polônia. Foi Viveck quem a colocou lá, disfarçada como uma freira chamada Ítala alguma coisa, para que ela não acabasse morta nos campos de concentração e extermínio. Viveck ajudou também o pai de Sarah, disfarçando-o como um padre da ordem Franciscana, numa igreja da cidade.
— Surpreendente.
— Você acha, Eduard, que um nazista que foi capaz de fazer algo tão bom por dois judeus seria capaz de fazer uma barbaridade contra crianças e adultos com síndrome de Dawn, paraplégicas, debilitadas, crianças indefesas? Não, não faria.
— Eu não sabia que Hitler chegou a tanto.
— Poucos sabem a respeito do programa T4.
— Que horror.
— Mas vou ser parte da defesa de Viveck, Eduard. Mesmo que isso vá contra Desmond que fará a acusação do caso.
— Não deve estar sendo fácil esta situação para a senhora e Desmond, hein? A senhora acha que Viveck tem chances de sair dessa ileso? Desmond nunca perdeu uma causa que eu saiba até hoje.
— Sim, eu sei. Perder uma, feriria muito seu ego, mas, mesmo assim, melhor ele de ego ferido do que cometendo uma injustiça.

Eduard refletiu por instantes e perguntou:
— Se Michel tem praticamente a mesma idade que eu, então ele nasceu enquanto sua mãe estava escondida no convento, não?
— Sim.
— Então a senhora chegou a conhecê-lo, pequenino...
— Sim. Eu parti um mês depois que ele nasceu.
— Pobre Michel, deve estar sendo muito difícil para ele também essa situação, ele ama o pai, ama de paixão. Vê-lo acusado deve ser dolorido, vê-lo condenado, se for condenado vai ser massacrante para ele.
— Não resta dúvida, mais um bom motivo para eu defender Viveck.

No dia seguinte, assim que pôde, Eduard procurou Michel.
— Vim ver como você está, não deve estar sendo fácil para você tudo isso que está acontecendo com seu pai, não? Admiro-o por ter feito o que fez para proteger sua mãe e seu avô. Minha mãe vai mesmo defender seu pai durante o julgamento.

— Eu sei, ela é formidável. Serei eternamente grato a ela. Como está Natalie? Grávida?! Que bom. Eu e Isabela estamos pretendendo ter um filho logo após nos casarmos. Para que possamos ser, ainda, de certa forma jovens, quando eles tiverem a idade que temos hoje e se casarem.

Eduard sorriu em concordância. Michel, também sorrindo, comentou:

— Outro dia mexendo na minha certidão de nascimento descobri que só fui registrado quando a guerra na Polônia teve fim. Você acredita?

A menção do registro, fez Eduard se lembrar do registro que encontrou no meio das suas coisas o qual comentou com Helena e ela adiou a resposta. Durante o jantar, aquela noite, com Natalie, Eduard comentou a respeito.

— Como é que é? — estranhou Natalie. — Você encontrou no meio das suas coisas uma certidão de nascimento de uma criança chamada Eduard cuja mãe era Helena?! Que estranho... O que sua mãe disse a respeito?

— Nada, esquivou-se da pergunta e acabei, com os meses, esquecendo de refazê-la. Vou perguntar-lhe novamente a respeito.

Natalie ficou pensativa enquanto mastigava uma garfada de comida. Depois perguntou:

— Eduard, por acaso você sabe exatamente por que sua mãe deixou o convento?

— Bem, acho que foi por causa da guerra... Certa vez ouvi minha avó jogando na cara dela algo sobre uma gravidez, a chamou de imoral por causa...

— Eduard! — exclamou Natalie, ligeiramente eufórica. — Helena foi embora do convento porque ficou grávida. Só pode ter sido isso. Daí o porquê desta certidão de nascimento de um menino chamado Eduard que você encontrou no meio das suas coisas e o porquê da mãe dela se revoltar com ela.

— Você acha mesmo?

— Sim, tudo leva a crer que sim.

— Mas se ela ficou grávida, onde foi parar o bebê?

— Talvez tenha morrido...

— Só pode, senão ela o teria trazido para casa comigo.

— Talvez ela o tenha deixado num orfanato. Mas isso não faz sentido, se ela não quisesse a criança teria deixado você também num orfanato logo após tê-lo encontrado na pilha de judeus assassinados.

— Tem algo muito estranho em toda essa história e duvido que Helena lhe diga a verdade se você perguntar a ela.

— Se ela ficou grávida realmente, quem era o pai da criança?

Antes de perguntar a Helena, Eduard falou a respeito das suposições e conclusões de Natalie com Michel.

— Sua mãe nunca lhe contou a nada a esse respeito? Ela estava lá, no convento. Assim, deve saber detalhes sobre o que aconteceu a minha mãe. Se ela realmente ficou grávida, se teve o bebê, se ele morreu...

— Não Eduard — respondeu Michel, pensativo. — Minha mãe nunca me falou nada a respeito, mas eu sinceramente duvido que tudo isso que Natalie supôs seja verdade. Uma freira, grávida? É tão raro de ver isso acontecer, não?

— Sim, sem dúvida.

— Você já perguntou a ela a respeito?

— Não ainda, se bem que nem adianta perguntar, ela vai fugir do assunto como sempre faz, quando algo não lhe convém.

Dito e feito, naquela noite quando Eduard tocou no assunto com a mãe, Helena respondeu:

— Outro dia falamos a respeito, Eduard. Diante de tudo que estou passando, não tenho cabeça para nada.

De fato, devido ao desentendimento com o marido, Helena havia decidido sair de sua casa e ir morar com Eduard e Natalie. Não sabia se a separação seria temporária ou permanente, só o tempo poderia revelar.

Abraçando a mãe, Eduard, disse com sinceridade:

— Não se preocupe, mamãe. Desmond ama a senhora e a senhora também o ama. Logo tudo volta ao normal entre vocês dois.

Apertando Helena ainda mais forte contra seu peito, completou:

— Se não fosse a senhora... eu nada seria... Se não fosse o amor que a senhora sentiu por mim naquele momento em que me encontrou... eu nada seria...

— Que é isso, filho?

— É verdade, mamãe.

— Se não fosse o amor da sua mãe, biólogica, você também nada seria... Por trás de tudo, se olharmos bem, ninguém nada seria sem amor.

— Eu não sei se já disse, não me lembro... Mas eu amo a senhora...

— Eu também amo *você* filho.

— Eu amava a vovó... amava, não, eu ainda a amo, pena que...

— Mamãe foi sempre muito difícil, Eduard. Mas no fundo ela é boa pessoa. Aquela carcaça de pessoa austera não me engana. Pobre mamãe, não fui nada do que ela quis que eu fosse, fui apenas o que eu nasci para ser. Eu mesma, nada mais. Ninguém pode ser o que o pai ou uma mãe planeja que o filho seja, só pode ser aquilo que deve.

Com a aproximação do julgamento de Viveck, Sarah resolveu ter outra conversa séria com o pai que até então se recusava a testemunhar a favor do genro.

— Papai, por favor, é muito importante que o senhor testemunhe a favor de Viveck.

— Lá vem você de novo com essa história, Sarah?! — indignou-se Ishmael Baeck. — Eu, defender um nazista?! Nunca!

— Um nazista, papai, que salvou a minha vida e a sua. Correu um tremendo risco para isso.

— Mesmo assim, tem de pagar pelos crimes que cometeu.

— Ele não cometeu crime algum, papai. Ele se entregou à justiça assim que acabou a guerra, cumpriu cinco anos de prisão, com trabalhos forçados. Se algum mal ele fez durante a guerra, acho que ele já pagou tudo o que devia.

— Será que cinco anos foram suficientes? Pergunte a opinião dos pais das crianças que morreram nas câmaras de gás.

— Papai, eu lhe imploro, seja uma das testemunhas a favor de Viveck no julgamento. Assim como o senhor precisou dele no passado, ele agora precisa do senhor.

— Não contem comigo para isso, Sarah.

— Nem pelo neto que o senhor tanto ama? Michel vai sofrer muito, se o pai for condenado.

— Você sabe muito bem que Michel não é filho de Viveck.
— É como se fosse. Ele o ama como um filho, Michel o ama como um pai. Da mesma forma que o senhor o ama como um neto, mesmo não sendo seu neto legítimo.

O pai calou-se, fechou o cenho e deixou o recinto. Sarah ficou ali, contorcendo as mãos, mordendo os lábios, querendo desesperadamente que o marido escapasse ileso de tudo aquilo, ainda que seu íntimo desconfiasse de sua inocência.

Durante as semanas que se estenderam até o julgamento de Viveck Shmelzer, o advogado de defesa fez questão de averiguar pessoalmente o passado do homem que estava defendendo no tribunal. Para isso foi até a Alemanha visitar o que restou do campo de concentração onde Viveck trabalhou. Queria encontrar provas que revelassem apenas sua condição de vigia do local e não a de um exterminador das muitas crianças que foram enviadas para lá. Infelizmente, os documentos incluíam seu nome como sendo um dos encarregados de exterminar as crianças especiais.

Infelizmente tudo parecia depor contra o alemão e indicar que ele acabaria sendo mesmo condenado à prisão perpétua por crimes contra a humanidade.

O julgamento começou semanas depois com a Corte repleta de interessados e curiosos no caso.

Assim que o julgamento teve início, o réu foi trazido para o tribunal sob os olhos curiosos dos presentes. Via-se agora um Viveck mais magro, devido aos muitos quilos que vinha perdendo, com grande facilidade, desde que o "pesadelo", como ele próprio chamava aquilo tudo, começou. Um pesadelo do qual tentava acordar e não conseguia.

O anunciante deu início ao julgamento voltando-se para o réu e dizendo:

— Viveck Shmelzer, o senhor está sendo acusado de ter participado do Programa T4 criado pelos nazistas durante a segunda guerra mundial. O senhor se considera culpado ou inocente?

O rosto do alemão de quarenta e poucos anos contraiu-se ao encarar o homem. Levou alguns instantes para que respondesse:

— Inocente.

Seus lábios arroxeados, tremiam, seu corpo todo tremia.

Voltando-se para o júri o anunciante continuou:

— Membros do júri. O réu foi indiciado por ter, segundo documentos nazistas que servem de provas e conforme as testemunhas, participado do programa T4, criado pelos nazistas para exterminar todo indivíduo com retardo mental ou motor, deficiência física adquirida com o tempo ou de nascença. A essa acusação o réu alegou ser inocente. É função do júri, após ouvir as evidências, determinar se ele é realmente inocente ou culpado.

O júri parecia ansioso e muito interessado no caso.

A seguir, o juiz, um homem escrupulosamente imparcial tomou a palavra:

— Membros do júri, pelo juramento que fizeram, comprometeram-se a julgar este caso com as evidências. Devem tirar de suas mentes tudo, a não ser o que acontecer nesta Corte.

O juiz voltou-se para o Promotor de acusação e disse:

— Ouviremos agora a Acusação representada hoje, aqui, pelo senhor Desmond Rennie.

— Com sua permissão, meritíssimo. — pronunciou-se Desmond, polidamente, pondo-se de pé. Depois de uma mesura, voltou-se para os membros do júri e falou: — Membros do júri, faço parte deste caso juntamente com o meu colega Armand Penna pela Acusação e meus amigos Thomas Murdog e Lorenzo Florence pela Defesa.

"Os fatos que envolvem este caso são muito simples. Todos aqui saberão com detalhes como o réu participou da chacina de milhares de indivíduos mortos, sem dó nem piedade, em câmaras de gás.

"Serão chamados a seguir testemunhas que provarão que o réu, o senhor Viveck Shmelzer, tomou parte da barbaridade que foi o Programa T4, revelando ser um homem frio e sem coração, sem ter respeito algum para com seu semelhante.

"Entre as testemunhas serão também apresentadas provas, documentos circunstanciais que evidenciam a participação do réu no Programa T4.

"Será apresentado tudo, enfim, que levou a justiça a indiciar este homem e trazê-lo para o tribunal para ser julgado."

As palavras do Promotor causaram grande furor em Viveck. Seus olhos então procuraram os de Sarah, buscando algum conforto em seu olhar. Ela mantinha-se a mesma desde que ali chegou. Abatida, preocupada, com o seu olhar cada vez mais entristecido. Era como se somente seu corpo estivesse ali, um corpo em estado vegetativo. Sem um resquício sequer de consciência.

Os olhos de Viveck encontraram então os de Helena. Por meio deles ela procurava transmitir-lhe algum conforto, era como se ela dissesse por meio do olhar: não perca a esperança, Viveck. Estou aqui para ajudá-la. Da mesma forma que você ajudou meu filho no passado e vem ajudando desde então.

Michel também olhava para o pai procurando transmitir-lhe algum conforto.

Voltando os olhos para os presentes, Viveck encontrou nos olhos das muitas pessoas ali, os olhos das muitas crianças especiais que passaram por ele, sendo encaminhadas para a câmara de gás, enquanto esteve a cargo do Programa T4. A visão gelou até mesmo sua alma.

Enquanto isso, o Promotor expunha as evidências, documentos nazistas que provavam que o réu havia sido encarregado de comandar o extermínio dos deficientes na câmara de gás. Ao ler em voz alta os relatórios e documentos grande alvoroço se estendeu pela Corte. Foi preciso o juiz bater o martelo por diversas vezes para restabelecer o silêncio no local.

Em seguida foi a vez da Promotoria chamar as testemunhas de acusação. Eram mães e pais de filhos assassinados pelo Programa que ao saberem do que estava acontecendo as crianças especiais na época, tentaram impedir a morte de seus filhos. Um dos pais havia tirado fotos do lugar, à distância. Em duas delas via-se Viveck, fardado, sorrindo em meio a outros soldados. Não transparecendo nenhum pesar pelo que estava acontecendo por lá.

Testemunhas contaram também que muitos pais chegaram a ser assassinados a sangue frio ao protestarem pelo que estava acontecendo a seus filhos. Os testemunhos eram feitos entre lágrimas, causando grande comoção entre os presentes.

— É justo, meritíssimo que homens como o réu continuem impunes após a barbaridade da qual tomaram parte? Homens desse tipo deveriam morrer da mesma forma que mataram o meu filho e os filhos de tantas outras pessoas. – desabafou uma mãe, entre lágrimas.

O comentário ganhou uma grande salva de palmas de todos ali. Sarah gelou diante da exaltação, todos pareciam contra, totalmente contra Viveck o que só serviria para complicar a sua situação.

Chegara a vez, então, da Defesa chamar a sua primeira testemunha a favor do réu: Sarah Baeck. Sarah após fazer o juramento sobre a bíblia de que diria só a verdade, nada além da verdade, começou a responder as perguntas do advogado de Defesa.

– Dona Sarah, poderia a senhora contar para todos os presentes a essa Corte como conheceu Viveck Shmelzer e o que ele foi capaz de fazer para proteger a senhora e seu pai das mãos dos nazistas?

– Sim, senhor. – respondeu Sarah, procurando ser precisa e concisa nas palavras. – Eu e Viveck nos conhecemos na Cracóvia, Polônia, pouco antes de a guerra começar. Nos apaixonamos um pelo outro quase que imediatamente, porém eu lutei contra essa paixão por saber que meu pai, sendo judeu, não aceitaria a minha união com um alemão. Ainda mais um nazista. Já se sabia na época a aversão que os nazistas tinham com relação a minha raça. Que já haviam proibido o casamento entre alemães e judeus na Alemanha e também haviam tirado dos judeus residentes no país o direito de eles exercerem certas profissões, a maioria, creio eu.

Mas Viveck não desistiu do nosso amor, queria porque queria se casar comigo, ter filhos... Após a conquista da Polônia pelo exército nazista, Viveck veio até mim e me contou sobre o que Hitler pretendia fazer contra nós, judeus. Viveck, desde então, quis a todo custo tirar a mim e a meu pai do país, para que pudéssemos escapar dos campos de concentração. Todavia, tirar-nos do país seria algo bastante complicado, apesar de ser um soldado nazista, ele não tinha autonomia para tanto. Foi então que ele teve a grande ideia de me disfarçar em uma freira e me esconder num convento ali mesmo, na Cracóvia, Polônia. Decidiu também disfarçar meu pai num padre da ordem Franciscana e escondê-lo numa igreja por acreditar que os nazistas jamais iriam procurar judeus em meio a igreja católica. O plano deu certo. Sendo assim eu morei durante praticamente seis anos num convento e meu pai numa igreja católica. Viveck sempre que podia, ia me visitar. Por nenhum momento ele desistiu do nosso amor. Mesmo sabendo que se a Alemanha ganhasse a guerra, ele não poderia se casar com uma judia, ele se manteve disposto a enfrentar tudo e todos em nome do nosso amor.

Assim que Sarah tomou ar, Desmond, pela Acusação perguntou a ela:

— Será que a senhora defenderia esse homem, se ele não fosse seu marido, se soubesse que tomou parte de um programa desumano como o T4? Digo mais, seria capaz de defendê-lo se tivesse tido um filho seu morto numa câmara de gás acionada por ele?

— Eu o defenderia mesmo assim porque sei que qualquer um dos integrantes do Programa fez o que fez porque eram ordens de seus superiores a serem cumpridas. Segundo soube, aquele que não cumprisse as ordens, ainda que fosse um alemão, nazista e considerado da raça ariana seria fuzilado, imediatamente. Como muitos foram.

A pergunta seguinte partiu da Defesa:

— Ainda que o réu estivesse sob ordens de seus superiores, a senhora ainda acredita na sua inocência?

— Acredito. Acredito ainda mais, que meu marido se pudesse, se tivesse como, seria capaz, bem capaz de libertar aquelas crianças, protegê-las, escondê-las em algum lugar como fez comigo e com meu pai.

"Quero deixar claro aqui neste tribunal que meu marido cumpriu pena na Alemanha, após a guerra, durante cinco anos. Pena com trabalhos forçados. Isso é um fato irrefutável, pois estive visitando-o na prisão durante todo o tempo em que ele esteve encarcerado."

A Defesa agradeceu o testemunho de Sarah, permitindo que ela voltasse a ocupar o seu lugar. A próxima testemunha seria Helena Giacommo.

Chegara o momento mais difícil para Desmond com relação ao julgamento. Era também um momento muito delicado para Helena. Jamais, em momento algum, ela imaginou que seria uma espécie de "rival" do marido como acontecia agora, naquele tribunal.

— Eu, Helena Giacommo havia me mudado para um convento na Polônia pouco antes de guerra começar. Foi lá que conheci Sarah Baeck e Viveck Shmelzer. E fiquei surpresa, para não dizer espantada, ao saber que ele, Viveck, um alemão, nazista, estava correndo risco de vida para salvar a moça e o pai dela. Para mim, na época, toda a Alemanha compartilhava do pensamento nazista, o que não era verdade. Foi Viveck, com seu gesto tão solidário que me mostrou que eu estava errada, ao rotular a Alemanha inteira de nazista.

"Para mim ele foi um herói, porque só mesmo um homem de coragem e caráter para se preocupar com duas pessoas condenadas à morte, injustamente, e salvá-las. Correr todos os riscos para salvá-las. A meu ver esse homem é admirável, se fez algo de errado, já pagou o que fez ao cumprir a pena de cinco anos, com trabalhos forçados, assim que a Alemanha foi derrotada."

Helena não conseguiu completar a frase, chorou. Desmond, procurou não se deixar abater pelo estado da esposa, assim que percebeu que ela havia se controlado, perguntou:

— A senhora defenderia esse homem ou qualquer outro que tomou parte de um programa desumano como o T4 se tivesse tido um filho seu morto numa câmara de gás acionada por um deles. Pelo réu em particular?

— Certamente que não. Se bem que... assim como a senhora Sarah Baeck falou, qualquer um dos integrantes do programa fez o que fez porque eram obrigados a cumprir ordens de seus superiores. Caso não fizessem morreriam, fuzilados.

Helena tomou ar e completou:

— Estou aqui, hoje, neste tribunal porque acredito na inocência do réu. Acredito piamente porque tenho provas mais do que suficientes de que ele foi e ainda é um homem bom, que por ele não haveria guerra alguma, tampouco extermínio de judeus, crianças especiais, homossexuais, protestantes entre tantos outros que o nazismo condenou à morte.

— Só mais uma pergunta, minha senhora.

Helena voltou os olhos lacrimejantes para o marido, promotor. Seu olhar, dramático, desarmou Desmond, fez com que ele acabasse esquecendo o que ia perguntar. Após pedir desculpas pelo lapso, liberou a testemunha.

A seguir foram chamadas outras duas testemunhas. Por essas Desmond não esperava. Fora a própria Helena quem as contatara e pedira para irem ao julgamento depor a favor de Viveck. Eram elas Magda Bassani e Guerta Squarziere Hundorf, a madre superiora do convento Sagrado Coração de Jesus na época.

A entrada das duas freiras causou grande emoção em Viveck e Sarah. Jamais pensaram que, idosas como estavam, seriam capazes de viajar até lá, para depor a seu favor.

Ambas, muito emocionadas, confirmaram a história de Sarah e Helena e foram da mesma opinião que as duas diante da pergunta inevitável de Desmond. "Qualquer um dos integrantes do programa fez o que fez porque eram obrigados a cumprir ordens de seus superiores. Caso não fizessem morreriam, fuzilados."

A seguir foi chamado o padre Miroslav Hitler, outra surpresa para todos. Ele subiu ao tribunal ajudado por uma bengala e confirmou que Viveck o procurou pedindo asilo para um judeu chamado Ishmael Baeck. O pedido o surpreendeu, pois jamais pensou que um nazista, ainda mais um jovem nazista, fosse capaz de ir contra as ordens recebidas para proteger um judeu.

O advogado de defesa agradeceu a participação do padre. A seguir, chamou uma nova testemunha, pela qual ninguém esperava. O senhor Ishmael Baeck.

O chamado arrepiou Sarah da cabeça ao pés, ela mal podia acreditar quando viu o pai se dirigindo para o tribunal para depor. Ele lhe jurara que não deporia, que nada faria por Viveck. Helena, Viveck e Michel também estavam arrepiados.

Ishmael começou confirmando a história que a filha havia contado.

— Quer dizer então que o senhor ficou mesmo escondido numa igreja, disfarçado num padre da ordem Franciscana por quase seis anos, a pedido de Viveck Shmelzer?

— Fiquei. A ideia foi dele, ou melhor, não dele exatamente.

Um burburinho gracejou entre os presentes.

— A ideia, segundo ele, surgiu depois de ele pedir a Cristo por uma solução para salvar a mim e a minha filha.

— Cristo? — perguntou Desmond para ter certeza de que ouvira certo.

— Sim. Cristo. Viveck foi e ainda é um homem de brio. Um dentre poucos. Eu me sinto orgulhoso de tê-lo como genro, sinto-me também tranquilo por saber que minha filha está casada com ele, um alemão capaz de fazer qualquer coisa para proteger quem ama.

O judeu suspirou e completou:

— Proteger até mesmo quem não ama.

Seu comentário causou novamente furor entre os presentes.

— Senhor Ishmael, queira se explicar melhor, por favor. — pediu o juiz.

— Disse que ele foi capaz de proteger, salvar e ajudar até mesmo quem não ama porque ele me protegeu e bem não me amava... Não tinha motivos para me amar. Sempre fui muito rude com ele, não queria sua união com minha filha, ele poderia muito bem ter me deixado desprotegido durante aquele turbulento período da história da humanidade, mas não, ele se preocupou comigo, arriscou sua vida por mim.

— Senhor Ishmael, seu genro só arriscou a vida dele — observou Desmond, seriamente —, porque o senhor era pai da mulher que ele amava, teve receio de que se não o fizesse ela não lhe perdoaria.

— Não importa, ainda assim ele arriscou sua vida por mim.

Houve novamente agitação entre os presentes. Ishmael aprofundou o olhar sobre Desmond Rennie e acrescentou:

— Na verdade, meu senhor, Viveck Shmelzer arriscou sua vida por mais alguém... Alguém que o senhor sabe muito bem a quem me refiro;

Por um instante, Desmond não sabia exatamente a quem Ishmael Baeck se referia. Foi quando seus olhos se voltaram para a esposa que ele compreendeu que ele se referia a Michel, o filho de Helena, que ela deixou sob os cuidados de Sarah. O qual Viveck adotou e cuidou desde então.

De repente, Desmond se viu perdido.

— Meu senhor — continuou Ishmael Baeck. — Eu sei que o senhor sabe que esse homem que está sendo julgado hoje, aqui, foi capaz também de salvar uma criança. Aceitá-la de coração aberto e protegê-la como se fosse seu próprio filho. O senhor sabe, não sabe?

Desmond engoliu em seco. Todos os olhares agora estavam voltados para ele. Grande tensão agora pairava no ar. Foi preciso muito esforço por parte dele para que sua resposta soasse audível:

— Sim, meu senhor, eu sei.

A resposta causou novamente grande furor entre os presentes, de repente, ninguém mais ali estava entendo nada, a impressão que se tinha era de que os dois homens estavam falando por códigos.

Desmond, procurando recompor-se, foi até o juiz e pediu para que a testemunha fizesse parte do seu testemunho entre quatro paredes, apenas na presença dele, do advogado de defeza e do meritíssimo. Seria o melhor a se fazer, concluiu Desmond ao perceber o choque que seria para todos se a verdade sobre Helena, Michel e Sarah viesse a público.

Assim foi feito. Após o juiz consentir, foi entre quatro paredes que ele ficou sabendo da gravidez de Helena e do pedido que ela fez a Sarah Baeck. Um pedido que acabou envolvendo Viveck Shmelzer.

Após o intervalo, o julgamento continuou com o depoimento do réu.

— E agora, senhoras e senhores, ouviremos o réu. O senhor Viveck Shmelzer.

Viveck limpou a garganta e disse:

— Bem, o que me resta dizer em minha defesa? Muito pouco, creio eu. Acredito que tudo já foi dito para comprovar meu caráter e respeito para com o próximo. Todavia, peço a vocês agora, a todos os presentes, que se ponham por pelo menos um minuto no lugar de um soldado nazista do bem para que percebam o quanto foi doloroso ver pessoas morrendo, sendo assassinadas e não poder fazer nada para salvá-las. Se um soldado protestasse era fuzilado.

"Todos só pensam naqueles que morreram brutalmente, mas se esquecem de levar em conta o horror que foi para os soldados nazistas do bem escalados para fuzilar pessoas à queima roupa, acionar câmaras de gás, vistoriar a retirada dos corpos do lugar, atear fogo à eles e ver aquela fumaça invadindo o céu, levando restos de cabelos pelo ar...

Sabem quantos soldados alemães enlouqueceram diante disso tudo? Muitos. Eu estava lá, eu vi.

Ainda me lembro das noites nos bares em que todos os soldados assim como eu, nos encontrávamos e nos encharcávamos de bebida alcoólica para, no íntimo, esquecer o horror que estávamos vivendo, o horror que era ter de cumprir ordens que na alma ninguém queria cumprir.

Nós éramos humanos, tínhamos coração também, uma alma que sentia a dor e o horror que enfrentava uma outra alma, porque estavam interligadas.

Outro horror foi ver amigos e parentes morrerem na guerra e, muitos outros, quando voltavam feridos, serem assassinados pelos próprios nazistas por serem considerados inúteis. Sim, a guerra também foi um horror para o exército nazista, formado por muitos jovens, que assim como eu, não tinham onde se empregar, por isso se viram obrigados a se filiar ao nazismo.

É só isso que tenho a dizer em minha defesa. Obrigado.

— Senhor Viveck. — falou Desmond. — O senhor não deixou claro para nenhum dos presentes se participou ou não do programa T4. Foi ou não, um dos incumbidos de matar aqueles que eram tidos como 'vida que não merecia ser vivida"? Sabemos que o programa foi suspenso em outubro de 1941, mas foram encontradas provas de que os nazistas continuaram levando o programa adiante. Acredita-se que cerca de 275.000 pessoas foram mortas nesse tempo.

— Sim, o programa continuou sendo executado mesmo após a sua proibição.

— Então nos responda, senhor Viveck. O senhor tomou parte deste programa? O senhor foi incumbido de acionar as câmaras de gás ou fazer qualquer outro procedimento para matar as vítimas do programa?

Os olhos de Viveck se encontraram com os de Sarah, eles buscavam apoio e algo mais, algo que ela não soube definir. Seu coração se apertou de tal forma que o ar parecia lhe faltar.

Viveck então olhou para Michel, o filho amado, que aceitou de bom grado criá-lo como se fosse seu próprio filho. Viveck então avistou os olhos de todos os deficientes físicos e mentais, denominados de "vida que não merecia ser vivida" olhando para ele, enquanto eram encaminhados para a câmara de gás.

Dos olhos dele cairam lágrimas enquanto ele, com grande dificuldade disse:

— O que poderíamos fazer diante de uma ordem se o nosso papel era acatar ordens, todas elas?

— A resposta, senhor Viveck. Estamos esperando pela resposta. O senhor acionou ou não as câmaras de gás?

Viveck, rompendo num choro agonizante, respondeu:
— Eu só cumpri ordens.
— O senhor então...
— Eu só cumpri ordens...
O advogado de defesa, interferiu no inquérito:
— Meritíssimo, meu cliente está sob forte pressão e abalo emocional. Peço que continue seu interrogatório mais tarde.
O juiz atendeu o pedido. Ficou decidido que o julgamento só teria continuidade dias depois. Por aquele dia, estava encerrado.

Helena ia saindo do Fórum, acompanhada de Eduard e Natalie quando Desmond apareceu.
— Helena. — disse ele, encarando-a com olhos de piedade. — Posso falar um minuto com você. A sós?
Ela assentiu. Assim que restaram apenas os dois no local, Desmond falou:
— Seu depoimento foi formidável, Helena, os de todos na verdade foram...
— Obrigada, Desmond. Obrigada por ter impedido que Ishmael dissesse a verdade diante de todos.
— Achei que seria melhor para todos que evitássemos a revelação em público.
Ela procurou sorrir, ele também.
— Eu não quero mais que esse julgamento nos afaste, Helena. Por favor, volte para a casa, a nossa casa, nosso lar. Eu a amo. Não posso e nem sei viver mais sem você.
— Eu também o amo, Desmond, e também sinto sua falta, mas eu vou continuar defendendo Viveck Shmelzer. Porque acredito na sua inocência e se ele fez algo de errado, foi porque não teve escolha, foi mandado fazer. Além do mais ele já pagou por isso...
— Eu sei. Mas você sabe que o meu trabalho é esmiuçar tudo para que se torne evidente a inocência por parte do réu. Essa é a minha função, minha responsabilidade.
— Eu sei, Desmond. Eu sei...

Ele estendeu a mão para ela, que também enlaçou a sua e juntos partiram de mãos dadas.

Ishmael ia deixando o fórum na companhia da filha e do neto quando avistou o padre Miroslav Hitler. No mesmo instante, ele parou, refletiu e por fim, foi na sua direção. Miroslav Hitler se surpreendeu ao vê-lo na sua frente. Sorriu e disse:

— Como vai Ishmael. Quanto tempo, hein? Quinze anos, não?

— Dezessete, precisamente.

— Como o tempo passa, hein? Gostei muito do seu depoimento. Parabéns.

— Gostei muito do seu também. Fiquei deveras impressionado por ter vindo de tão longe, mancando como está.

— Você quis dizer "Velho como está", não foi?

Os dois riram.

— Quanto tempo pretende ficar em Roma?

— Por uma semana.

— Então venha jantar em minha casa amanhã. Eu, minha filha e meu neto ficaremos muito felizes.

— Irei com muito prazer.

O padre estendeu a mão para o judeu, que após breve reflexão, a apertou e sorriu.

Assim que Sarah e o pai seguiram caminho, ela perguntou:

— O senhor disse o tempo todo que não iria depor a favor de Viveck? O que fez mudar de ideia, papai?

— A vida, filha. A vida...

— Será que Viveck será absolvido, papai?

— Só Deus sabe. Nós estamos fazendo tudo o que está ao nosso alcance para que isso aconteça.

— É verdade.

— Cabe agora, a todo aquele que tomou conhecimento de sua história julgar: **deve Viveck Shmelzer ser absolvido ou não? É ele culpado ou inocente?**

"Da mesma forma que cabe a todo aquele que soube da história que envolveu você, Helena e Michel se perguntar: **deve o segredo entre vocês continuar, ou deve ser revelado?**"

Sarah baixou os olhos, a questão mexeu profundamente com seu coração.

Estendo a mão para a filha, Ishmael Baeck falou:

— Venha filha, vamos para casa, temos convidados para jantar conosco esta noite.

A moça procurou sorrir e seguiu de mãos dadas com o pai.

Nisso fogos e mais fogos de artifício começaram a estourar anunciando o dia de ação de graças. Todos voltaram os olhos para o céu, lindamente iluminado por um sol radiante que fez brilhar um sorriso bonito, de pura alegria, na face de cada um.

O sorriso que floria nos lábios de Ishmael Baeck e sua filha Sarah Baeck, judeus, floria no rosto de Desmond Rennie e Helena Giacommo, italianos, católicos. Repetia-se na face de Eduard Giacommo, de origem judia, crescido na religião católica, em Michel Baeck, polonês, crescido na religião judaica e na face de Natalie Arteche, italiana, católica com fortes crenças no Espiritismo.

Era o mesmo sorriso que brilhava na face de Toshiko Tanaka, oriental, budista, cristã, na face de Adolf Butler, homossexual, cristão, na de Enzo Dominic, homossexual judeu, na de Carlo Alvarez, cigano, na de Julia Alvarez, cigana, cristã, nas de Lolita e Patrick Delage, testemunhas de Geová, na de David Lown, paraplégico, na de Laura Bertazzo, com síndrome de Dawn, na de Alberico Vilares, deficiente auditivo, na de Muhamed Alan, egipício radicado na Itália, na de Zulu Zambai, africano, umbandista, na de Maria Medeiros, espírita, na de Fadlo Hasan, iraquiano, da religião mulçumana, nas de Walter e Carla Hundorf, alemães, que perderam os filhos e familiares durante a guerra, nas de Kátia e Daniel, judeus sobreviventes de um campo de concentração e extermínio, e assim por diante...

Assim como o sol paira sobre todas as raças de diferentes cores, crenças, condição social e sexo está Deus, o mesmo Deus para todos.

E Deus está no amor que é paciente e benigno, não sente inveja ou se envaidece. Tudo tolera, tudo crê, tudo espera, tudo suporta. Nunca falha...

Reflexões

Todos nós somos o que somos envolvidos pelas vidas que vivemos. Se pudéssemos olhar para trás para o que fomos em vidas passadas e para todas as uniões (casamentos) que foram necessárias para que pudéssemos nascer na existência atual, compreenderíamos que todo preconceito e racismo é fruto de total hipocrisia e mediocridade.

A seguir as vidas passadas dos personagens da nossa história, a que raça pertenciam, qual religião professavam, que profissão exerceram...

Dagmara Giacommo foi negra, residente na África, budista no Tibet, líder de tribo na ilha de Páscoa, judia durante a revolução francesa, adorou o Deus Sol durante o império faraônico, foi prostituta, lésbica e ateísta dentre outras coisas.

Ferdinando Arteche foi egípcio, judeu, negro africano, índio, viking, ateu, agnóstico, teve pais astrólogos, liberais e com ideias espíritas.

Hitler foi egípcio, índio, mameluco, mestiço, negro, judeu, oriental, italiano, português... Foi pobre, rico, pobre outra vez, homossexual, cigano, ateu, chegou até mesmo a passar uma reencarnação com síndrome de Dawn.

Ishmael Baeck foi pai de santo quando reencarnou como escravo negro no Brasil, monge tibetano, escravo amante de Cleópatra, padre homossexual durante a inquisição católica, gladiador na Roma antiga, seguidor de Cristo na época de Cristo.

Helena Giacommo foi dona de escravos no Brasil, abusou do poder sobre a escravidão, foi rica e pobre, perdeu tudo por causa da sua arrogância e abuso do poder.

Sarah Baeck foi dançarina de cabaré na França antiga, salvou muitas vidas durante a revolução francesa. Quando dona de escravos lutou pela igualdade de todos.

Viveck Shmelzer foi cigano, deficiente físico, quando negro escravo envolveu-se com Sarah em prol dos direitos humanos.

Eduard Giacommo foi ator quando grego, membro do exército de Alexandre, o Grande, esquimó, alemão, judeu, libanês, australiano...

Michel Baeck foi um dos construtores das pirâmides astecas, russo, chinês, líder na época em que os homens viviam em cavernas...

Natalie Arteche foi cantora, pintora, bissexual, alcoólatra, queimada viva por ter sido considerada bruxa, médium, filósofa, profetisa, entre outras coisas.

Incrível, como esquecemos que já fomos de diversas raças, que fomos mulher, homem, homossexual, pobre, rico, bom, mau e tivemos diversas profissões.

É, você também, amigo leitor, viveu tudo isso ao longo de sua existência e ainda vai viver muito mais durante esse processo chamado vida.

Diante desse fato só nos resta lembrar sempre que todo e qualquer tipo de preconceito contra qualquer raça, credo ou condição social é uma afronta a nós mesmos e aos nossos antepassados.

Mesmo que você não acredite em reencarnação um fato é incontestável: você é fruto de união de casais pertencentes a diversas raças de diferentes credos e condição social. Quantas e quantas uniões foram preciso existir para que você nascesse, hein? Você já pensou nisso? Já se permitiu olhar para trás?

A constatação leva todos a perceber, também, que sem o amor ninguém nada seria...

Este romance, baseado em fatos reais, nos mostra também que muitas pessoas, de diferentes raças e nacionalidades, credos, compartilhavam do mesmo ideal nazista, ou seja, julgavam-se no direito de determinar quem ou que deveria permanecer sobre a Terra, como se esse direito coubesse a nós e não a Deus.

Encontramos no livro alguns personagens que nos mostraram muito bem essa realidade: Dgamara Giacommo, Ferdinando Arteche, Ishmael Baeck, dentre outros.

Como foi dito no livro, Hitler foi aquele que teve a audácia de expor e pôr em prática esses ideais.

Como a ninguém é dado o direito de determinar quem ou o que deve viver sobre a Terra, a Divina Providência transformou os planos de Hitler em derrota, fracasso e ruínas e será sempre assim para aqueles que se julgarem no mesmo direito. Não é preciso recorrer ao mundo espiritual para termos certeza disso. Basta consultar a história da humanidade que perceberemos isso claramente.

Muito bem... O nazismo acabou faz tempo, mas o ideal nazista ainda continua correndo pelas veias de muitas pessoas, de todas as raças e nacionalidades, pobres ou ricas, de qualquer religião, até hoje.

Aí mesmo na sua casa, amigo leitor, você pode encontrar uma delas. Talvez você mesmo seja uma delas. Para saber é só observar suas opiniões e valores a respeito de tudo e todos que o cercam.

Todo aquele que diante de um artista (ator, cantor, escritor, repórter, jogador de futebol etc) ou qualquer conhecido seu, com o qual não se simpatiza, afirmar: "Não suporto essa pessoa, não sei como pode estar na TV ou no cinema/na face da Terra. Quero que morra!" compartilha do ideal nazista. Pois elas estão dizendo, direta ou indiretamente, que o mundo seria um lugar melhor sem a existência desse ou daquele indivíduo tal como pensavam os líderes nazistas.

Todo aquele que diante de uma pessoa que morre diz: "Esse aí já foi tarde!". Também compartilha do pensamento nazista.

Certo dia ao comentar com um conhecido meu a respeito da morte de um cantor e uma cantora no auge do sucesso e da vida ele me disse: "Esse(a) aí já deveria ter morrido bem antes. Não deveria sequer ter nascido. Não suportava... Não sei como alguém podia gostar de uma pessoa como essa!".

Ao comentar com outro conhecido sobre a volta de uma artista a televisão após a superação de uma doença muito grave, a pessoa me respondeu: "Essa aí deveria ter morrido, detesto ela!"

Em relação a cantora Madonna, por exemplo, já ouvi comentários do tipo: "Não sei como pode alguém ter tanto destaque e sucesso. Para mim ela não passa de um lixo, se morrer amanhã não fará a mínima falta."

Pouco importa para a pessoa a quantidade de empregos que a artista gera e as causas humanistas que defende. Os shows que reúnem milhares de pessoas para dançar e cantar que são dez mil vezes melhores do que reunir para guerrear.

Com relação a Chico Xavier, já ouvi coisas pavorosas enquanto ele estava encarnado.

Com relação a nordestino, baiano, oriental, negros, norte-americanos, o mesmo. Com relação às religiões às quais uma pessoa não pertence, ouve-se o mesmo... Até mesmo com relação a cidades e estados de onde os outros originam.

Enfim, se você, amigo leitor, pensa assim ou conhece quem pensa, você sabe agora que você e essa pessoa compartilham do ideal nazista. O que prova que não era só Hitler que acreditava que era preciso exterminar certas raças e "grupos" de pessoas para que o mundo fosse melhor. E pior, prova também que o mesmo ideal de Hitler continua existindo na atualidade, mesmo depois do Holocausto.

Eu sempre digo, segundo o mundo espiritual me ensina, que para você saber em que nível de evolução espiritual você se encontra, você precisa observar se tem o pensamento nazista com relação àqueles que o cercam. Quanto mais tiver, mais baixo é o seu nível de evolução.

Se Deus criou tudo e todos, supor que o mundo seria um lugar melhor sem essa ou aquela pessoa é simplesmente uma afronta a Deus. É o mesmo que dizer que Ele errou. Estar com Deus é aprender a respeitar tudo que faz parte da Sua criação. Respeitar e preservar!

Agora tomemos um minuto para refletir por que exatamente uma pessoa quer que algo ou alguém deixe de existir sobre a Terra. É para que o mundo seja um lugar melhor para se viver ou para que ela se sinta mais confortável em sua existência?

Precisamos, se queremos evoluir, descobrir por que algo ou alguém nos incomoda profundamente a ponto de desejarmos sua extinção da Terra. É difícil, sim, encontrar a resposta, para muitos requer anos de terapia, mas com a ajuda do mundo espiritual podemos encontrá-la com maior comodidade.

Todo aquele que ferir o ego e a vaidade de uma pessoa fará com que ela rejeite essa pessoa e alimente por ela valores nazistas. Aquele ou aquela que fizer uma pessoa se sentir humilhada diante dos outros e de si mesma fará sentir o mesmo.

Geralmente as pessoas que se incomodam com artistas, pessoas de grande destaque na sociedade, bem sucedidas, a ponto de desejarem que morram é porque elas gostariam de estar no seu lugar desfrutando do destaque e da prosperidade. Como não estão, não se dão mérito para estar, querem que essa gente deixe de existir para que seu ego e sua vaidade não sejam mais feridos.

Outra razão pela qual acontece isso, é porque a pessoa tem grande dificuldade de aceitar diferenças. Até mesmo suas próprias. Só que quem não aceita as diferenças sofre porque o mundo é uma junção (um aglomerado) de diferenças, e um dos objetivos de nossa existência é aprender a respeitar e conviver com elas. Daí, inclusive, o porquê de elas existirem. Respeitou, conviveu, evoluiu, fronteiras na vida se abrem.

A única verdade disponível a todos nós é que Deus jamais irá favorecer alguém que cultive dentro de si pensamentos "nazistas" porque estes só existem para defender interesses próprios, movidos pelo ego e pela vaidade que não respeitam a individualidade alheia, o direito de existir e se expressar livremente, bem como o direito de usufruir da prosperidade que o indivíduo conquistou e conquista por mérito.

O ser evoluído é aquele que já compreendeu que tem todo o direito de escolher o que gosta, sem exterminar o que não gosta para ser feliz. É aquela pessoa que ao ligar o rádio que está tocando uma música de que não gosta, muda de estação. Quando não aprecia um programa de TV, muda de emissora. Que não precisa convencer o outro a tomar parte da sua religião ou evitar o convívio apenas porque pertence a outro credo. É aquele que se olha no espelho e aceita suas próprias diferenças, reconhece seus limites e procura transcendê-los, quando possível. É aquele que procura se dar méritos para prosperar porque já compreendeu que a prosperidade é total questão de mérito e de saber aproveitar as oportunidades. É quem, até mesmo, já compreendeu a importância dos times de futebol adversários para que seu time favorito possa continuar em campo. É, enfim, aquele que descobriu que não é preciso que uma pessoa deixe de existir para que ela se sinta bem e feliz. É quem passa a ver tudo pela lente do amor que nos permite enxergar com novos olhos, até mesmo Deus, o invisível.

Para você que quer saber o grau da sua evolução comece a prestar melhor atenção em si mesmo. Nesse hábito nocivo de se incomodar com as pessoas e lá, no fundo, querer que deixem de existir para que você se sinta melhor. Para que o seu mundo interior fique melhor.

Façamos um mundo melhor, começando por nós mesmos. Um mundo do qual tenhamos orgulho de viver e mostrar ao Criador. Essa é a maior conquista que o homem pode fazer em sua existência.

Justiça Divina

Sabemos, por bom senso, que não haveria justiça divina para todos aqueles que morreram na guerra, se não houvesse o processo de reencarnação. Mas a pergunta que todos nós fazemos ao mundo espiritual diante do Holocausto é: onde estão todos aqueles que morreram brutalmente na guerra desumana e sanguinária?

Bem, eles são membros das novas gerações, que nasceram voltadas para valores mais nobres, como causas ecológicas e humanitárias.

São os jovens que sabem aproveitar melhor a vida, porque aprenderam na vida passada, a duras penas, o quanto é importante aproveitar bem cada minuto. São os jovens da atualidade que admiram a arte, empolgam-se com desenhos animados, com livros/romances, gibis, da atualidade, que correm e brincam nas praias, que cultuam o corpo, que praticam esporte, acompanham esportistas, que dançam descontraidamente nas discotecas e em shows. Que convivem com negros, gays, nordestinos... de forma natural porque trazem na bagagem espiritual o quanto o preconceito e o racismo os prejudicou na vida passada. São jovens que usam a tecnologia/internet/redes sociais para o bem.

Logicamente que esses são os que optaram por fazer da sua nova reencarnação algo positivo para si próprios e para o planeta.

Há, certamente, aqueles que não conseguiram perdoar o que viveram no passado tampouco se desligar dos traumas. Esses são os jovens que nascem sem querer nada com nada, extrapolando limites físicos e espirituais, sem darem a devida atenção aos cuidados físicos, à mente e ao espírito, vivendo intensamente, mas inconsequentemente, pouco se importando com o amanhã, porque têm a falsa impressão, diante do que viveram, de que nada vale a pena porque de uma hora para outra tudo lhes pode ser roubado e desrespeitado ou brutalmente assassinados.

São jovens que logo se mostram rebeldes causando não só problemas para si próprios como para a sociedade. São aqueles que durante a transição de uma vida e outra, no plano espiritual, não conseguiram absorver os ensinamentos que poderiam ajudá-los a se libertar do que tanto os revoltava, consequência do que passaram durante a primeira e segunda guerra mundial.

Requerem e merecem ajuda para superar em tudo isso e enfim, reencontrarem o equilíbrio físico, mental e espiritual. Porque vivendo dessa forma, com esses valores, eles acabam dependentes de drogas e bebida em excesso, doentes na alma e no coração.

Encontramos também no meio das novas gerações aqueles que vão parar num outro tipo de câmara de gás, uma câmara invisível construída por si próprios. São aqueles que se asfixiam de forma penosa e prolongada fumando maconha, *crack,* injetando drogas nas veias, que vão destruindo o organismo por dentro, levando à loucura e à decadência espiritual.

Quando vemos pela TV os locais onde há aglomeração de dependentes de drogas, nos parece campos de concentração. Só que com uma diferença, ninguém os prendeu ali a não ser eles próprios, seguiram por sua livre escolha.

Diante do que vemos surge a pergunta inevitável: por que uns se *viram* e outros não? Por que uns se tornam alcoólatras e outros não?

Que uns nascem com uma propensão para o vício isso não há dúvida, mas por que uns com essa propensão e outros não? E não importa a condição social desse indivíduo. Só podemos encontrar a resposta, consultando a bagagem espiritual das almas.

Vivam os membros das novas gerações que respeitam o próximo, que cuidam devidamente do seu lado físico e espiritual, que aprendem a aproveitar melhor o que o presente tem a lhes oferecer, que não encaram mais o sexo com malícia, que se esbaldam em shows, discotecas e partidas de futebol de forma civilizada e de *cuca* fresca, jovens querendo tirar tiranos do poder para que tenham um país mais próspero e mais civilizado, jovens que, enfim, colaboram e não deterioram o mundo.

Benza Deus todos estes porque eles, sim, poderão transformar o mundo num lugar melhor para se viver, mais perfeito do que é hoje, um lugar perfeito para evoluirmos nesse processo chamado vida.

Outros sucessos Barbara

Por entre as flores do perdão

No dia da formatura de segundo grau de sua filha Samantha, o Dr. Richard Johnson recebe uma ligação do hospital onde trabalha, solicitando sua presença para fazer uma operação de urgência numa paciente idosa que está entre a vida e a morte.

Como um bom médico, Richard deixa para depois a surpresa que preparara para a filha e para a esposa para aquele dia especial. Vai atender ao chamado de emergência. Um chamado que vai mudar a vida de todos, dar um rumo completamente diferente do almejado. Ensinar lições árduas...

"Por entre as flores do perdão" fará o leitor sentir na pele o drama de cada personagem e se perguntar o que faria se estivesse no lugar de cada um deles. A cada página viverá fortes emoções e descobrirá, ao final, que só as flores do perdão podem nos libertar dos lapsos do destino. Fazer renascer o amor afastado por uma tragédia.

Uma história de amor vivida nos dias de hoje, surpreendentemente reveladora e espiritual.

A solidão do espinho

Virginia Accetti sonha desde, menina, com a vinda de um moço encantador, que se apaixone por ela e lhe possibilite uma vida repleta de amor e alegrias.

Evângelo Felician é um jovem pintor, talentoso, que desde o início da adolescência apaixonou-se por Virginia, mas ela o ignora por não ter o perfil do moço com quem sonha se casar.

Os dois vivem num pequeno vilarejo próximo a famosa prisão "Écharde" para onde são mandados os piores criminosos do país. Um lugar assustador e deprimente onde Virginia conhece uma pessoa que mudará para sempre o seu destino.

"A Solidão do Espinho" nos fala sobre a estrada da vida a qual, para muitos, é cheia de espinhos e quem não tem cuidado se fere. Só mesmo um grande amor para cicatrizar esses ferimentos, superar desilusões, reconstruir a vida... Um amor que nasce de onde menos se espera. Uma história de amor como poucas que você já ouviu falar ou leu. Cheia de emoção e suspense. Com um final arrepiante.

Paixão Não se Apaga com a Dor

No contagiante verão da Europa, Ludvine Leconte leva a amiga Barbara Calandre para passar as férias na casa de sua família, no interior da Inglaterra, onde vive seu pai, viúvo, um homem apaixonado pelos filhos, atormentado pela saudade da esposa morta ainda na flor da idade.

O objetivo de Ludvine é aproximar Bárbara de Theodore seu irmão, que desde que viu a moça, apaixonou-se por ela.

O inesperado então acontece, seu pai vê na amiga da filha a esposa que perdeu no passado. Um jogo de sedução começa, um duelo entre pai e filho tem início.

De repente, um acidente muda a vida de todos, um detetive é chamado porque suspeita-se que o acidente foi algo premeditado. Haverá um assassino a solta? É preciso descobrir antes que o mal se propague novamente.

Este romance leva o leitor a uma viagem fascinante pelo mundo do desejo e do medo, surpreendendo a cada página, deixando-o ansioso para saber o final.

Ninguém desvia o destino

Heloise ama Álvaro. Os dois se casam prometendo serem felizes até que a morte os separe.

Surge então algo inesperado.

Visões e pesadelos assustadores começam a perturbar Heloise.

Seria um presságio? Ou lembranças fragmentadas de fatos que marcaram profundamente sua alma em outra vida?

Ninguém desvia o destino é uma história de tirar o fôlego do leitor do começo ao fim. Uma história emocionante e surpreendente. Onde o destino traçado por nós em outras vidas reserva surpresas maiores do que imagina a nossa vã filosofia e as grutas do nosso coração.

Nenhum amor é em vão

Uma jovem inocente e pobre, nascida numa humilde fazenda do interior do Paraná, conhece por acaso o filho do novo dono de uma das fazendas mais prósperas da região. Um rapaz elegante, bonito, da alta sociedade, cercado de mulheres bonitas, estudadas e ricas.

Um encontro que vai mudar suas vidas, fazê-los aprender que **nenhum amor é em vão**. Todo amor que acontece, acontece porque é a única forma de nos conhecermos melhor, nos perguntarmos o que realmente queremos da vida? Que rumo queremos dar a ela? Pelo que vale realmente brigar na nossa existência?

Deus nunca nos deixa sós

Teodora teve medo de lhe dizer a verdade e feri-lo a ponto de fazê-lo abandoná-la para sempre e deixá-la entregue à solidão e a um sentimento de culpa pior do que aquele que já vinha apunhalando o seu coração há tempos. Sim, a verdade, acreditava Teodora, iria doer fundo em Hélio. Tão fundo quanto doeria nela se soubesse que o marido havia se casado com ela apenas por interesse financeiro, disposto a se divorciar dela em poucos anos para poder ficar com quem realmente amava, ou pensava amar.

Deus nunca nos deixa sós conta a história de três mulheres ligadas pela misteriosa mão do destino. Uma leitura envolvente que nos lembra que amor e vida continuam, mesmo diante de circunstâncias mais extraordinárias.

Vidas que nos completam

Vidas que nos completam conta a história de Izabel, moça humilde, nascida numa fazenda do interior de Minas Gerais, propriedade de uma família muito rica, residente no Rio de Janeiro.

Com a morte de seus pais, Izabel é convidada por Olga Scarpini, proprietária da fazenda, a viver com a família na capital carioca. Izabel se empolga com o convite, pois vai poder ficar mais próxima de Guilhermina Scarpini, moça rica, pertencente à nata da sociedade carioca, filha dos donos da fazenda, por quem nutre grande afeto.

No entanto, os planos são alterados assim que Olga Scarpini percebe que o filho está interessado em Izabel. Para afastá-la do rapaz, ela arruma uma desculpa e a manda para São Paulo.

Izabel, então, conhece Rodrigo Lessa, por quem se apaixona perdidamente, sem desconfiar que o rapaz é um velho conhecido de outra vida.

Uma história contemporânea e comovente para lembrar a todos o porquê de a vida nos unir àqueles que se tornam nossos amores, familiares e amigos... Porque toda união é necessária para que vidas se completem, conquistem o que é direito de todos: a felicidade.

A outra face do amor

As palavras de Verônica ainda estavam ecoando na mente de Nathalia.

— Eu não sei o que é pobreza. Eu só conheço a riqueza, o luxo. Mesmo dentro da barriga da minha mãe eu só vivi cercada de riqueza, luxo e poder. Ouro, prata, diamantes... Se quer saber realmente o que sinto, pois bem, não faço questão alguma de conhecer a pobreza. Nunca fiz. Tanto isso é verdade que eu jamais, em momento algum, visitei a dependência dos empregados. Só tenho olhos para o que é rico, próspero e belo.

— Mas sua melhor amiga é paupérrima.

— Évora? Sim, ela é paupérrima. Coitada, ela e a família não têm onde cairem mortos. É, nem tudo é perfeito. Para tudo há sempre uma exceção, não é o que dizem? Évora é a exceção. Eu gosto dela, sempre gostei, sua condição social miserável nunca conseguiu prejudicar nossa amizade como eu pensei que aconteceria. Não é incrível como a vida nos surpreende?

Nathalia se perguntou mais uma vez: por que uns nascem para conhecer somente o luxo e a riqueza e outros somente a pobreza?

Dias depois, Évora entrava na propriedade de Verônica acompanhada do noivo, ansiosa para apresentá-lo a amiga.

— Será que ela vai gostar de mim, Évora? — perguntou o noivo.

— Vai e muito. Tanto que lhe dará o emprego de que tanto precisa e por meio do qual poderemos ter, finalmente, condições de nos casarmos.

Minutos depois o rapaz era apresentado a Verônica.

— Ele não é formidável, Verônica? — perguntou Évora.

— Sim, Évora, ele é formidável — concordou Verônica olhando com grande interesse para o tímido e pobre rapaz que também não tinha, como se diz, onde cair morto.

A lágrima não é só de quem chora

Christopher Angel, pouco antes de partir para a guerra, conhece Anne Campbell, uma jovem linda e misteriosa, muda, depois de uma tragédia que abalou profundamente sua vida. Os dois se apaixonam perdidamente e decidem se casar o quanto antes, entretanto, seus planos são alterados da noite para o dia com a explosão da guerra. Christopher parte, então, para os campos de batalha prometendo a Anne voltar para casa o quanto antes, casar-se com ela e ter os filhos com quem tanto sonham.

Durante a guerra, Christopher conhece Benedict Simons de quem se torna grande amigo. Ele é um rapaz recém-casado que anseia voltar para a esposa que deixara grávida. No entanto, durante um bombardeio, Benedict é atingido e antes de morrer faz um pedido muito sério a Christopher. Implora ao amigo que vá até a sua casa e ampare a esposa e o filho que já deve ter nascido. Que lhe diga que ele, Benedict, os amava e que ele, Christopher, não lhes deixará faltar nada. É assim que Christopher Angel conhece Elizabeth Simons e, juntos, descobrem que quando o amor se declara nem a morte separa as pessoas que se amam.

A Lágrima não é só de quem chora é um romance emocionante do começo ao fim.

Quando o Coração Escolhe

(Publicado anteriormente com o título: "A Alma Ajuda")

Sofia mal pôde acreditar quando apresentou Saulo, seu namorado, à sua família e eles lhe deram as costas.

— Você deveria ter-lhes dito que eu era negro — observou Saulo.

— Imagine se meu pai é racista! Vive cumprimentando todos os negros da região, até os abraça, beija seus filhos...

— Por campanha política, minha irmã — observou o irmão.

Em nome do amor que Sofia sentia por Saulo, ela foi capaz de jogar para o alto todo o conforto e *status* que tinha em família para se casar com ele.

O mesmo fez Ettore, seu irmão, ao decidir se tornar padre para esconder seus sentimentos (sua homossexualidade).

Mas a vida dá voltas e nestas voltas a família Guiarone aprende que amor não tem cor, nem raça, nem idade, e que toda forma de amor deve ser vivida plenamente. E essa foi a maior lição naquela reencarnação para a evolução espiritual de todos.

Quando é Inverno em Nosso Coração

Clara ama Raymond, um humilde jardineiro. Então, aos dezessete anos, seu pai lhe informa que chegou a hora de apresentar-lhe Raphael Monie, o jovem para quem a havia prometido em casamento. Clara e Amanda, sua irmã querida, ficam arrasadas com a notícia. Amanda deseja sem pudor algum que Raphael morra num acidente durante sua ida à mansão da família. Ela está no jardim, procurando distrair a cabeça, quando a carruagem trazendo Raphael entra na propriedade.

De tão absorta em suas reflexões e desejos maléficos, Amanda se esquece de observar por onde seus passos a levam. Enrosca o pé direito numa raiz trançada, desequilibra-se e cai ao chão com grande impacto.

— A senhorita está bem? — perguntou Raphael ao chegar ali.

Amanda se pôs de pé, limpando mecanicamente o vestido rodado e depois o desamassando. Foi só então que ela encarou Raphael Monie pela primeira vez. Por Deus, que homem era aquele? Lindo, simplesmente lindo. Claro que ela sabia: era Raphael, o jovem prometido para se casar com Clara, a irmã amada. Mas Clara há muito se encantara por Raymond, do mesmo modo que agora, Amanda, se encantava por Raphael Monie.

Deveria ter sido ela, Amanda, a prometida em casamento para Raphael e não Clara. Se assim tivesse sido, ela poderia se tornar uma das mulheres mais felizes do mundo, sentia Amanda.

Se ao menos houvesse um revés do destino...

Quando é inverno em nosso coração é uma história tocante, para nos ajudar a compreender melhor a vida, compreender por que passamos certos problemas no decorrer da vida e como superá-los.

Se Não Amássemos Tanto Assim

No Egito antigo, 3400 anos antes de Cristo, Hazem, filho do faraó, herdeiro do trono se apaixona perdidamente por Nebseni, uma linda moça, exímia atriz. Com a morte do pai, Hazem assume o trono e se casa com Nebseni. O tempo passa e o filho tão necessário para o faraó não chega. Nebseni se vê forçada a pedir ao marido que arranje uma segunda esposa para poder gerar um herdeiro, algo tido como natural na época. Sem escolha, Hazem aceita a sugestão e se casa com Nofretiti, jovem apaixonada por ele desde menina e irmã de seu melhor amigo.

Nofretiti, feliz, casa-se prometendo dar um filho ao homem que sempre amou e jurando a si mesma destruir Nebseni, apagá-la para todo o sempre do coração do marido para que somente ela, Nofretiti, brilhe.

Mas pode alguém apagar do coração de um ser apaixonado a razão do seu afeto? **Se não amássemos tanto assim** é um romance comovente com um final surpreendente, que vai instigar o leitor a ler o livro outras tantas vezes.

Suas verdades o tempo não apaga

No Brasil, na época do Segundo Reinado, em meio às amarguras da escravidão, Antonia Amorim descobre que está gravemente doente. Diante disso, sente-se na obrigação de contar ao marido, Romeu Amorim, um segredo que guardara durante anos. No entanto, sem coragem de dizer-lhe olhos nos olhos, ela opta por escrever uma carta, revelando tudo. Após sua morte, Romeu se surpreende com o segredo, mas, por amar muito a esposa, perdoa-lhe. Os filhos do casal, Breno e Thiago Amorim, atingem o ápice da adolescência. Para Thiago, o pai prefere Breno, o filho mais velho, a ele, e isso se transforma em revolta contra o pai e contra o irmão. O desgosto leva Thiago para o Rio de Janeiro onde ele conhece Melinda Florentis, moça rica de família nobre e europeia. Disposto a conquistá-la, Thiago trama uma cilada para afastar o noivo da moça e assim consegue cortejá-la.

Essa união traz grandes surpresas para ambos e nos mostra que atraímos na vida tudo o que almejamos, porém, tudo na medida certa para contribuir com nossa evolução espiritual. Tudo volta para nós conforme nossas ações; cada encontro nos traz estímulos e oportunidades, que se forem aproveitados, podem ajudar o nosso aprimoramento espiritual e o encontro com o ser amado mobiliza o universo afetivo.

Breno Amorim, por sua vez, é levado pela vida a viver encontros que vão permitir que ele se conheça melhor e se liberte das amarras que o impedem de ser totalmente feliz. Encontros que vão fazê-lo compreender que a escravidão é injusta e que ajudar o negro escravo a ser livre é o mesmo que ajudar um irmão a quem muito se ama encontrar a felicidade, que é um direito de todos, não importa cor, raça, religião nem *status* social.

Esta é uma história emocionante para guardar para sempre no seu coração. Um romance que revela que **suas verdades o tempo não apaga** jamais, pois, geralmente, elas sempre vêm à tona e, ainda que sejam rejeitadas, são a chave da libertação pessoal e espiritual.

Mulheres Fênix

Em vez de ouvir o típico "eu te amo" de todo dia, Júlia ouviu: "eu quero me separar, nosso casamento acabou". A separação levou Júlia ao fundo do poço. Nem os filhos tão amados conseguiam fazê-la reagir. "Por que o *meu* casamento tinha de desmoronar? E agora, o que fazer da vida? Como voltar a ser feliz?"

Júlia queria obter as respostas para as mesmas perguntas que toda mulher casada faz ao se separar. E ela as obtém de forma sobrenatural. Assim, renasce das cinzas e volta a brilhar com todo o esplendor de uma mulher Fênix.

Da mesma forma sobrenatural, Raquel encontra dentro de si a coragem para se divorciar de um homem que a agride fisicamente e lhe faz ameaças; Carla revoluciona sua vida, tornando-se mais feliz; Deusdete descobre que a terceira idade pode ser a melhor idade; e Sandra adquire a força necessária para ajudar sua filha especial a despertar o melhor de si. Baseado em histórias reais, *Mulheres Fênix* conta a história de mulheres que, como o pássaro Fênix da mitologia, renascem das cinzas, saem do fundo do poço e começam uma vida nova, sem mágoa, sem rancor, mais feliz e com mais amor.

Um livro para erguer o astral de quem entrou numa profunda depressão por causa de uma separação, uma traição, um noivado ou namoro rompidos, por não conseguir um amor recíproco, por se sentir solitário, velho e sem perspectiva de vida, por não encontrar, enfim, saída para o seu problema.

Um romance forte, real, para deixar as mulheres mais fortes num mundo real.

Só o coração pode entender

Tudo preparado para uma grande festa de casamento quando uma tragédia muda o plano dos personagens, o rumo de suas vidas e os enche de revolta. É preciso recomeçar. Retirar as pedras do caminho para prosseguir... Mas recomeçar por onde e com que forças? Então, quando menos se espera, as pedras do caminho tornam-se forças espirituais para ajudar quem precisa reerguer-se e reencontrar-se num mundo onde **só o coração pode entender**. É preciso escutá-lo, é preciso aprender a escutá-lo, é preciso tirar dele as impurezas deixadas pela revolta, para que seja audível, límpido e feliz como nunca foi...

Uma história verdadeira, profunda, real que fala direto ao coração e nos revela que o coração sabe bem mais do que pensamos, que pode compreender muito mais do que julgamos, principalmente quando o assunto for amor e paixão.

Amor incondicional

Um livro repleto de lindas fotos coloridas com um texto primoroso descrevendo a importância do cão na vida do ser humano, em prol do seu equilibrio fisico e mental. Um livro para todas as idades! Imperdível!

Gatos muito gatos

Um livro repleto de lindas fotos coloridas com um texto primoroso sobre a importância de viver a vida sem ter medo de ser feliz. Um livro para todas as idades! Lindo!

Entre outros...

Para adquirir um dos livros ou obter informações sobre os próximos lançamentos da Editora Barbara, visite nosso site:

www.barbaraeditora.com.br

ou escreva para:

BARBARA EDITORA
Av. Dr. Altino Arantes, 742 – 93 B
Vila Clementino – São Paulo – SP
CEP 04042-003
(11) 5594 5385

E-mail: barbara_ed@estadao.com.br

Contato c/ autor: americosimoes@estadao.com.br

Impressão e Acabamento